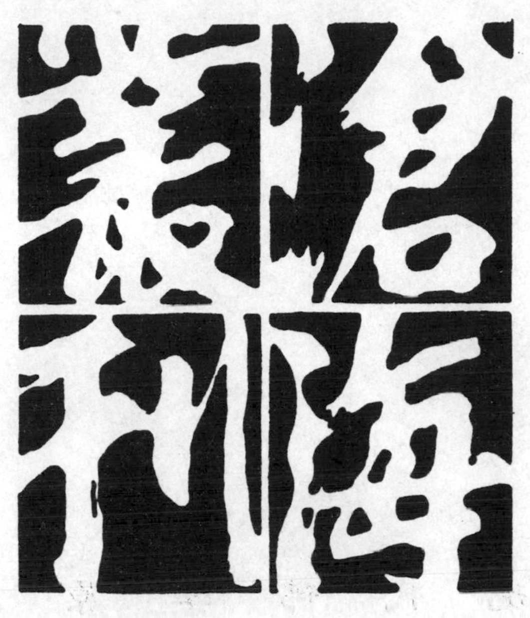

現代佛學原理

鄭金德 著

東大圖書公司 印行

©現　代　佛　學　原　理

著　者　鄭金德
發行人　劉仲文
出版者　東大圖書股份有限公司
總經銷　三民書局股份有限公司
印刷所　東大圖書股份有限公司
地址／臺北市重慶南路一段
六十一號二樓
郵撥／〇一〇七一七五——〇號
初　版　中華民國七十五年一月
初版一刷　中華民國 八 十 年八月
編 號　E 22003
基本定價　肆元貳角貳分
行政院新聞局登記證局版臺業字第〇一九七號

ISBN 957-19-0363-9（平裝）

現代佛學原理
編號 E 22003
東大圖書公司

序言

本書「現代佛學原理」是作者居留在美國南加州時期（一九七九——一九八四）所整理出來的作品。基本上，本書所參考的書籍均為英文著作。

本書內容簡介如下：

第一章「概說」，首先展開了佛教一些最基本的概念，它們包括：「宗教的定義」，這是從「人類學」及「社會學」的觀點去看制度化的宗教；「佛教產生的背景與佛陀的一生」，係以「社會學」的「衝突理論」（Conflict Theory）及其他角度去看此課題；「原始佛教的基本學說」，提出了佛教最基本的主張；「佛教的內部分裂」，論及佛教經過時空演變而產生派別的過程；「佛教的對外傳播」，闡述佛教成為世界性宗教的始末；最後，「南傳佛教與大乘佛教之比較」，清楚地羅列出兩派之間的異同。

第二章「大乘佛教」，旨在說明大乘佛教的興起、基本教義，並把一些重要的大乘佛教經典名著一一作了「內容分析」。

第三章「中國佛教」是讀者比較熟悉的一章，作者儘量簡化；其中述及當代中共的佛教政策。

第四章「西藏佛教」（密教），也是很重要的一章，「西藏佛教」與「中國佛教」內容不一樣，前者為密教，後者為顯教。歐美佛教界對「西藏佛教」趨之若騖，以英文出版的書籍如雨後春筍，研究風氣越來越盛，行情非常看好。

第五章「現代佛教心理學」，是以現代心理學的觀念和佛教心理學互相比較輝映，以便從中認知佛教對心理學具有其獨到而深刻的見解。

第六章「佛學與其他學科的關係」，旨在論述佛學與其他主要相關學科如「宗教學」、「心理學」、「神話學」及「哲學」之間的關係。佛學在美國通常是安排在碩士班、博士班課程內，讓大學畢業生有了基本的主修科目後，再進行相關科目的佛學研究。因此，佛學的領域，愈來愈加遼闊。

第七章「從存在主義觀點看佛教」，是以現代人的眼光去看佛學對當代人類存在情境的解釋。

總之，「現代佛學原理」一書，是以現代西方人士研究所得去看佛學的基本課題。本書倘能給讀者提出對佛學研究的視野和新境界，那便是作者最大的期待了。

鄭金德

一九八四年秋記於美國南

現代佛學原理 目次

第一章 概說

第一節 宗教的定義

一、宗教概說

宗教（religion）是整個文化的一部分，它觸及了人類心靈最深的感情。宗教的研究，在現代已是屬於社會學（Sociology）和人類學（Anthropology）的範疇，或獨立而成爲宗教學了。社會學家及人類學家都把宗教當做一種社會文化制度（social-cultural institution）來研究；哲學家把它看做思想或教義的一套體系；歷史學家則認爲宗教是某段時期人類知識和制度發展的一部分。但以上各家看法都不如人類學家和社會學家的研究來得整體、深入和客觀。

宗教最通常的定義是指一個有組織的信仰、儀式以及對超自然或上帝（神祇）的崇拜體系。人類之所以信仰宗教乃是因爲宗教是文化傳統的一部分，加上宗教能給人類有一種安全感，因爲人類置身於茫茫的大宇宙裏，自身的力量非常有限，不如意的事又多，於是有一種力求完美，而需要神聖力量來加以保護。很多人之所以追求宗教，是因爲宗教大都答應信徒能獲得來世的解脫（痛苦）或給他們的信眾以現世的幸福或一張來世的幸福支票做爲擔保。對很多人來說，宗教能夠帶給個人成就感（sense of individual fulfilment）及賦予生命新的意義，信徒於是滿懷信心地去接受宗教並信仰宗教了。

世界上有成千的宗教，有些宗教可以追溯到創始者，如佛教的創始人爲喬達摩（Siddhartha Gautama），基督教的創始人爲耶穌基督（Jesus Christ），伊斯蘭教的創始人爲穆罕默德（Muhammad）；有些宗教因爲年代久遠無法追溯到創始人，如印度教、神道教便是。

可以追溯到創始人的宗教，有兩個共同的特徵，即對創始人在生時或死後的崇拜（cult）及奉行該創始人的教義（或生活方式的觀念）。

對藝術來說，宗教一直是至高無上的靈感泉源，像很多歐洲中古時代的基督教堂及南印度的雄偉印度廟留下來的美麗建築，可用來供信徒膜拜之用；而宗教故事也提供了繪畫、雕刻、文字、舞蹈和電影的題材。

「魔術」（Magic）、「科學」（Science）和「意識型態」（Ideology）等概念常與宗教互相混合，但它們卻不是宗教。玆分述如下：

魔術不是宗教，因爲魔術是人類想操縱超自然，以成就人類個別的特殊目的，如治病、祈雨、傷害敵人等行爲；而宗教則以追求人類集體的終極意義或「神聖」爲旨趣，因此兩者顯然不同。

科學也是探索人類「未知」（Unknown）的領域；魔術是以奇特而神祕儀式企圖去操縱未知的領域；科學則是利用實證的、量化的、控制的手法去揭開宇宙法則並對超自然加以干預，所以說科學也不是宗教。

政治的意識型態（如共產主義、法西斯主義）及世俗的哲學家如羅素（Bertrard Russell）、卡繆（Albert Camus）、沙特（Jean-Paul Sartre）的思想皆非宗教。因爲它（他）們缺乏「神聖」，它（他）們雖然提供一套具有意義的體系，但它（他）們對於追求未知體系的領域並不環繞着「神聖」，此與宗教的定義大異其趣；宗教所追求的是「神聖」，它（他）們追尋的是「世俗」。

二、宗教的特色

宗教的主要特色計有：⑴權威與傳統；⑵得救或解脫教義；⑶一套行爲準則；⑷使用神（聖）話故事；⑸宗教儀式。茲將一一分述如下：

⑴權威與傳統

代代相傳的權威（聖典）——基督教的「聖經」，伊斯蘭教的「可蘭經」（Koran），印度教的「吠陀」（Vedas）和佛教的「藏經」（Pitakas）都來自聖人的著作或宗教會議領導人物的決策記錄。而未被寫下來的習俗慣例則稱之爲傳統。

⑵得救或解脫的教義

每個宗教都有一套信仰體系，若按照教主的指示、教義或其他道德行爲準則去做，最後可以追求到目標。得救的教義係根據對現在世界的缺陷而言，如基督教認爲人類有「原罪」，佛教認爲人類因有欲求和執着而展開的。有些宗教認爲一次便可得救，如基督教及伊斯蘭教；有些宗教如佛教及印度教認爲人死後，以業力（Karma）的因果循環，來決定解脫與否，德性圓滿才能解脫；前者稱解脫爲「涅槃」（Nirvana），而後者稱之爲「默克刹」（Moksha）。

⑶一套行爲準則

每個宗教雖有不同的一套道德教條與價值體系的規定，但主要點都差不多。如「待人如己」被視爲金科玉律（golden rule），還有「五戒」等差不多是每個宗教所共同奉行的準則。

⑷使用神聖（話）故事

每個宗教的創始人都有其「神話」，使信仰者有戲劇性的教示。雖然今天的科學能揭示那些神話系統，而有些信仰者認爲全部精神故事中只有部分眞實；更有些信仰者將神話故事只做爲象徵性而已。

⑸宗教儀式

信仰者對上帝或神聖力量的禮敬，於是乎產生了宗教儀式。最通常的宗教儀式是祈禱（包括請求、感謝、懺悔及讚美）。大多數的宗教都有每日的祈禱儀式。嚴格來說，佛教的坐禪也是一種祈禱儀式。宗教儀式中，有些是淨化身體的儀式，如印度教徒認爲恆河的水有淨化作用；有些宗教認爲「朝聖」也是非常有意義的宗教儀式，如伊斯蘭教之朝拜聖城麥加（Mecca）——穆罕默德出生地。宗教儀式也有時間（季節）的規定如在日出、日落、每天、每週或每年舉行，如伊斯蘭教每天必須向麥加方向禱告五次（晨禱、午禱、晝禱、暮禱及晚禱）；南傳佛教的過午不食等規定也是一種宗教儀式。

三、宗教的分類

人類的宗教社區（religious communities）係根據人們中心信仰的對象做爲指標，繞着這個神聖的實體，信仰模式、宗教儀式、倫理體系及社會組織便逐漸形成。這些宗教生活的特色亦因每個宗教傳統發展的不同，而構成底下的宗教分類：

1. 一神教（Monotheism）

猶太教（Judaism）、基督教（Christianity）、伊斯蘭教（Islam）便是。猶太教崇拜的中心對象是耶和華（Yahweh）；基督教信仰三位一體（Trinitarian）；伊斯蘭教奉阿拉（Allah）爲一眞神。由此可知，一神教是信仰單一至高之物（神）。

2. 多神教（Polytheism）

印度教（Hinduism）便是。印度教信仰着階級制度的多神概念，從地方神到較大的階級羣

(Caste Group) 的神。

3. 倫理宗教（Ethical Religion or Religion of the Way）

佛教（Buddhism）、孔教（Confucianism）及道教（Taoism）便是。倫理宗教強調對一種倫理生活的實踐，以便由此產生人與社會之間的和諧關係；倫理宗教缺少一種對神的信仰，此點與西方宗教不同。所以有些學者不把它們列入宗教的範疇，但一般西方人士卻都把它們列入宗教，做為論述的對象。

4. 祖先崇拜的宗教（Ancestral Religion）

神道教（Shintoism）即是。早期的神道教以一種崇拜祖靈（Ancestral Spirits）的姿態出現，但慢慢養成一種愛國主義的情操，並以天皇爲崇拜對象（第二次世界大戰前後到達頂峯）。第二次世界大戰後，日本戰敗，神道教又恢復往日的信仰方式了。

5. 原始宗教（Primitive Religion）

主要有汎靈信仰（Animism）及圖騰崇拜（Totemism）。非洲、澳洲土著人、美洲印第安人信仰之。

原始人類認爲自然界的現象具有像人一樣的思想意志，能帶給人類吉凶禍福，於是原始人類便對它們加以信仰。圖騰崇拜是在原始社會裏的氏族（clan）形成過程中，氏族成員相信該氏族起源於某種生物或無生物。他們便把它們的名字如龍、蛇、雲等，作爲該氏族名稱，這就是圖騰。一旦它們成了該氏族的標誌後，也就成了該氏族成員共同信仰的象徵和保護神，這便是圖騰崇拜。

四、宗教起源的臆測

有關宗教活動的最早記錄大約起於西元前六千年；但是人類學家與歷史學家都認為人類出現在地球上時，便有某種宗教儀式之產生。專家們認為史前的宗教信仰是起於人類對自然事件的恐怖與驚奇，對暴風雨、地震、嬰兒與動物的出生等。原始人類如要解釋人類的死亡這件事時，通常都歸結到超自然的力量去。又原始人類把他們宗教活動的重心擺在他們生存的因素如族羣的繁榮，獲得足夠的食物以便維生等。他們通常放置食物、裝飾品和生產工具在死人的墳墓裏，因為他們相信死人需要這些東西。原始人類的繪畫和舞蹈也都表示婦女和動物的繁殖力，以保證他們今後有更多的食物可以獲取。他們也以犧牲祭祀，其理由便是希望得到更多的食物。

很多西方的人類學家都試圖發展他們的理論體系來解釋史前人類的宗教起源。雖然每一派的人類學家都不能圓滿地回答這個問題，但我們可以從各家的學說中了解更多的理論，做為我們的參考。茲將比較有代表性的學說，分述如下：

1. 泰勒 (E. B. Tylor)

他對於非西方宗教概念的解釋是採取「歷史進化論」的觀點。他說最原始的宗教形式是相信人類、動物或無生物有靈魂的存在（從做夢或親友的死亡感覺出來），此學說稱為汎靈信仰——

萬物有靈。宗教是經由汎靈信仰進展到多神教，最後才發展到一神教。他並且相信科學一旦能提供對事物的合理解釋，宗教便會減低其重要性，甚至會喪失其地位。

2. 馬立特 (R. R. Marett)

他反駁 Tylor 的說法，Marett 以為原始人類對於超自然的看法是先從自然的力量，如山、水、火等自然物開始形成的，後來人類才想到加上靈魂的成份進去，因此他主張汎生信仰 (Animatism)——一種非人格的超自然力量 (impersonal force) 附生在自然界的事物裏頭。

3. 弗萊則 (Sir James Frazer)

他辯稱宗教是從巫術進化而來。原始人類企圖用儀式 (rites) 和符咒 (spells) 來控制超自然的力量，好像現代人利用科學一樣，所以 Frazer 稱巫術為假科學 (pseudo-science)。巫術試驗失敗以後，宗教才起源。因為原始人類，從此知道用祈願 (supplication)、祈禱、攏絡的方式去臣服於超自然力量。他將巫術歸納為兩種形式：一是模擬巫術 (imitative magic)，係根據相似律 (law of similarity) 而產生的巫術，如以偶像代表仇敵，燃燒該偶像，便能促使仇敵死亡。另一種是接觸巫術 (contagious magic)，係根據接觸而產生效果的原理，如將仇敵的指甲、毛髮拿來施以巫術，該仇敵即遭傷害。一般人總認為 Frazer 的貢獻在於他對巫術的分類。

4. 馬林諾斯基 (B. Malinoski)

他以為巫術起源於人類試圖處理無法控制的困境；宗教則淵源於人生的悲劇，人類的計劃與現實衝突時，宗教擔當了個體在某一階段，特別是面臨危機時所能提供的安慰，如出生(birth)、青春期(puberty)、婚姻(marriage)和死亡等生命的關口(危機)。

5. 拉得克里夫—布朗(A. R. Radicliffe-Brown)

馬林諾斯基(Malinoski)強調巫術和宗教是減輕焦慮不安的工具，但英國人類學家Radicliffe-Brown 卻認爲宗教儀式可能使參與者產生焦慮、不安全感和危險。他引用他在 Andaman 島上做田野工作的心得報告說：島上的婦女在分娩的一段時期，必須要遵守一些禁忌。Radicliffe-Brown 觀察到該島婦女並非因爲怕發生難產而遵守禁忌，而是因爲服從社會習俗才行禁忌。所以婦女並非在儀式舉行前先有心理不安，反而經常在儀式舉行後因恐禁忌儀式沒有按照應該要做的去做，才感到不安。Malinoski 和 Radicliffe-Brown 都是着重於研究「宗教和社會功能」，所以被稱爲「功能論者」(Functionalist)；但兩人之間亦有差別：Malinoski 的興趣在於研究巫術和宗教擔當了解除個人心理的恐懼和不安的功能。Radicliffe-Brown 的興趣在於說明宗教在社會和制度的功能，也就是說，團體(制度化)行爲的社會功能構成了維持一個社會秩序穩定的部分。

6. 史賓塞(H. Spencer)

Spencer 是十九世紀的一位英國社會學家，他認爲宗教的最早形式是祖先崇拜(Ancestor Worship)——活人和死去的親屬關係，繼續着一種感情的相互投入。

7. 涂爾幹(E. Durkheim)

Durkheim 是法國社會學家，他研究宗教不像其他學者着重於心理方面，他卻着重於社會現象。Durkheim 專注於澳洲土著的圖騰崇拜。他認爲原始人類的工藝是非常原始的，所以圖騰崇拜一定是宗教的最簡單的形式，卽每一個圖騰羣的成員均認定他們是同一圖騰的後裔，所以對某種圖騰有不互相殺、食的禁忌（taboo），Durkheim 認定人們崇拜其圖騰，就是象徵他們共同的社會認同（common social identity），他們眞正在崇拜社會自身，因爲倘若沒有道德與社會秩序，則個體生命的存在是不可能的。因爲道德和社會秩序的觀念太抽象了，本身不能被崇拜，所以就找不太抽象的東西（具體的圖騰）來代替。當舉行圖騰儀式時，人們崇拜其圖騰，便是表現着他們共同的社會意識和社會團結。

8. 佛洛伊德（S. Freud）

Freud 代表心理分析學派的中心人物。他認爲宗教是人類潛意識（unconsciousness）的表現。他更認爲宗教是一種防衞機構（defense mechanism）系統，用來解除個體的罪惡感。

9. 李維—史特勞斯（Levi-Strauss）

他認爲圖騰不是社會的象徵（symbolism），而是一種邏輯思想的象徵。

五、宗教的功能

宗教在社會文化裏可以充任適應上的功能（adaptive function），在這個功能裏頭，又可分爲心理上的（psychological）、社會上的（social）和生態上的（ecological）功能等三方面來加以說明：

1.心理上的功能——減輕焦慮不安

宗教提供一些人類經驗中，如死亡等不可預測的問題以有意義的解答，使個人的焦慮減輕，並提高生存的信心。

2.社會上的功能——維持社會穩定

①宗教經由社會化（socialization）的結果，使該社會成員增強社會團結，如圖騰崇拜——信仰和習俗的體系，它具有存在於羣體和某一類動、植物之間的神祕或儀式關係的符號認同，更提供了文化模式和社會行爲的統一；②宗教具有共有價値（shared value）增進羣體之間的合作，減少衝突；③提高社會控制（宗教有倫理準繩，對反社會行爲，提供一套強有力的制裁方式）；④宗教具有振興運動（revitalization），促使舊社會形成一個新的社會秩序，如一八八〇年代末期，美國西部印第安人的「鬼舞」（Ghost Dance）意識（印第安人相信死去的祖先會將白人的科技屬物帶來，並一舉消滅白人的宗教象徵儀式）。

3.生態上的功能——調整人類與環境的關係

①宗教信仰與資源管理——如印度不殺害在街頭走動的「聖牛」，原因與此觀念有關。如果把牛肉當食物，則今後必須要產生更多的牛；並且不殺聖牛，是因爲牛糞可當燃料和肥料；牛又可供耕作工具來代替人力。因此，印度的「聖牛」不被殺害乃是在宗教和生態環境之間，存在着

和諧的功能。

②宗教儀式與資源管理——南太平洋的特勞布利安島(Trobriand)上的年青人，在芋頭收成後，便舉行豐年祭，將收成後的芋頭放在祭場後面經過雕飾的倉庫裏。祭典則包括跳舞、盛饌和感恩的宗教活動，這樣不僅解除村落來年收穫量短缺的不安，而且達成再分配芋頭給所有成員的功能。

六、宗教與歷史文化傳統

宗教的發展是在某一特定的歷史和文化傳統下發展起來的，因此，我們可以這樣說：宗教絕對不能脫離特定的歷史文化傳統。舉例來說，早期的基督教思想是深深地被閃族（Semitic）文化和希臘文化所影響；而主要的基督教慶典像「聖誕節」和「復活節」則又受到前基督教（pre-Christian）歐洲傳統文化的影響。再者，宗教是受歷史和文化的影響，其傳統又跟某段時期和某個特定地區有密切的關聯。舉個例子來說：十九世紀末葉日本淨土眞宗在美國所創立的「美國佛教會」(The Buddhist Churches of America)禮拜儀式的相似點多過於傳統日本淨土眞宗的禮拜形式。宗教是歷史文化長流中的一部分，但它在時間的長流裏，是會變遷的，此可由宗教與歷史文化的關係中，獲得充分的了解。概括來說，我們說認識佛教，只不過是了解它的中心思想而已，如果要做全面的、完整的了解，那一定得要對佛教整個世界史以及對佛教的各個文化傳統所影響到的層次去做全盤的研究才可以得到整體的認識。再者，旣然宗教是在特定的歷史和文化環境中發展起來的，所以說宗教也可以影響其文化環境。換言之，宗教與環境的關係是互相給予和吸取（give-and-take）的對待關係。例如在中古歐洲的傳統社會裏，基督教啟發了大部分的藝術和建築形式；同樣在傳統印度文化社會裏，佛教和印度教決定性的影響其藝術形式。傳統的波斯（伊朗）則受伊斯蘭教（Islam）的影響。當然，宗教的影響其文化環境不僅僅是藝術方面而已，宗教也能具有深厚的力量去影響行爲模式（倫理）、國家觀念（政治）、經濟形式等生活各方面。因此，傳統的社會可以說和宗教脫離不了關係。難怪加州大學（柏克萊校區）教授畢拉（Robert Bella）說西方神聖的（宗教的）和世俗的（the sacred and the profane）或宗教與生活各方面的分化，差不多在清教徒改革運動（Protestant Reformation）時才分開來的。所以他把兩者分開的時期稱做「早期現代」（early modern），從「早期現代」以降，宗教和西方文化更有愈形分化的現象。例如我們現在不能再有「美國人就是清教徒」的說法，但我們還大致可以說「泰國人是佛教徒」的說法。

七、研究宗教時應當採取的態度

研究宗教需要心靈注入（empathy）和共鳴作用（sympathy）。如果我們研究另一宗教的目的是要認明自己所信仰的宗教優於其他的宗教時，那就會對其他所信仰的宗教加以曲解，如果我們表明自己是一個無神論者，一切以習慣性的懷疑論調去研究宗教時，那麼宗教的美感和豐富便喪失殆盡。對一個宗教信仰者，研究另一宗教傳統應該會增進他自己的信仰知識；對無宗教信仰的人(agnostic)而言，研究宗教應該會擴大人類心靈的新幅度。因此，對宗教的客觀研究，應該要積極進行才對。因爲疏忽了對宗教研究，而要想了解人類的文化社會，就會受到相當大的限制，從自己信仰的宗教教義出發去研究自己的宗教，對部分信仰來說是理所當然的，但這種研究方式絕不能阻礙對其他宗教的相互了解。我們探究宗教是要與其他的宗教信仰者分享共通處以及自己宗教的獨到點。

在今天的複雜社會裏，我們研究宗教正是合宜的時刻。因爲國際社會面臨危機，我們不能只把危機的層次縮小到經濟通貨膨脹、政治不穩和社會不安的層面去；危機中我們也要歸之於價值和主張的不同。因此，現在我們必須恢復個體的價值感(a sense of individual worth)、道德社會(moral community)和價值取向(value direction)。那麼研究宗教所得到的內在共鳴，便能促成這個目標，並能助長我們人性長期以來被科技和物質成就所隱蔽的覺醒。難怪有這麼流行的說法：「我們征服外太空，是以犧牲我們內在太空換取的」。

除了世界大宗教如猶太教、基督教、伊斯蘭教、印度教、佛教、孔教、道教乃至民間宗教(Folk Religion)以及原始宗教等之外，今日流行的所謂「新宗教」(New Religions)或「宗教覺醒的時代」(Age of Aquarins)的形形色色的宗教，都有必要做一番深入和比較的研究，唯有這樣才能掌握到宗教的眞髓所在。

第二節　佛教產生的背景與佛陀的一生

一、佛教的產生背景

1. 種族與文化背景

雅利安人（Aryans）與非雅利安人（non-Aryans）接觸以後，因體質上與文化上的不同，遂產生了種族中心主義(Ethnocentrism)、偏見、歧視（discrimination）和制度化的種族主義（institutional racism）。長期隔離政策的結果，於是乎產生敵對的種族關係。

雅利安人大約在西元前一四〇〇年進入印度西北邊的印度河流域，並征服了土著民族，成爲以雅利安人爲重心的文化（卽婆羅門文化）；由於種族和文化的差異，於是乎產生了種姓制度（Varna），Varna 這個字，原係指顏色或品質的意思。按照他們的說法，雅利安人膚色較白，是品質高貴的種族，達羅毗荼（Dravida）及其他土著因膚色較深，是品質低賤的種族。

西元前六世紀時，雅利安人的社會、經濟和文化中心轉移到恆河中下游，種族乃呈現着緊張關係。

2. 社會與政治背景

種姓制度後來帶進了職業的分化上，而形成四個種姓：最高種姓是婆羅門（Brahmana），是掌握祭祀、文教的僧侶階級；其次是刹帝利（Kshatriya），是掌握軍政大權的國王和武士階級；吠舍（Vaisya），是商人、從事手工藝者，也有從事農耕的平民；最下的種姓是首陀羅（Shudra）是僕役和奴隸。前三者屬於雅利安人，最後者屬於非雅利安人。另外有一種階級列在四種姓之外的稱為「不可接觸者」（The Untouchables），這種人世代操着最下賤的職業如抬屍、屠宰、劊子手之類。各種姓是世代相襲的；不同種姓除職業不同外，亦不得有婚姻關係；宗教生活方面也有種種界限和區分，前三類種姓的雅利安人有權利參加婆羅門教的宗教生活；各種姓的法律也不同，就刑事方面來說，諸如侮辱罪、傷害罪、通奸罪、盜竊罪和殺人罪，不同種姓之間都有不同的規定；從民事方面來看，法典也作了不勝其繁的不平等規定；在種姓制度中還包含着種族的歧視和壓迫，社會極端不平等。

到西元前六〇〇年左右，雅利安人已發展到農業經濟的定居生活，農產剩餘的結果，工藝也發展起來，都市型態逐漸形成：政治方面，則由部落社會發展到王國的型態。工商業發達的結果，吠舍階級（商人階級）的角色，愈形重要，他們也對婆羅門與刹帝利的特權表示不滿。用現代的話來說，是中產階級不滿貴族階級的統治。這種社會經濟的變化，不可避免地產生政治與社會的不安。

3. 宗教及哲學背景

當時印度思想界是「百家爭鳴」的時期。一般來說，有正統的婆羅門教思想，還有「異端的」反婆羅門教思想同時並存。

婆羅門教帶着多神教而又含着一神教的色彩，崇拜各種自然的神祇，盛行祭祀、祈禱以招福禳災，而以梵（Brahma）為創造宇宙萬物的主宰。婆羅門教主張梵從口生出婆羅門，從肩部生出刹帝利，從腹部生出吠舍，從足部生出首陀羅，以此標準定出四種姓的貴賤，這就是種姓制度的根據。後期婆羅門教義的發展，逐漸把「梵」抽象起來做為宇宙的主體或形成宇宙的最高原理；另一方面又從個人觀察，認為「我」是個人的主宰和本體，人的身體由「我」而生，人的活動由「我」而起，外界萬物也都因「我」而存在，由此推論出「我」與「梵」本來不二，人應修行到「梵我合一」的境界，才是人生的最終極的目的。

反對婆羅門教的學派很多很多，最特出的有耆那教（Janism）及佛教等。其中有的學派主張縱慾，有的主張苦行，有的認為人由四大（地、水、火、風四大元素）所組成，死後四大分散，歸於斷滅，否認來世，是唯物論者。

當時（西元前第六世紀）北印度的世界觀大概如下：

(1)時間和空間一旦被創始，從此時空是無止境的，但生命可說是短暫的。

(2)死是循環的，從過去一直進行到未來，一直到擺脫生死輪迴（Samsara）為止。

(3)人與前生的道德行為或業（Karma or action）互為認同，個人自負道德責任。

(4)選擇輪迴的途徑是解脫（release）、超越（transcendent）、無生的境界（deathless state）、

最高目標 (ultimate goal)。

由於長期以來，雅利安人掌握了世襲的祭司階級，取得了高高在上的領導權，他們發展一套「業力」(Karma)的理論和「靈魂轉世」之說。但他們卻以一種非道德的和繁瑣的宗敎儀式，並依靠咒語 (Mantra)、供奉犧牲 (sacrifice) 爲業，脫離了一般大眾的心靈追求的眞實感，於是當時產生了禁慾主義和加強道德訓練，企圖扭轉婆羅門敎那種不尙實際的作風。禁慾主義則引起佛敎及耆那敎的誕生，道德訓練也引發了印度哲學各宗派的興起，如瑜伽學派等。所以當時在宗敎上和哲學上確實產生過百家爭鳴的局面。

因此，我們可以說佛敎出生的時代是一個不安和混亂的局勢。政治型態上，由於部落而發展到王國；社會上，商人不滿上層階級；宗敎和哲學方面則需要在敎義上作新的解釋或尋求一條新出路；社會階級方面也很不平等；種族方面也是緊張對峙着。一切都期待新的變化。因此，佛敎的誕生乃是必然的趨勢。

4. 佛敎與其他敎派的關係

佛敎一方面批判婆羅門敎義，同時也反對非婆羅門敎派。雖然如此，在「當時」的社會文化背景下，佛敎和婆羅門敎及其他各敎派的思想都有淵源上的關係。佛敎接受它們的某些思想，但却根據「緣起」(dependent origination) 和「業力」的理論，予以新的解釋，如「三世因果」(前世造因，今世受果；今世造因，來世受果)、「六道輪迴」(The Buddhist Wheel of Life)

——隨着自己善惡行爲，或生天界（Heaven Realm）而爲天人，或生人界（Human Realm）而爲人類，或爲阿修羅（Titan Realm）（一種和天人差不多的好戰鬥的神）或爲畜生或爲餓鬼或墮地獄，一切衆生永遠在升沉於天、人、阿修羅、地獄、鬼、畜生六道中，猶如車輪永不止息地轉動，所以叫「六道輪迴」。佛教也接受四大（地、水、火、風四大元素），並接受關於天文地理的某些傳統說法。對於婆羅門教的神祇，佛教也沒有否定祂們的存在，只有抑低祂們的地位而已，認爲祂們也免不了輪迴之苦。

二、佛陀的一生

1. 資料來源

有關釋迦牟尼一生的資料在初期佛典（Tripitaka or Three Baskets of Buddhist Canon）中記載得較少；但後來陸續結集的三藏，却記載了佛陀悟道及涅槃這兩件大事。從後來的其他資料中也可找到佛陀早期的事蹟：

佛傳文學（The Buddhist Literature）中以梵文寫成的「大事經」（Mahavastu or Great Account）、「方廣大莊嚴經」（Lalitavistara or Detailed Account of the Sports of the Buddha）、馬鳴（Asvaghosa）的「佛所行讚」（Buddha-Carita or Acts of the Buddha）；巴利文寫成的「本生經」（Jatakas）的「因緣談」（Nidana-katha or Connected Story）等記載尤多。

2. 家世與出生

釋迦牟尼 (Sakyamuni, Sakya 是氏族名稱，Muni 是聖者，合起來意卽釋迦族的聖人) 生於西元前第六世紀中葉 (B.C. 560-480)，約與中國孔子同時。他的名叫瞿曇悉達多 (Siddhartha Gautama, Siddhartha 意卽能實現目標的人，Gautama 是姓)。父親名叫淨飯 (Suddhodana)，母親名叫摩耶 (Maya)。父親當時是迦毗羅國 (Kapilavastu) 的國王。釋迦牟尼被生在藍毗尼花園 (Lumbini Garden) 中。母親生下釋迦牟尼後一週便去世，由其姨母摩訶波闍波提 (Mahaprajjapati) 帶大。開悟成道後被取名爲瞿曇佛陀 (Gautama Buddha)。佛陀是「覺者」的意思。

3. 孩童與年青時代

他在富裕、奢侈的環境中長大，跟從婆羅門學者學習文學、哲學、數學，所以知識淵博；他又從武士學習武術，是一個射擊能手。他的父親淨飯王也因他的天資聰明、相貌奇偉，而希望他能繼承王位，成爲一個統一天下的君主 (a universal monarch)。悉達多喜歡沉思，曾在一棵樹下，獲得入定(Samadhi)的經驗，並且對世間的許多現象，容易引起感觸和深思。他雖然讀過吠陀 (Veda) 古籍 (卽婆羅門經典)，但都不能解決他心中的問題——如何解除世間的痛苦。

悉達多十六歲時，淨飯王便爲他娶了鄰國公主耶輸陀羅 (Yasodhara) 爲妃。此後悉達多由於一次坐馬車到城郊，看到形容憔悴的老人馭者車匿，對悉達多說明這是生命無常之道。悉達多在心理壓抑下回到王宮，淨飯王害怕他的寶貝孩子會走向卜者預測的命運 (捨去俗世)。因此特別防範悉達多外出。但不久悉達多又溜出王宮見到病人、屍首和苦行僧。他的一顆心在跳躍，他眞

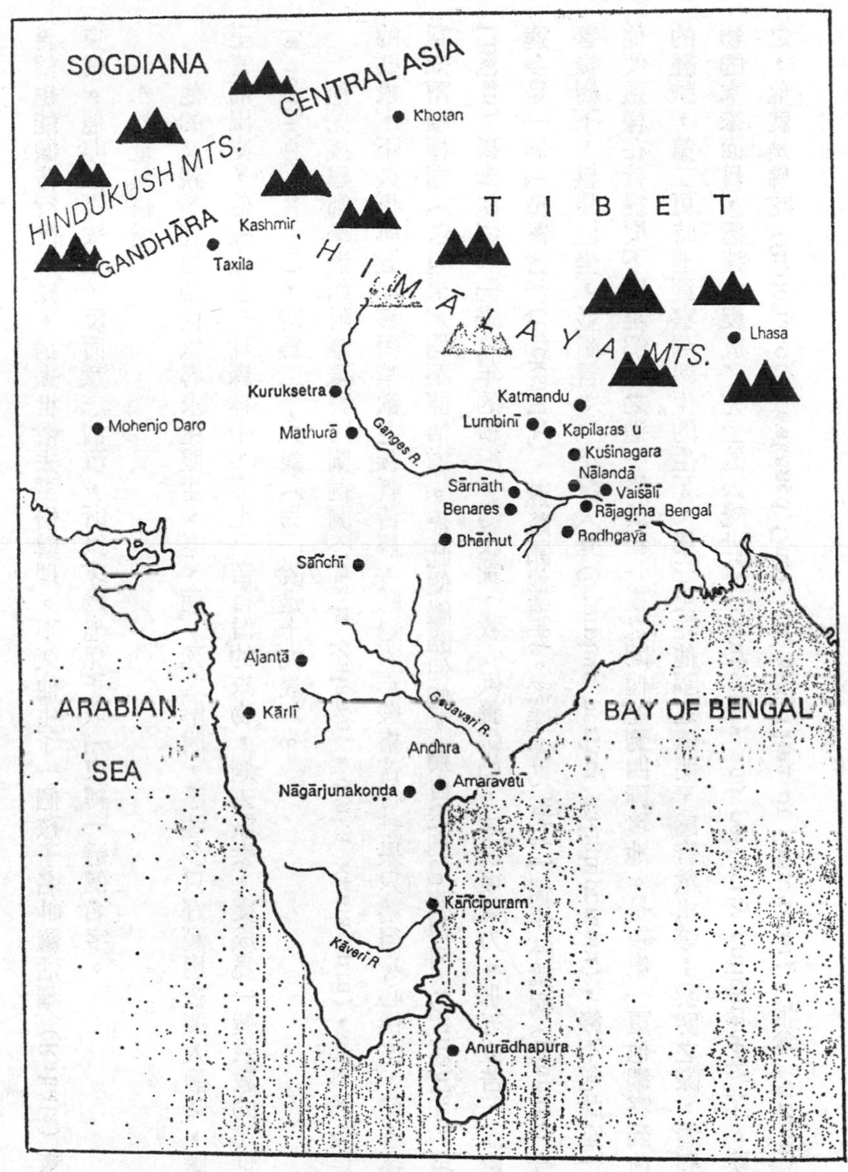

SOGDIANA
CENTRAL ASIA
Khotan
HINDUKUSH MTS.
GANDHĀRA
Kashmir
Taxila
T I B E T
H I M Ā L A Y A MTS.
Lhasa
Kuruksetra
Katmandu
Lumbinī
Kapilaras u
Mohenjo Daro
Mathurā
Ganges R.
Kuśinagara
Nālandā
Sārnāth
Vaiśālī
Benares
Rājagrha
Bengal
Bhārhut
Bodhgayā
Sāñchī
Ajantā
ARABIAN
SEA
Kārlī
Godavari R.
BAY OF BENGAL
Andhra
Nāgārjunakonda
Amarāvatī
Kāñcīpuram
Kāverī R.
Anurādhapura

（圖一）佛教盛行的印度

希望也能像苦行僧一樣，捨去世俗去證悟眞理。不久他生了一個孩子名叫羅怙羅（Rahula）意卽束縛。他非但不快樂，反而意志消沉，所以才爲他兒子取「束縛」這個名字。

4. 捨世與悟道

他的父親不許他捨世以尋求克服生、老、病、死之解脫，悉達多只好利用夜闌人靜時，離開王宮而出走，他遠走至一片森林中，穿上一苦行僧的衣物，剃去鬚髮，變成爲一個宗教的遁世者（a religious recluse），時爲二十九歲（另一說是十九歲）。

他先後尋師學道如阿羅邏與阿蘭迦蘭（Arada Kalama, Udraka Ramaputra），都不能滿足他的要求，不久再與五位修習禁欲主義者苦修，經過六年嚴格苦行結果只落得身心憔悴，使悉達多認知兩種極端（苦與樂）均不能悟道。從此便離開他們，獨自走到尼連禪河（Nairanjana 現名Lilaian）裏去沐浴，洗去六年的積垢，隨後受一牧女供養牛奶，才恢復氣力。那五位苦行僧罵悉達多是一個「墮落者」（backslider），遂離開他遠去。悉達多乃去到一棵畢鉢羅樹（pippala）今稱菩提樹下，盤腿而坐，並斷言：「不證大覺（complete perfect enlightenment），終不起此座」。他便這樣在菩提樹下思維解脫之道，終於在一夜之間他達到四禪境地。是夜第一更他觀察到前生的經驗，第二更時他觀察到眾生的生死，第三更時他驅逐無明、感官欲求等；黎明之際，看到事物的本來面目，悉達多變成了完全的大覺世尊（completely and perfectly enlightened）了。換言之，他就是佛陀（Buddha or Awakened One）、最勝者（Jina or Conqueror）、世尊（Arhant or

Worthy One)、如來(Tathagata or Thus-Come)。除了證道的經驗之外，他也覺察到兩項眞理：「四聖諦」(The Four Noble Truths)及「緣起之說」即「十二因緣」(Twelve preconditions)。

5.傳道生涯

悟道後，佛陀花了數星期的時間於菩提樹附近。在此期間有兩位商人(Trapusa 和 Bhallika)送來食物，後來這兩個人也歸依(take refuse)佛陀，成爲第一個「優婆塞」(first male lay disciple or upasaka)即在家男性信佛者。蘇嘉陀(Sujata)，即是以牛奶供給佛陀飲食的牧女，也歸依了佛陀，成爲第一個「優婆夷」(first female lay disciple or upasika)，即在家女性信佛者。佛陀最初對於宣揚佛法(Dharma)猶豫不決，因爲佛法太深，一般大眾未必能了解，後來想到眾生之益，就決定把佛法傳揚出去。因爲以前的兩位老師已去世，所以佛陀就先去找曾經和他一同修道的五位苦行僧於鹿野苑(Sarnath)。當他們接近一看，發現佛陀的寧靜、安祥的容貌和以前的悉達多相比判若兩人。佛陀說明他已成爲一位「覺者」，並向他們說教。聽了第一次講道(禁欲與極樂兩極端之無益及四聖諦)之後；憍陳如(Kaundinya)便能悟道，並受戒成爲比丘(bhiksu or monk)；佛陀講到諸行無我時，其他四位苦行僧也能悟道，並都受戒成爲比丘。從此具足三寶(Three Jewels)即佛(Buddha)、法(Dharma)、僧(Sangha)，佛教於是乎建立。早期的僧伽團體(monastic community)加入了一些重要人物如舍利弗(Sariputra)、摩訶目犍蓮(Maudgalyayana)、優波離(Upali)、阿難(陀)(Ananda)等。佛陀接受阿難陀的建議(堅持），增加了比丘尼（bhiksuni），爲出家二眾之一。

由於資料不多，但確能顯示早期佛教接受很多商人和皇室的支持。佛陀四十五年的傳教生涯中，最後二十五年兩季都在舍衞城（Sravasti）渡過。

6. 佛陀入滅

佛陀八十歲時，因病住在毗舍離（Vaisali）。佛陀對阿難陀（最後二十五年是佛的侍者）說：「要是我想再活下去的話，還可以再活一劫」，阿難陀因太忙，沒有時間去思索並了解整個意思，也未向佛陀請教這個暗示。當惡魔（Mara or demon）降臨時，佛陀接受並決定三個月後在拘尸那加（Kusinagara）進入最後涅槃（parinirvana or final nirvana）。阿難陀此時卻表現得很傷心（現在已知道自己的錯）。佛陀去世之前，在一個鐵匠家裏吃飯，結果因胃腸嚴重不適，好不容易走到拘尸那加。佛陀在收了最後一個弟子須跋陀羅（Subhdra）之後，就向弟子們道別，並留下「諸事無常，精勤努力，以求解脫」的臨終遺言，接着進入禪定狀態，釋迦牟尼終於入於最後涅槃了。佛陀入滅後七天，佛陀遺體舉行火化，並將遺體分贈摩揭陀（Magadha）和釋迦族等八國，佛的舍利（relics）（即遺體）分成八份，分別在各個國建塔安放。

三、佛陀一生給我們的啟示

佛陀一生的故事是佛教的基石，佛陀悟道對佛教徒來說象徵着人生最高貴的價值和行動。他被描寫爲一位聖者，一個英雄，一位自我控制和獲取智慧的鬥士，他的戰鬥不是要去戰勝別人而是要達成心靈的成長和純熟——戰勝自己。

佛陀洞悉生、老、病、死，認識生命的流轉和無常之後，去尋找生命眞諦，並導向行動，特別是道德與禪定工夫。

成道後，佛陀仍然回到世間來，和他的伙伴、家庭、國人分享新的生命的價值達四十五年之久。

佛陀一生給我們的啟示是：

(1)雖然佛陀生於優良的文化環境之下，但仍要想尋求心理的成熟和成爲自由的個體。這一切要靠自己去抉擇和努力，否則沒法達成。

(2)培養戒 (moral rules)、定 (Samadhi)、慧 (wisdom) 要按部就班，完全要下工夫才能獲致，這就是佛陀的親身經驗。

(3)達成最高目標(悟道)，人人可行；出家人、在家人都一樣；在家人不是專業悟道者，也許時間要久一點，才能到達目標。

第三節 原始佛敎的基本學說

佛陀證道 (enlightenment) 之後，決定留在世上拯救衆生，於是他先去波羅奈斯 (Varanasi

or Benares)——印度教聖城附近的鹿野苑（Sarnath）「初轉法輪」（The Turning of the Wheel of the Buddha Dharma）——「首次爲衆生說佛法」。佛陀在那裏爲以前修苦行生活（ascetic life）的五個修行同道說法，這五個人（憍陳如等五比丘）不久便成爲佛陀的弟子。從此以後，佛陀一生便從事宣揚佛法的專業工作，直到他八十歲逝世爲止。

佛陀提出「四聖諦」（Four Noble Truths）——卽四個眞理，並揭示「八正道」（Eightfold Paths)——卽八個解脫的方法。

四聖諦——苦，卽生命是個苦惱過程，亦卽對世間作的價值判斷（要知）。集，卽一切苦惱的原因是貪、瞋、痴，亦卽分析產生世間諸苦的原因（要斷）。滅，卽涅槃，卽對世間的解脫（要證）。道，卽達到涅槃的方法和途徑，亦卽達到世間解脫的修習方法（要修）；亦卽實現佛教理想所應遵循的手段和方法。四聖諦的主要內容，也可以說是原始佛教的思想綱要。十二因緣（把生命過程分成十二個環節，具體地解釋苦、集二諦，說由於無明而造業，終不免生死輪迴之苦）。八正道（具體解釋道諦，卽正見：正確的見解；正思維：正確的意志；正語：正確的言語；正業：正確的行爲；正命：正確的生活；正精進：正確的努力；正念：正確的思想；正定：正確的禪定。）以達到涅槃，擺脫生死輪迴爲最高修行目標。

一、四聖諦

1. 苦諦（dukkha or suffering）——對現實世界的認識

BUDDHA'S 4 NOBLE TRUTHS

ARE VERY STRAIGHTFORWARD AND VERY SIMPLE.

THE FIRST ONE

CONCERNS THE FACT THAT LIFE ALWAYS HAS IN IT THE ELEMENT OF UNFULFILLMENT: CALL IT SUFFERING

BIRTH, OLDAGE, SICKNESS, NOT GETTING WHAT YOU WANT, GETTING WHAT YOU DON'T WANT, EVEN GETTING WHAT YOU WANT IN THIS PHYSICAL WORLD IS GOING TO BE SUFFERING

佛教四聖諦（圖二）

任何現實存在的生命，由生到死均充滿着痛苦。苦有三種類型(type)：一般心理上及身體上的受苦（苦苦），變化而生的痛苦（壞苦），由因緣和合(conditioned)而生起的痛苦（行苦）。人生的各種苦難，如生、老、病、死、怨憎會、愛別離 (separation from what is pleasant is suffering)、求不得 (not obtaining that which one desire is suffering)、憂、悲、哀傷……凡此種種身心苦楚，是世人所公認的痛苦，都包括在一般苦難的苦（苦苦）中。生活中快樂的感覺和快樂的境遇是無常的，不是永恆的，遲早要改變的；當它改變的時候，就產生了痛苦，這種變遷都包括在變化的苦（壞苦）中。上述的兩種苦比較爲我們所熟知，而且容易明白。但第三種由因緣和合而生起的苦（行苦），卻是第一聖諦中最重要、最具哲理的一面（見三法印）。要了解它，必須先將我們所認爲眾生、個人及我的觀念作一番分析闡釋。

根據佛教哲學，所謂「眾生」(sentient beings)、「個人」(individual self) 及「我」(self) 都是經常在變動的物質與精神的力量或能力的現象。這種組合可以分成五類，或稱五蘊 (five skandhas)。佛教認爲這五類能執着的組合體 (heap, bundle or mass)是一個方便的名字或標籤而已，其實這五蘊具有無常的與變化的現象。

五蘊的「蘊」(skandha) 是集合的意思。佛教宣稱世界和人身是由五種生滅變化的元素所組成的，卽「色」或物質、身體 (form or body)、「受」或感受、感覺 (sensation or feeling)、「想」或知覺、卽抽象的思考作用 (conception)、「行」或意志活動 (mental constitutes or intentional activities)、「識」，意識（consciousness）。由於這五種因素在不同條件下的聚合和分散，造成宇宙萬物的刹那產生、刹那消滅；任何事物和現象都不是永恆的，也沒有一個質的規定性或常住不變的實體。因此，五蘊時刻在運動、變化，形成身心痛苦。

(1)物質組合之類——色蘊。它包括了整個物質的領域，如地、水、火、風及其衍生出來的都算在內。

(2)感覺組合之類——受蘊。這一蘊包括我們身心器官與外界接觸到的所有感覺，也就是說我們身心一切感受都包括在此蘊之中。

(3)識別組合之類——想蘊。想蘊就是思想及概念，它的功能就是認識與辨別各種身心活動的對象。

(4)心所組合之類——行蘊。這一類包括所有善的與惡的意志活動，一般所謂的業力(Karma)是屬於這一蘊。

(5)知覺組合之類——識蘊。知覺（識）是以六根（six essential consciousness）（眼、耳、鼻、舌、身、意）、六塵（色、聲、香、味、觸、法）相應而生的反應。識只是一種知覺，亦即對於某一事物存在的察覺。

2.集諦（cause of suffering）——苦之生起

集諦是指一切眾生，由於無明、渴愛的驅使，在身、口、意上，所造成的一切思想和行爲。

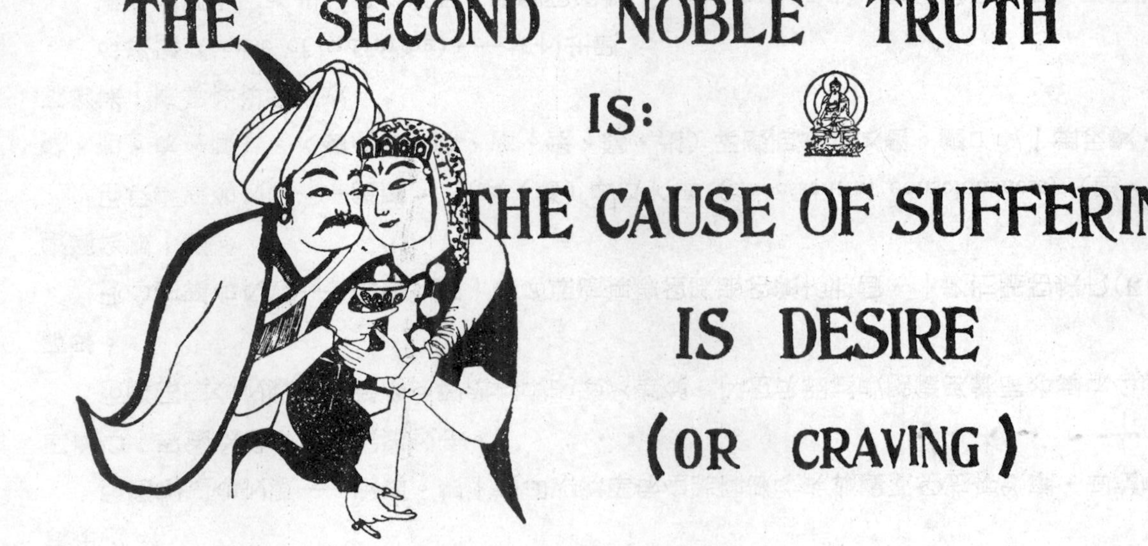

THE SECOND NOBLE TRUTH
IS:
THE CAUSE OF SUFFERING
IS DESIRE
(OR CRAVING)

（圖三）苦之生起

這些惑業，無量無數，都是屬於招感性。集諦說明了人生有貪、瞋、痴等許多煩惱的「因」，去造種種的業，才會招受種種的苦果。換言之，集是業的集合體。

苦的根源就是「渴愛」(craving)。它與強烈的貪欲 (pleasure and lust) 相纏結，隨地拾取新歡。「渴（愛）」有三類：㈠感官享受的渴求——欲愛（sensual desire）；㈡生存的渴求——有愛（craving for becoming）；㈢不想存在的渴求——無有愛（craving for nonexistence），如自殺即是。

以各種形式表現的「渴求」如欲望、貪婪、愛着，就是生起一切痛苦及使得生死相續不斷的根源。但卻不能將它視爲最初因，因爲按佛教的說法，一切事物都是相對的、相互依存的，苦之根源的渴（愛），也是依其他的條件而生起的。這條件就是愛，而愛又依觸而生起，輾轉相依，即構成所謂「十二緣起」（Doctrine of Causation）之說。

渴（愛）的核心就是從無明生起的虛妄我見，它的意義是對歡樂、財富、權勢的貪求與執着。

只要求生、求存的「愛」存在一天，生死相續的輪迴就將不停地流轉。唯有以智慧照見實相，將它的原動力「渴（愛）」切斷了，輪迴才會停止活動。

3.滅諦（causation of suffering）——苦的止息

滅諦是說人類可以從了解和訓練而得到解脫、自由，也就是涅槃（nirvana）的實現。要想徹底除去痛苦，必須除去苦之根本，亦即是

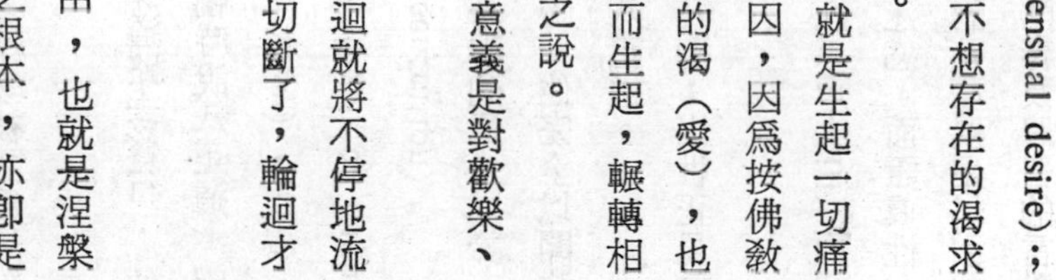

DESIRE IS A TRAP

DESIRE-LESSNESS IS MOKSHA (LIBERATION)

渴愛是陷阱（圖四）

「渴愛」，故涅槃也可被稱爲「斷愛」。因此在佛法上，涅槃被認爲是絕對的眞理。

4. 道諦 (eightfold paths)——八正道

道諦就是導致苦的止息途徑。換言之，順着這幾條道路去修行，便能脫離流轉生死而入涅槃。這些道，能使人求得解脫，故名正道。佛陀轉法輪時說八正道，因爲它是由八個部分所組成。八正道就是：正見 (Right Understanding or Right View)、正思 (Right Thought)、正語 (Right Speech)、正業(Right Action)、正命(Right Livelihood or Right Work)、正精進(Right Effort)、正念 (Right Mindfulness)、正定 (Right Concentration)。

佛陀現身說法四十五年，幾乎在他的全部教理中都牽涉到這一道諦。他以各種不同的教育方法、不同的措辭，對不同根器（智慧）的人宣說這一眞諦。他完全以聞法者的根器以及實踐者的能力，而加以施敎的。佛經裏面的要義，講的不外乎是八正道。

1. 正見：正確的見解。世間的正見如因果、善惡、凡聖；出世正見謂明瞭苦、集、滅、道四眞理，不爲俗見、邪見所惑卽是。

2. 正思：正當的思考。一般人所發的思維，多由妄念 (ill-will) 而起，欲修道體見四眞理，當以淸淨無煩惱的智慧發動思維，而使眞智增長，斷除迷惑，而證眞性。

3. 正語：正確的言論。包括不妄語、不竊議、誹謗及發展足以引起個人或團體間憎恨、敵意、傾軋、不和的言論。還有不用苛刻、粗魯、無禮、酷毒及罵詈的言辭，更不作無意義、無利益之饒舌與閒談。

4.正業：正當的行爲，目的是提倡合乎道義、榮譽而和平的行爲。它的戒條是不殺生、不偸盜、不作不誠實的交易與非法的性行爲。

5.正命：正當的生活。卽不從事對他人有害的職業，如殺、盜、淫及占卜、星象等。

6.正精進：正當的努力，卽爲堅強的意志阻止不善念頭的生起，去除已生起的不善念頭，使得尙未生起的健康念頭得以生起，使已生起的健康念頭充分發展。

7.正念：正確的思想意識。它包括：身體的活動，情緒的感受，心智的活動、觀念、思想、見解等。精勤注意觀照，懷念不懈。

8.正定：正確的禪定（精神統一集中），也就是禪定的心智鍛鍊。

以上這八條途徑或道路的主要目的在於促進並完成所謂戒（sila or morality），它包括3.4.5.項）；定（meditation），它包括6.7.8.項；慧（wisdom），它包括1.2.項之「三慧學」（threefold training）。

戒學，又名戒律，是建立在對於一切衆生普遍愛護及慈愛的觀念上。佛教認爲：人人須具有兩種品性：悲（compassion）與慧（intelligent），才是完美的人格。悲代表心的品質，慧代表思想的品質；悲是佛足，慧是佛身，兩者必須等量發展。

佛教的基本五戒（Five Precepts）是指不殺生（not to kill and harmlessness to all）、不偸

盜 (not to take that which is not given)、不邪淫 (not to misuse the senses but to practise purity and self-control)、不妄語 (not to participate in wrong speech, but to practise sincerity)、不飲酒 (not to participate in taking any intoxicating drinks or drugs)。五戒是消極的戒惡。

定學，就是禪定（修心），它的功能是可以免去情感上的散發，並可以除去精神的紛亂狀態。

慧學，又名智慧。這種智慧不是世俗的智慧，而是由證得禪定的智慧。

總而言之，苦諦是人生的實相，一切的苦難憂患、喜悅、缺陷、不如意等都是人生的實際存在。而集諦是一切苦的根源，其根源爲渴愛欲求。當我們除去這種苦的時候，便是滅諦的涅槃了。滅諦是苦的止息，涅槃是最後的眞實、最終的眞相。道諦是走八正道的途徑。

二、緣起說 (**Dependent Coorigination**)——**十二因緣** (twelve links)

佛教對於形而上學和人生論的基礎是建立在因緣觀上。所謂因緣，係指「因」、「緣」和「果」之間的關係。因是原因，緣是助緣，果是結果。因果關係相互連鎖 (links)，相互依存，互爲條件，密切不斷，循環不已。其公式是「此有故彼有，此生故彼生，此無故彼無，此滅故彼滅。」(when this is, that is; when this arises, that arises; when this is not, that is not; when this ceases to be, that ceases to be.) 因爲「無明」(ignorance) 所以引起意志的活動（行）

(intentional activity)；由於意志的活動，所以產生能認識的主觀意識（識）(consciousness)；由意識的活動，所以產生精神（名）(name or mental phenomena)和肉體（色）(form or physical phenomena)；因爲名和色，所以產生六種感覺器官（六入）卽眼、耳、鼻、舌、身、意 (six sensual organs)；因爲「六入」就引起了和外界事物的接觸（觸）(contact)；因爲有了接觸，所以產生了愛憎的感受（受）(sensation or feeling)；因爲感受，所以引起貪愛（愛）(craving or desire)；因爲有貪愛，所以產生對外界事物的追求與執着（取）(clinging or grasping or attachment)；因爲有「取」，所以引發生存的「有」(process or becoming)；因爲有「有」，所以有「生」(rebirth)；因爲有「生」，所以有老、死 (old age and death)；又由於老和死，無明又起，循環的輪子又轉動了。這種循環（輪迴）的存在是無始無終的。佛教同時主張「生死輪迴」(samsara) 及三世（過去、現在、未來）之說，就是這個道理。

爲了終止輪迴，佛教強調克服無明、欲望和執着。這三樣若一一克服之後，就可以把因果輪迴擊破，而悟證涅槃（Nirvana）。無論如何，緣起說否定了上帝創造宇宙，宇宙先行（由上帝）決定好的 (predetermination) 及宇宙由原子所構成 (atomistic) 的理論。

三、三法印 (Three Marks of Existence)

三法印是佛教三個基本標誌：

(1)諸行無常——萬事萬物變化無常。

(2)諸法無我——萬事萬物沒有本質上的規定性或主宰者。

(3)涅槃寂靜——是指神祕的宗教精神境界。涅槃則指消滅生死輪迴的業因，並從煩惱中解脫出來的一種神祕精神境界。

因緣，既是流轉不停和變動不居的現象，因此世間一切現象都不是永久性的，一切事物也沒有固定性，一切遭遇都是痛苦的，唯有解脫煩惱證入涅槃，才是寂靜的、不流轉的和快樂的。當佛敎與其他宗敎論戰時，佛敎的基本理論架構，卽爲「三法印」（亦是眞理的意思）。玆分述如下：

1.諸行無常（anicca or impermanence）——萬物變化無常

緣起的萬事萬物一旦有了存在，便一定產生敗壞，亦卽非永恆性的。如俗語所說的「人無千日好，花無百日紅」及「昔日王謝堂前燕，飛入尋常百姓家」，這都是對無常的一種表達方式。以人爲例，佛敎認爲人的構成要素有兩個方面：心理現象與物質方面（身體結構）。不管前者，還是後者，都經常處在變化之中，因此人生總是離不開生老病死的。

2.諸法無我（anatta or egolessness）——萬物沒有質的規定性或主宰者

婆羅門敎（印度敎）主張每一種生物均有自我（純粹的、永恆的），自我將人的一生所做的行爲或業力保存，而輪迴於來世。佛陀起來反對這種觀念的目的是：第一在於強調不必執着於尋找自我；第二在於糾正自我的存在是不合乎邏輯（純粹而永恆的自我怎麼可以和不純粹和不永存的肉體連在一起呢）。除此而外，若有自我的存在，涅槃將作何解釋？其實我是由四大構成（地、水、火、風）——大是普遍的意思，因爲這四種元素普遍存在於一切物體，所以叫大。佛學上，將我們的人體歸納爲四大元素（四大）或五蘊因緣和合而成的，它是一個假我。經典上說：「四大皆空，五蘊非有」便是這個道理。

3. 涅槃寂靜（Nirvana is peace）——神祕的宗教精神境界，亦卽指消滅生死輪迴的業因，從煩惱中解脫出來的一種神祕精神境界。

人生最終目的是追求一種絕對安靜的、神祕的精神狀態（涅槃）。涅槃是梵文（Nirvana）的音譯，意卽圓寂、滅度，它的原意是指火的息滅或風的吹散。原始佛教認爲涅槃是一種超越時空、超越經驗、超越苦樂、不可思議、不可言傳的實在。在涅槃這個神祕境界裏，旣擺脫了外在事物，也擺脫了主觀感受、理智等等用邏輯概念所理解或用語言所表達的概念。佛教雖然承認現象界的一切是互相聯繫、變化和發展的，但又認爲在涅槃中則一切靜止、永恆和無變化的，這是佛教宗教性格的表現，因爲任何宗教都要想建立一個目的論的體系。如果一切都是運動和變化，那麼這個目的論也就無法建立起來。

四、結　論

根據以上所說，我們可歸結到五點做爲佛教基本原理：

1. 佛教不是消極厭世的，但多少有點反唯物主義（antimaterialistic）的傾向。

2. 佛教主張理論與實踐是互相關連的。
3. 人生的痛苦根源於對感官的欲求和執着。
4. 執着形成了輪迴的基本條件。
5. 涅槃是永恆的，亦即人生追尋的最高理性境界。

第四節 佛教的內部分裂

一、引 言

佛陀去世前對弟子們做了兩次陳述：不重要的戒律可以廢除（卽小小戒可捨），但佛教並未說出甚麼戒可以廢除；佛陀並忠告弟子要努力修行不懈以求解脫。這些陳述對當時的佛教僧團更加迷惑不解，因此必須結集。結集就是會誦（chanting），是集合有學有德的比丘，背誦佛陀在世所說的教法，再經過大會討論、決定之後，始成爲經典而留傳後世，稱爲結集。結集是佛弟子們的共同要求。經過共同討論之後，僧團便能確定佛陀的本意，以後日漸增多的僧侶在教義（doctrine）及戒律（precepts）上便有遵循的準則了。

二、結集資料的來源

根據佛陀去世後二百五十年間的佛教歷史裏，似乎共有四次主要的佛教會議：佛陀滅後當年便在王舍城（Rajagrha）舉行過第一次結集；佛陀滅後一百年內曾在毘舍離（Vaisali）結集；大約在第二次結集後的五十年曾於華氏城（Pataliputra）結集；大約在西元前二百五十年又在華氏城結集。

在王舍城和毘舍離的會議資料，可在各種佛教派別的律藏結論「犍度」部分（Skandhaka）中找到。第三次在華氏城結集的資料，可在大般若波羅蜜多經（Mahaprajnaparamita Sutra），以及從龍樹、世友（Vasumitra）、清辨（Bhavya）、眞諦（Paramartha）、玄奘（Hsuan-tsang）、布敦（Bu-ston）等人的作品中發現到。第四次的結集可在四個巴利文經典：「島史」（Dipavamsa）、「大史」（Mahavamsa）、「大菩提史」（Maha bhodhivamsa）及「善見律毘婆沙」（Samanta-pasadika）等處發現到。

三、第一次結集

第一次結集的重大事件可歸結如下：

一、大迦葉（Kasyapa）領導負責此次結集。弟子一聽到佛陀去世後，阿羅漢們（Arhants）知道人生無常；沒有開悟的弟子則表示悲傷；須跋陀羅（Subhadra）則表示高興，因爲他認爲比丘將不必再守着嚴格的戒律了。大迦葉聽到了，以爲非把佛陀的教義和戒律制定爲僧團的行爲規範不可。

二、大迦葉選擇四百九十九名比丘，阿難陀（Ananda）因未成聖，故不能參加；但經大迦葉再考慮後，准他參加，故總共五百名，史稱五百大阿羅漢。

三、地點在王舍城，五百名比丘同意利用雨季結集，除這五百人外，其他比丘不得出席。

四、雨季的頭一個月花在修理建築等事。

五、會議前一天晚上，阿難陀證得阿羅漢果。

六、會議開始，大迦葉向優婆離（Upali）提出關於戒律上的問題；並向阿難陀提出佛法上的問題。阿難陀述及佛陀同意將不太重要的戒律廢除，但大迦葉唯恐此事對僧團有所損害，所以還是決定無條件地遵守佛陀所制定的一切戒律。

七、阿難陀被譴責多處行爲不當，但他不願承認有罪，這顯示着大迦葉與阿難陀之間的不和諧。

八、富樓那（Purana）當時在旅行途中，抵達王舍城時，結集正要結束，雖然他記得佛陀說過的很多教義和戒律，但亦被拒入會。

九、阿難陀陳述佛陀曾宣佈在他滅後要處罰車匿（Channa）——爲佛陀拉馬車的那位車夫。當阿難陀找到這位比丘，並要處罰他（把他逐出僧團）時，車匿已變成阿羅漢，車匿遂免被處罰。

十、這次結集結束後，被命名爲「戒法結集」（Vinaya-Samgiti or Chanting of the Vinaya）或「五百結集」（The Councils of 500）。

第一次結集所顯示的意義，至少有下列六點可以說明：

1.這次結集的主要功能是：

(1)神話的（mythic）——社會秩序的革新。

(2)實用的（practical）——權威和團結的鞏固（因佛陀的強人領導業已過去）。

(3)清淨儀式（purification）——用意在維護戒法並處罰阿難陀和車匿的過失。

2.王舍城（摩揭陀國的首都）是早期佛教的根據地，此地有足夠的食物和宿泊處。

3.大迦葉是此次結集的主席，結集在他一個人領導之下完成的。他能夠擔任主席主要在於他個人在佛教界的德高望重。

4.參加人數足足五百名，是人為的或方便的數目；選擇比丘的條件也不太明確。

5.以結集的方式來編輯經典是主要的結集動機，但卻沒有任何記載。有些學派說是律藏和經藏兩部分，有些學派則只列入論藏。

6.很多學者懷疑此次結集的史實性（historicity），理由是佛陀那一小羣親近他的弟子在他滅後結集，似乎是不可能的，而在各種佛經中所描述的大型結集，也近乎是困難。

四、第二次結集（毘舍離）

第二次結集的大要歸納如下：

1.佛陀去世後一百年內，毘舍離國的跋耆族（Vrjiputvaka）比丘認為實踐「十件事」（見下述）是合法的。

2.耶舍（Yasas）比丘到達毘舍離發現這些比丘的行爲後，認爲是違法的，要比丘們懺悔（悔過）。

3.耶舍對在家人（居士）說那些比丘違規的事。

4.毘舍離的比丘趕耶舍出城。

5.耶舍走到憍賞彌國（Kausambi），解釋比丘們違規的「十件事」給一位有德行的比丘商那和修（Sanavasin）知道，並爭取支持。另一位受人尊敬的比丘離婆多（Revata）也同意耶舍的證辭。

6.跋者族比丘們也到處爭取支持者，於是兩方決定在毘舍離結集，以便解決紛爭。

7.離婆多與一位年高德劭的比丘一切去（Sarvagamin）（此人曾拜阿難陀爲師）對話，並請求辯論這十項違規。

8.結集以離婆多爲主席，一切去被質問十事中的每一項，結果逐條被否定，會議遂告結束。此次結集稱爲「戒法結集」（Chanting of Vinaya）或七百結集（Recital of 700）亦卽七百比丘參加此次會議。

有四點比較重要的事，值得一提：

1.「十件事」如下：

(1)可蓄鹽於角器中。

(2)中飯可以在規定時間後的二指寬（日影）內繼續進食。

(3)吃過飯後，又可以到另一村落再次乞食。

(4)可以在同一教區內做各種懺悔儀式。

(5)不足法定人數，亦可開會。

(6)如有前例，可以照着做。

(7)可以飲食未經攪拌之牛乳。

(8)可以飲用未發酵的酒。

(9)可以使用無裝飾過的坐墊。

(10)可以接受金銀。

2.很多學者以爲佛教第一次「大分裂」(Great Schism) 始於此次結集，從此分裂爲「大眾部」(Mahasamghikas) 和「上座部」(Schaviras) 兩個團體。「大眾部」的戒律以比較順應環境爲其特色。

3.此次結集雖然彌補了許多僧團中早已存在的異議的事實，許多緊張的問題也開始被感覺到：鬆懈與嚴格的傾向、寺院與居士的問題、神聖與世俗等。

4.大多數的學者都同意此次結集確有其史實性。

五、第二次的「二次結集」（華氏城）

此次結集，可得而言者如下：

1.第二次結集後的三十七年（大多數學者都贊成此年數），發現上次結集以後所形成的緊張開始升級、惡化。

2.此時有一位比丘名大天（Mahadeva）抨擊阿羅漢，說是阿羅漢受引誘，尚存有無明、疑惑，經由「他力」(other's help) 以獲得知識等。

3.兩派劇烈不合，彼此決定結集，並由當時的國王難陀（Mahapadna Nanda）在華氏城當仲裁。

4.難陀因無資格充當宗教的是非判斷，但他只有一個選擇：召集這兩個不同的派別，並清點兩派人數，以決定誰是誰非。

5.經清點人數的結果，人數較多的「大衆部」宣稱勝利，人數較少的「上座部」傳統（正統）教派，處於少數。

6.兩個不同的派別各自分開，分別加強鞏固自己的地位並修改其經典。

此次結集，其意義計有五點可述：

1.從所有早期資料來看，此事件是第一次眞正的僧團分裂，而且很明顯地分成兩派。

2.在有限的範圍內，早期的資料都同意其年代。

3.由於大天的幾個論點，雖然是屬於教義上的論題，但直接關聯到寺院戒律。

4.此次結集是一件史實。

5.兩派分裂之後，隨着時間的推進，雙方內部也都產生過分裂，最後演變成部派佛教的十八派別。

六、第三次結集（華氏城）

此次結集可分成下列諸點來敍述：

1.在阿育王統治（Asoka, 264-226 B.C.）的第十七年舉行，舉行結集的理由是僧團受到外道的混入，佛法遭受到破壞。

2.著名的比丘目犍連子帝須（Moggaliputta Tissa）爲主席，由他主持一千位比丘參與此次結集；地點在阿育王的京城華氏城。

3.外道的觀點都被淘汰，最後歸結到佛的言教才是最高教義的標準。

4.外道人士被逐出華氏城。

5.所討論的觀念被記載在論藏（Abhidharma）裏面的「論事」（Kathavatthu）中。

此次結集的意義計有：

1.阿育王三個石刻勅令（分別在 Sanchi, Sarnath, Kausambi）都明白表示佛教僧團曾受過外道的嚴重威脅。

2. 傳統上阿育王被認定是護持佛教的統治者，由於他涉及此一結集，更可淨化了僧團。

3. 此次結集，學者的反應是肯定有其歷史事實，但其中有些學者認爲這是上座部的「內部會議」；更有些學者認爲這是上座部的派別分裂。

第五節 佛教的對外傳播

一、概說

佛教是一個非常單純而民主的宗教，所以能吸引一般人來信仰它。但佛教自釋迦牟尼涅槃後的最初兩百年內進展還是很慢的，只限於恆河平原地區 (The Ganges River Plains Area)。自阿育王(Asoka)傳播佛法後，才使佛教發展一日千里。再經迦膩色迦王(Kaniska)的提倡，使佛教得以遍佈中亞，無遠弗屆(迦膩色迦王曾召集第四結集)。

自西元第七世紀以後，印度出現了割據林立的小國，大乘佛教的一些宗派由於追求繁瑣而玄奧的理論，似難爲一般羣眾所接受，到西元七五〇年以後，印度佛教進入迴光返照的密教(Tantra)時期。於是密教隨之興起，密教是大乘佛教、印度教和印度地方民間信仰的混合物；以高度組織化的咒術、宗教儀式爲其特色，宣揚口誦眞言 (Mantra) 卽語密 (activity of speech)，手結契印或手式 (Mudra) 卽身密 (activity of body)，心作觀想 (Mandala) 卽意密 (activity of mind)；三密同時相應，就可達到「即身成佛」(Path to Liberation)。

西元第八世紀以後，由於印度教的興盛，佛教欲振乏力，加上內部派系紛爭以及伊斯蘭教徒(Muslims)入侵，佛教在印度開始衰微，到十二世紀遂爲印度教所同化(assimilation)。在此我們稍加分析一下佛教在印度本土消失的原因：當然最主要的因素是伊斯蘭教徒的入侵印度，其他的因素尚有社會力量(social force)及宗教上的力量(spiritual force)。伊斯蘭教以崇尚武力，到達印度後，焚毀佛像、佛寺、佛教大學並屠殺僧侶。佛教僧侶一方面認爲伊斯蘭教徒終會征服印度，另一方面由於佛教徒的信仰關係，所以完全採取不抵抗主義。就社會力量來說，佛教在當時，並沒有獲得社會有權勢者及其財力的支持。除此而外，佛教在此時已缺乏一種創造性的動力(creative impulse)來重建新的面目，因爲佛教經過一七〇〇年的經營，已像疲倦的太陽一般，亟待隱沒，於是與印度教匯流在一起，以延續印度古老文明，這點可由文化現象來加以理解。

佛教雖在印度本土消失，但卻能傳播到世界各地，成爲世界性的大宗教。下面我們就來看看佛教在世界各地的傳播情形：

佛教從南亞次大陸（subcontinent）向其他國家傳播開始於印度孔雀王朝的阿育王（The Mauryan Emperor Asoka）統治時期。孔雀王朝建立了印度歷史上最大的、統一的國家。伴隨阿育王的對外擴張，佛教始由恆河流域一帶傳到了古印度各地，並遠及斯里蘭卡、緬甸、敘利亞、埃及等國家，逐漸成爲世界性宗教的雛形。

佛敎向亞洲各地區的傳播大致可分爲兩條路線：北傳經帕米爾高原，傳入中國，再由中國傳入韓國、日本、越南等國；南傳最先傳入斯里蘭卡，又由斯里蘭卡傳入緬甸、泰國、柬埔寨、寮國等國。佛敎傳到各地後，爲了適應當地政治需要、社會特點和文化型態，無論在形式和內容方面都有相應的改變。

二、大乘佛敎的對外傳播

北傳佛敎以大乘佛敎爲主，它最初的經典是用混合梵文(mixed sanskrit)編纂而成的，以後又被陸續譯成漢文、日文和藏文等諸種文字。南傳佛敎經典是用巴利文(Pali)編纂而成的。喀什米爾(Kasmir)在阿育王統治時期，比丘末田地(Madhyantika)便被派來此地宣揚佛法。據傳阿育王更在此地建立五百個寺院，並將該處土地供養僧團。到西元五〇〇年止，此一地區爲佛學研究的重鎭，有很多大學者如馬鳴(Asvaghosa)、無著(Asanga)都出身於此。有些喀什米爾的法師們，則遠去中亞、中國，更有顧那瓦曼(Gunavarman)其人，在第五世紀初，去爪哇傳播佛法。西元一〇〇〇年以後，此地很多的學者、藝匠紛紛逃亡至西藏、拉達克(Ladakh)、古基(Guge)、史丕地(Spiti)去。一三三九年伊斯蘭敎統治此區。起初伊斯蘭敎徒還能稍加容忍佛敎，但自一四〇〇年左右，則開始迫害佛敎徒，佛像、佛寺均被有系統地摧毀，宗敎活動也被禁止。一五〇〇年以後，佛敎便在此地消失了。

佛敎傳入中亞是經由中亞游牧民族及印度商人之手，始於西元前第二世紀左右，然後再由大月氏民族傳入中國。西元第一世紀時，中國西漢武帝擴充版圖到中亞各國如大宛（Ferghana）、康居（Sagdiana）、大月氏（Tukhara）、安息（Parthia）、龜玆（Kucha）等國均與中國有過文化交流。東漢明帝永平年間（58-76 A. D.）迦葉摩騰（Kasyapamatanga）譯出「四十二章經」（Sutra in Forty-two Sections Spoken by Buddha），接着安世高在洛陽主持譯經工作（148-171 A.D.），中國佛教遂逐漸發達起來。

佛敎由中國傳入韓國，時爲西元第四世紀（372 A. D.）。佛敎頗受韓國士大夫的歡迎。到西元五二五年爲止，佛敎傳佈全國；西元五五〇年到六六四年間佛敎成爲國敎，僧侶擁有權力。西元一一四〇年到一三九二年爲韓國佛敎盛行時期。一三九二年以後，儒敎（Confucianism）思想已佔優勢，僧侶不再受到宮庭的擁護，權力被剝奪，佛敎命運逐漸衰微，但並未完全消失，在鄉野如金剛山（Diamond Mountains）還保留着佛敎禪宗、淨土宗，加上當地的迷信系統的宗敎形式，以延續佛敎的命脈。一九一〇年到一九四五年，日本統治韓國期間，雖然極力扶持佛敎，但元氣已盡，到一九四七年爲止，韓國僧侶僅剩下七〇〇〇人左右。

佛敎在西元第六世紀（五五〇年）從中國經過韓國傳入日本後，一直是日本的主要宗敎。第七世紀初，聖德太子（Prince Shotoku Taishi, 572-621）在建立新興的國家過程中首先採用佛敎，在他頒布的「十七條憲法」中曾要求全體臣民「皈依三寶」。在中國隋唐時期（六——十世紀）及其以後，日本向中國派出了大批留學僧，中國也有不少僧侶到達日本，隨着兩國佛敎的交流，中國佛教的各個主要宗派（法相、律宗、天台、密宗、禪宗、淨土等）也相繼傳入日本。其中日本名僧最澄（Saichoo or Dengyo Daishi, 767-822）和空海（Kukai, 774-835）曾到中國留學，他們分別向日本傳入天台宗和眞言宗（密宗）（Shingon）。十二世紀以後，佛教與日本民間信仰、生活習俗相結合，形成了很多民族化的宗派，如親鸞（Shinran, 1174-1268）創立「淨土眞宗」（Jodo Shinshu）；日蓮（Nichiren, 1222-1282）創立「日蓮宗」（Nichirenshu）等。在日本統治階級的直接支持下，佛教建立了嚴格的「寺檀制度」（寺院和信徒家庭之間的隸屬關係）。十九世紀的明治天皇爲了提高皇室的權威，把神道教（Shinto）（日本固有的民間宗教）定爲國教，執行「神佛分離」、「廢佛毀釋」的政策，佛教一度被納入神道教的體系，但不久又被扶植起來。第二次世界大戰後的日本，出現了許多新興的佛教派別，其中最有影響的是由信仰「日蓮正宗」（Nichiren Shoshu）信徒組成的「創價學會」（Sokagakkai or Society for the Creation of Value），它的政治組織——「公明黨」現在是日本國會中的第三大政黨。「創價學會」在世界八十二個國家都有它的組織和信徒，在歐美各國的宗教活動也相當活躍。

尼泊爾（Nepal）是佛教的誕生地。傳說佛陀成道後，曾返回家鄉，命他的兒子信佛。西元前第三世紀，阿育王曾訪問此地。阿育王的女兒據說嫁給一尼泊爾貴族，她也把佛教介紹到尼泊爾去。因此說，佛教很早就在尼泊爾成長了。第四世紀時，世親（Vasbandhu）亦曾拜訪此地。但直到第七世紀時，我們才知道得更多，因爲那時王室支持佛教，此後與西藏佛教關係友善密切，很多西藏佛教徒曾到尼泊爾研究佛教。十二世紀末葉伊斯蘭教征服印度比哈爾（Bihar）及孟加拉時（Bengal），很多印度佛教高僧、學者，帶來密教儀式、佛教經典及佛像，向尼泊爾逃亡避難，其中的很多經典到今天還被保留下來。奇怪的是佛教在印度遭到滅亡之後，尼泊爾的佛教也步入相同的命運（融入印度教的密教裏頭），迄今尼泊爾純正的佛教徒並不多。

大乘佛教從中國傳入越南，大概在西元第二世紀末，並在四、五世紀獲得了廣泛的傳播。從第九世紀至十三世紀末，越南相繼出現了民族化的宗派——屬於禪宗系統的無言通派、草堂派和竹林派，先後被李朝（1010–1224）和陳朝（1225–1405）定爲國教。在法國統治時期，佛教則受到殖民當局的壓迫。近代越南的佛教是中國大乘佛教、儒教和越南民間信仰的混合物，有着它獨特的色彩。

西藏佛教始於第七世紀（西元六五〇）松贊剛普王（King Song-tsen-gam-po）的提倡，屬於密教（Esoterism）或金剛乘佛教（Vajrayara）系統。後來向北傳入現在的蒙古，時當十三世紀中葉（西元一二六一）；接着又由達賴喇嘛傳入，時爲一五七七年。在一三六八年到一五七七年之間，蒙古人始由薩滿教（shamanism）而改信佛教。以後又由蒙古傳入蘇俄。十七世紀中葉蘇俄佔領西伯利亞之後，老沙皇爲了加強對當地居民，特別是蒙古族人的控制，並進一步向遠東地區進行擴張和侵略，一直採取扶植佛教的政策。他們在與蒙古接壤地區建立了很多規模巨大的喇嘛教寺院。目前蘇俄的佛教徒約爲五十萬人，分屬三支：布里亞特族（Buriat）佛教徒，分佈在東西伯利亞布里亞特蒙古自治共和國、伊爾庫次克、赤塔省（Chita）；卡爾穆克族（Kalmuk）佛教徒分佈在伏爾加河（Volga）三角洲西南；圖瓦族（Tuva）佛教徒，分佈在俄蒙邊境上的圖瓦省。除此而外，在莫斯科、列寧格勒等大城市中還有一些佛教研究機構。

三、南傳佛教的對外傳播

佛教從印度次大陸南傳入東南亞各國後，與當地的民族宗教信仰（精靈崇拜和祖先崇拜等）相結合，形成了具有地域色彩的南傳佛教。基本上來說，南傳佛教屬於印度佛教的上座部。

佛教傳入斯里蘭卡（以前叫錫蘭）大概在西元前三世紀（約 240 B.C.）阿育王統治時期，是由阿育王的兒子馬欣達（Mahinda）傳入的。西元前第一世紀時，斯里蘭卡上座部佛教出現了兩個派別——「大寺派」（Mahavihara）和「無畏山寺派」（Abhayagirivihara）。大寺派一直被認為是南傳佛教的淵源，南傳佛教的「正統派」，緬甸、泰國、柬埔寨、寮國等國家的佛教也都承襲這個派別的「法統」。西元前第一世紀，斯里蘭卡的佛教僧侶把口誦的巴利語（一種印度地方語）三藏編錄成冊；西元五世紀佛音（Buddhaghosa）等人對大部分的巴利文經典進行注釋和整理，於是逐漸形成了一套完整的南傳大藏經。佛教由南印度傳入緬甸大概在西元第五到第六世紀，當時大乘佛教與南傳佛教並行，商業大城塔頓（Thaton）已成了佛教中心。從第九世紀以後，佛教則由比哈爾及孟加拉傳入。一〇四四年蒲甘王朝的阿奴律陀（King Anawrata of Pagan, 1044–1077）統一全緬甸，建立緬甸最早的王朝，曾奉大寺派的佛教為國教。佛教由斯里蘭卡傳入泰國約在西元十二世紀左右。十三世紀，泰國素可泰王朝(King of Sukhothai)奉南傳佛敎爲國敎。在十二世紀以後，佛敎由泰國傳入柬埔寨、寮國，並被先後奉爲兩國的國敎。一一八一年卽位的柬埔寨王朝耶跋摩七世(Jayavarman vii, 1181-1215)被認爲是南傳佛敎的熱心信奉者。他役使三十多萬奴隸和勞工，用了十年的時間擴建了柬埔寨著名的佛敎勝地——安哥城(Angkor Thom)，並修建了巴揚寺(Bayon)和佛塔等大量建築物。

印尼與馬來羣島到西元第五世紀都已被印度化(Hinduized)了，以後才有佛敎傳敎士來到此地。西元六七一年義淨在蘇門答臘的巨港(Palembang)停留時，他發現那裏約有一千多個比丘，大都信仰南傳佛敎。爪哇島上約在西元八〇〇年左右，建有巨大的佛塔，混合了佛敎和印度敎的形式，長期以來受印度敎和佛敎文化的影響很大。到十五世紀初，伊斯蘭敎徒才使他們改宗，東邊的峇厘(Bali)島上現在還有印度敎和佛敎混合的一種密敎存留着。

在十九世紀東南亞各國民族主義運動興起以後，佛敎爲適應政治的需要，一度獲得繁榮。泰國、緬甸、柬埔寨、寮國都曾宣佈佛敎爲他們的國敎。但是，隨着這些國家民族和民主運動的發展以及人民追求現代化的結果，總體看來，佛敎已出現衰頹的趨勢。

佛敎在東南亞各國不但在歷史上而且在現實生活中都受到相當大的影響。

當前，在斯里蘭卡、緬甸和泰國，僧侶和佛敎組織直接參與國家的政治活動。泰國憲法規定，佛敎是國敎，因此佛敎敎義是人們必須接受的社會生活和精神準則。泰國僧團有它自己的司法和行政機關，例如僧伽法庭有權審核電影、電視的內容；處理寺院的財產和管理費用；主持巴利語的國家考試等等。緬甸於一九六一年，佛敎被定爲國敎，在政府中設有宣傳佛敎思想，指導佛敎實踐的「佛敎理事會」，在各級公立學校中也設有佛敎課程。現在雖已取消國敎，廢除了佛敎和僧侶的特權規定，但佛敎在緬甸仍有着巨大社會影響力。斯里蘭卡的佛敎組織和僧侶直接參與斯里蘭卡的選舉和地方行政事務。一九七六年斯里蘭卡政府決定在全國農村成立以寺廟爲中心的「保護佛敎會」，佛敎會不僅管理宗敎事務，也可以處理村民的一些問題。

南傳佛敎在敎義和戒律方面或多或少還保存着早期佛敎的傳統：宣揚出家，在形式上過着中世紀的清規戒律生活。在泰國、緬甸等國每個男子在未成年以前都要在寺院中出家一段時間，接受佛敎敎育，否則上學、就業、婚姻就要受到影響。東南亞某些國家的寺院不單是宗敎活動的中心，也是人民接受普通敎育的場所。在泰國有一部分公立學校設置在寺院裏面，由僧侶擔任敎師；緬甸也有類似的情況。其他方面如語言、藝術、文學、思想形式等也都直接受到佛敎的影響。

佛敎在印度沉寂了六百年之後，在十九世紀也掀起了「復興運動」。印度的近代佛敎是由斯里蘭卡傳入的。一八九一年斯里蘭卡的貴族達摩帕拉(Anagrika Dharmapala)在印度創建了「摩訶菩提學會」(Maha Bodhi Society)，由於這個組織的活動和影響，印度各地開始出現了新佛敎徒和佛敎僧團，在知識分子中也出現了研究佛學的熱潮。一九四八年，印度獲得獨立後，國大黨

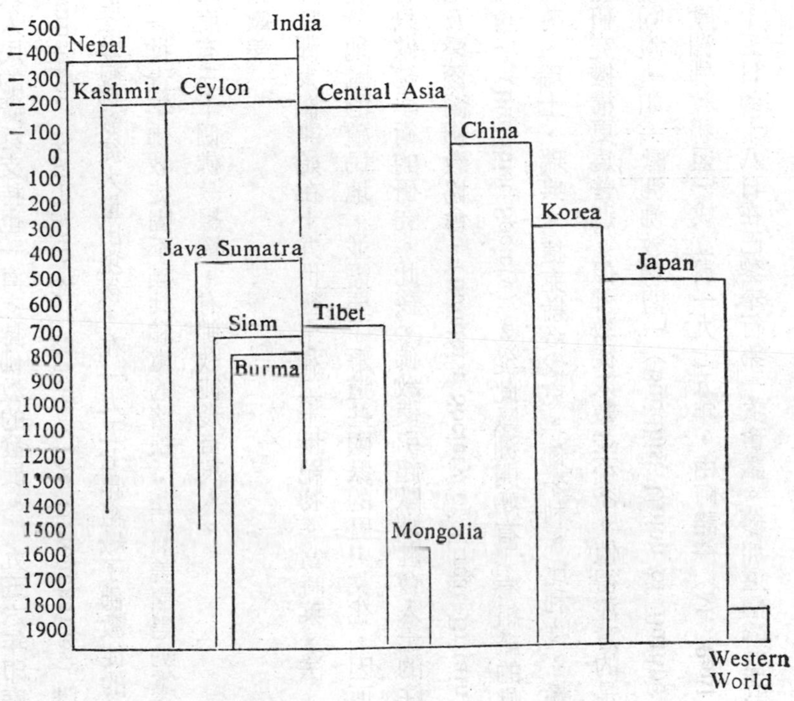

−500
−400
−300
−200
−100
0
100
200
300
400
500
600
700
800
900
1000
1100
1200
1300
1400
1500
1600
1700
1800
1900
India
Nepal
Kashmir
Ceylon
Central Asia
China
Korea
Japan
Java Sumatra
Siam
Tibet
Burma
Mongolia
Western World

（圖五）佛教的對外傳播

政府爲了爭取人民的廣泛支持也一直支持佛敎的發展。一九五六年印度首任司法部長、憲法起草人安培克（Ambedker, 1891-1956）在「賤民」（The Untouchables）階級中發起了大規模的「改信運動」。印度的新佛敎徒大量出現後，在一九五七年組織了佛敎徒的政黨——「印度共和黨」。一九七四年，一批青年佛敎徒因不滿共和黨的路線，仿照美國黑豹黨的名稱，另組織了「困豹黨」。當前印度有三十個佛敎組織，有佛敎徒幾百萬人。

四、佛敎傳入歐美

佛敎傳入歐洲大概開始在十九世紀末和二十世紀初。當時英、法、俄、德爲了便利控制他們在東方佛敎流行地區的殖民地，並需要了解這些國家的歷史文化，因而鼓勵進行研究佛敎，當然也有一些學者只做純學術的研究。此後，佛敎便引起歐洲社會人士的注意。一九〇七年英國最先設立了「英國及愛爾蘭佛敎協會」（Buddhist Society of Great Britain and Ireland），一九四三年改名「佛敎會」（Buddhist Society），從此歐洲開始有了有組織的佛敎徒團體。目前，英、法、德、奧、荷、瑞士、瑞典、捷克斯洛伐克、匈牙利、比利時、義大利等都有佛敎組織和僧團。至於佛敎研究機構更爲普遍。但佛敎徒人數並不多。值得注意的是，近年來出現了一些聯合性的歐洲佛敎團體，如「歐洲佛敎聯盟」（Buddhist Union of Burope or B. U. E.）「聖彌勒壇敎會」等。「歐洲佛敎聯盟」成立於一九七五年，由阿諾德（M. Paul Arnold）所創辦，並於一九七九年六月十五日到十八日在巴黎舉行第一次會議。參加這個聯盟的有法、荷、奧、瑞士、西德等國家的部分佛敎僧團。「歐洲佛敎聯盟」通過它們所召集的大會和刊物，鼓吹合作、和平及非暴力主義等入世思想。

佛敎傳入美國是在十九世紀末葉以後的事。佛敎傳入美國之後，又向北傳入加拿大，向南傳入了巴西、祕魯、阿根廷等國。美國在第二次世界大戰以後，多方扶植佛敎，積極參加國際佛敎組織及其活動，並在大學設立很多佛敎研究機構，用來研究佛敎敎義。目前美國的佛敎徒及寺廟或坐禪中心，分成日本佛敎、西藏佛敎、中國佛敎、越南佛敎和東南亞南傳佛敎系統。其中以日本系統勢力爲最大，西藏佛敎次之。中國系統的佛敎寺廟和團體，分別設在紐約、舊金山、夏威夷、洛杉磯、芝加哥等地總共有幾十個佛敎組織。其中引人注目的是一九五九年以來，美國接受了一批逃難的西藏喇嘛，他們分佈在美國各地。目前，美國有很多所大學設有西藏學科或研究中心。西藏佛敎的四大宗派在美國都設有「禪定中心」(Meditation Center)或傳敎組織，進行活躍的宗敎活動。

澳洲及南非的佛敎活動近年來也相當頻繁。佛敎名副其實地已成爲世界性的宗敎。

世界性的佛敎組織是「世界佛敎徒聯誼會」簡稱「世佛聯」(World Fellowship of Buddhists)，是一九五〇年由斯里蘭卡的社會活動家馬拉塞克拉(G. P. Malalsekera)發起建立的，現有亞洲、歐洲、美洲等三十二個國家或地區的佛敎組織參加，總部設在泰國曼谷。「世佛聯」通過歷屆大會宣傳以佛陀的「慈悲精神」以便建立世界和平，並「反對一切戰爭」、「實現全面裁軍」及「完全禁止核子武器試驗」等現實問題。

第六節 南傳佛教與大乘佛教的比較

佛陀在世時，他所講的話沒有用文字記載下來，所以佛法的傳承，初期僅憑當日弟子的記憶以及他們對佛陀教義的理解爲基礎，又因僧團散居各地，因此他們不可避免地在某種程度下對佛教的解釋是有所分歧，佛教派別就是這樣產生的。但大體來說，目前世界的佛教可分成兩派：卽南傳佛教（上座部佛教）及北傳佛教（大乘佛教）。大乘佛教徒常稱「南傳佛教」爲「小乘佛教」。理論上來說是錯誤的：

西元前第三世紀阿育王召開第三次結集，討論經、律、論三藏，駁斥一些部派「邪道」所持的理論。後來阿育王的兒子馬欣達(Mahinda)便將佛法傳入錫蘭（現斯里蘭卡）。

西元前第一世紀到西元第一世紀之間「大乘」與「小乘」的名詞竟出現於「妙法蓮華經」(Saddharma Pundarika Sutra)，更由於龍樹的空觀(Sunyata)理論（第二世紀）及無著、世親兩兄弟的中觀理論(Madhyamika-karika)（第四世紀），使「大乘」與「小乘」的區別更加突出。

其實「小乘」與「上座部」是各自獨立發展的兩個體系，用「大乘」來區分「小乘」也不對。因爲「上座部」於西元前第三世紀傳入錫蘭時，還沒有大乘名詞的出現。「小乘」部派是在印度成長的，現已不存在了。所以我們不能用「小乘佛敎」來稱呼「上座部佛敎」或「南傳佛敎」的道理就在此。

佛敎的發展，就時間的先後，可分成下列各階段：

(1)原始佛敎時期（約西元前五、六世紀到西元前四世紀中葉）：主要是佛陀和他的傳承弟子們的佛敎。

(2)部派佛敎時期（約西元前四世紀中葉到西元一世紀中葉）：卽佛陀滅後，佛敎徒對於佛說的戒律和敎理有了顯著的分歧，因而形成很多派別，有些派別在大乘佛敎興起以後還被保留下來的也有。

(3)大乘佛敎時期（西元一世紀中葉到西元第七世紀）：大乘佛敎經歷了興起、隆盛和衰落的不同階段，中觀學說和瑜伽學說形成主流，可稱爲大乘佛敎隆盛時期。

(4)密敎時期（約西元七世紀到十二世紀），在第七世紀後半葉，密敎取得主導地位。

(5)佛敎復興時期（十九世紀以後），佛敎在中亞信仰伊斯蘭敎的一些民族侵入印度後，急遽地衰落，迄十三世紀初終歸消失。十九世紀，佛敎重新由斯里蘭卡傳入印度。

西元前一世紀，以巴利文寫成的經典，被稱爲最能表達佛陀說法的內容者，至今爲南傳佛敎所奉行、實踐。

大乘佛敎是在印度是慢慢發展起來的（西元第二世紀到第四世紀之間），西元三百年到五百年鼎盛。西元五百年以後，佛敎在印度開始衰落，最後被融入於印度敎，佛敎因之在印度消失。佛敎衰落的原因，根據印度佛學家杜特（E. Dutt）的說法，他把佛敎衰亡的原因歸結爲佛敎本身的原因及外在因素：

1. 佛敎本身的原因：

(1)僧伽的超然地位。

(2)佛敎不干涉社會習俗的態度。

(3)比丘們學問的退墮。

(4)密宗的興起。

2. 外在原因：

(1)佛敎的衰落和僧團的日益墮落也有一定的關係。

(2)新的婆羅門敎對佛敎採取了壓迫和同化等不同策略（如對佛敎理論進行猛烈的攻擊）。

一、南傳佛敎

自西元第三世紀以後，佛敎思想有兩個主要思潮，卽南傳佛敎與大乘佛敎。後期發展的西藏密敎（Tantra）卽金剛乘（Vajrayana），有時被歸類爲佛敎第三思潮。南傳佛敎被大乘佛敎貶爲「小乘佛敎」（Hinayana Buddhism），是因爲大乘佛敎自稱能運載無數眾生超渡苦海而達到彼岸，卻說「小乘佛教」只能運載少量眾生到達彼岸。其實南傳佛教國家的佛教徒並不自稱為「小乘佛教」，他們稱自己所信的佛教為「上座部佛教」。一九五〇年「世界佛教徒聯誼會」(World Fellowship of Buddhists) 在斯里蘭卡 (Sri Lanka) 首都可倫坡 (Colombo) 舉行會議，他們決定採用上座部 (Theravada) 這個名稱，來表示他們所信奉的佛教是最古老的佛教組織。上座部佛教挑戰大乘佛教對他們的低貶，其所持的理由是根據：

(1)大乘經典直到佛陀去世六百年以後才陸續出現的。

(2)大乘佛教教義乃是對小乘佛教教義的補充和推演，是龍樹、世親、無著及馬鳴等人的精心傑作，並非釋迦牟尼本人的教示。

鈴木大拙夫人 (Beatrice Lane Suzuki) 解釋說：「小乘佛教」像小筏一樣，載不多的人到彼岸（解脫），而大乘佛教像大筏，其理想的目標是解救眾生（共同解脫）。她又說：「小乘佛教」只將佛陀的原意說出，而大乘佛教更將佛教的教義加以發揮，使其精神到達極致。

南傳佛教的基本特色如下：

(1)認為佛陀是人類導師和理論的指導者，並非神明或什麼神祕人物。

(2)修行者的最終目標是阿羅漢（聖者），他並不對眾生做出平等地改善工作。

(3)強調悟道全憑嚴格的自我訓練：即禪定、心力集中、遁隱等方法。

(4)離開輪迴的世俗痛苦，進入涅槃境界，只有少數人才能辦到。

二、大乘佛教

從理論方面看，南傳佛教主張「我空、法有」，卽否認有實存的自我，但不否認客觀物質世界的存在。大乘佛教則主張「我法二空」，旣否認有一個實存的自我，也否認有客觀世界的眞實存在。

從實踐方面看，大乘佛敎與南傳佛敎的分歧首先表現在他們的佛陀觀方面。在部派佛教的分化中，南傳佛敎中有些部派對佛陀已作了神話的解釋，而另一些部派還或多或少地保留了對佛陀的歷史性的看法；但在大乘佛敎則把佛陀全般地看作崇拜的對象。

修持的行徑和結果方面，南傳佛教主張阿羅漢果，卽主張求得自己的解脫，但大乘認爲這種目標不夠高級，應該修持佛果，如果一下子不能達到佛的境地，至少可以先做佛的後補者（菩薩，Bodhisattva）。菩薩要「上求菩提，下化衆生」，爲自己、爲世界做人我兩利工作。所謂阿羅漢和菩薩的不同是：前者據佛典指出，在修持中雖然已破我執，但還未破法執，雖已證我空，但還未證法空，所知障也徹底破除了。

修持的內容和方法方面，南傳佛敎主張修三學（戒、定、慧）、八正道。大乘則兼修六波羅密多（卽六度：意卽「到彼岸」或「轉入絕對完全」，卽大乘佛教把成佛的條件分成六個要項，要通過這六度才可以得到解脫）。南傳佛敎在態度上要求自利，大乘則是所謂利他。大乘佛教認爲佛陀講道是「因材施教」的，內容有多種不同的層次：以巴利文寫成的經典（Pali Canon）所記載的敎義是給那些保守的、鈍根的自了漢來了解佛敎的精神所在，所以並不太複雜；後來的經典才是佛陀的精髓所在。法華經說：「（佛）初說三乘，引導眾生，然後以大乘而度脫之。」佛法三乘（聲聞、緣覺、菩薩）不過是就眾生智慧利鈍而設的方便，一如大長者爲救他的兒子走出火宅，而假設的三種車子（羊車、鹿車及牛車），使他們能夠離開火宅，除去煩惱。車之作用在於運載，車的名字不一樣，但功用則一樣，所以三乘法其實就是一乘法（大乘）。

大乘佛敎的基本觀點如下：

(1)佛陀是永恆的精神或普遍的眞理，他不僅是一個歷史性的人物或超人而已；佛陀更是超越的、永恆的和絕對的人物，因此有所謂三身（Trikaya or Three Bodies）之理論。

在南傳佛敎那裏，釋迦牟尼被稱之爲佛，這是一種尊稱；到了大乘，佛已經不限於釋迦牟尼，而成了絕對的法身，由此產生了關於佛身的種種說法，構成了大乘體系中的一個重要組成部分。

原始佛敎把釋迦牟尼奉爲唯一的佛；把佛所說法看成句句是眞理，是永恆不能變更的神聖敎諭，永恆不能消失的實體。大乘般若學對這種形而上學進行了抨擊，以爲佛所說的法，無非是一種名言施設，因時因地因條件不同而說敎亦異，所以全無固定不變的自性。如何才能正確地對待佛所說法，把握住佛的精神實質，必須用佛的智慧，即般若智慧來作裁決。所謂佛法，就成了佛敎眞理的代稱。大乘般若學採取的方法，無疑具有思辨的性質。他們把佛法從佛的各種具體說敎中抽離出來，加以客體化，使之成爲脫離一切實際事物而又能構成事物的共同本質，同時又把人們具有接受佛敎的可能性加以肯定，成爲證明任何人都必然具有佛性的根據，最後，把佛法體現爲一切事物的共同本質，同眾生具有接受佛敎的可能性結合起來，當作本體加以無限化和人格化，這就是「佛身」全部結構的哲學基礎。大乘般若所走的這條思辨的道路，是把具體事物的一切規定性統統抽掉，消滅一切差別，剩下的唯有沒有任何規定性的一種規定性，這就是「性空」、「本無」，或「眞如」、「實相」。正因爲它沒有任何規定性，所以在觀念上可以加上任何規定性，於是存在於一切事物之中，並構成事物共同本質的「本無」，就是「法身」。法身也可以叫做佛身，但一般講來，佛身除了作爲法的體現的法身之外，還可包括由佛的神通變化和願力表現出來的「受用身」和「應化身」。這樣原是近於純粹哲學思辨的問題(佛學基本上不是哲學)，一轉到了「佛身」，便形成了有人格有意志的無爲聖者了。

大乘佛敎的佛身論，一方面把佛敎的精神普及化，讓眾生個個都具有「佛性」作爲自己的屬性，爲生命結構在理論上提供了成佛的廣泛基礎；另一方面，把「佛性」實體化成爲「人格神」，使之成爲引導人們走向佛的境界的一種向上力量，成爲推動眾生信仰佛法的動力。這也標誌着佛敎越來愈大眾化，它要普及到社會生活的每個層面，並且力圖把一切生命都引導爲佛法的信仰者。

因此，三身可簡略界定爲：

①法身（Dharmakaya or Body of Dharma）——永恆的眞理，連貫過去現在未來之佛陀。

②報身（Sambhogakaya or Reward Body）——完成佛果之身。

③化身（Nirmanakaya or Transformation Body）——佛陀能變化各種形體到世上來拯救眾生。

⑵強調菩薩（Bodhisattva）——菩薩可以候補成佛，但爲拯救眾生，發願而延遲成佛。菩薩具大慈大悲、愛和利他主義，如觀音菩薩即是。

⑶眾生具有佛性（Buddha-nature），所以每個人都能悟道成佛。

⑷悟道的實現，是衷心信仰佛陀，同時要發揮對人類的愛心與慈悲精神。

⑸大乘佛教比較關切形而上學（Metaphysics），所以形成很多不同的宗派，如淨土、唯識、禪宗等。

⑹人不是孤立無援的，可以藉着他力（other-power）如信仰阿彌陀佛，阿彌陀佛便引渡眾生進入西方極樂世界。

三、南傳佛教與大乘佛教的不同點

⑴南傳佛教主張人在宇宙中只能靠自己，沒有超人的神或力量能幫上忙（在生命危機時）；大乘佛教則認爲有他力之救濟。

⑵南傳佛教認爲人的解脫是個人的事；大乘佛教認爲人類的命運是一體的，個人的命運就是

全體人類的命運。

(3)南傳佛教中心放在出家人，寺院是悟道的中心；大乘佛教出家、在家並重，因人人具有佛性。

(4)南傳佛教認爲完美的聖者是（阿）羅漢；大乘佛教認爲菩薩才具有大智大慧。

(5)南傳佛教強調智慧是美德；大乘佛教認爲慈悲精神才是美德。

(6)南傳佛教認爲佛陀是聖者；大乘佛教亦同；但南傳佛教盡可能避免繁瑣的修道程序；大乘佛教則有複雜的儀軌和修道方式。

(7)南傳佛教比較傾向保守；大乘佛教比較開放。在南傳佛教的影響下，佛教徒趨向於虔誠、嚴峻、專修自度；在大乘佛教的立場下，又往往使佛教徒悲天憫人、熱心於救拔苦難。

四、南傳佛教與大乘佛教的相同點

(1)佛教的目標在於去除妄想、悟道、進入絕對與無限的境界。

(2)世界無始無終，一切法由因果關係來加以解釋。

(3)任何事物均有變化（無常），人類如此，萬物亦復如是。

(4)沒有自我(ego)爲眞正的實體，因爲它是無常和短暫的，甚至意識(consciousness)也是如此這般。

(5)因果律（The Law of Causation）非但在道德世界普遍有效，在自然世界也一樣。有因必有果。

(6)業力（Karma）或行爲是人一生的投影，來世（rebirth）的命運由業力來決定，但業力可作某些尺度的改變。

(7)無明是痛苦之因，它是普遍性的。

(8)道德實踐像「八正道」（The noble Eightfold Path），可以去除無明。

(9)忠實地信仰佛陀（但南傳佛教認爲佛陀是人類的導師或頂多是個超人而已；大乘佛教把佛陀尊爲導師之外並加以神聖化）。

五、看　法

學習佛理，必須有法，好比未見月亮則以指（手指）標月，問題只在於學佛的人必須離言解意，離指看月，否則執於法、執於指，不但失佛失月，失法失指。因爲佛固非法，月固非指，法亦非佛，指亦非月，法不成法，指不成指。所以車之爲車，是能夠將流浪異鄉的人運載回家，如果乘車的人，把車便認爲家的話，則家固非家，車亦非車了，不但永遠回不了家，而車子也失去了車的運載功能了。以這種態度去正視南傳佛敎及大乘佛敎，才能認識佛法的眞髓，而不斤斤計較佛敎的派別。英國佛學大師孔玆（Dr. Edward Conze, 1904–1979）把南傳佛敎稱爲「古智學派」（The Old Wisdom School），將大乘佛敎稱爲「新智學派」（The New Wisdom School），可以說是最平實的調和與統一。學佛者也應做如是觀。

（圖六）孔茲博士(D. Edward Conze)和他的「女友」毛俐 (Muriel) 攝於美國加州柏克萊 (Berkeley)。

第二章　大乘佛教

第一節　大乘佛敎的興起

一、引　言

佛陀涅槃之後，佛敎仍舊繼續在印度盛行和向外傳播。這樣一來，佛敎僧伽團體裏面所引起的差異和派別，也就難免了。今天佛敎有兩個最主要的分支，斯里蘭卡（錫蘭）及東南亞的南傳佛敎（Theravada）和分佈於亞洲各文化區如中國、韓國、日本、越南和西藏（西藏佛敎實質來說是金剛乘佛敎，容後別述）的大乘佛敎（Mahayana）。

二、早期大乘佛敎的資料

大乘佛敎的最早期發展情形，我們並沒有很多的資料，因此發現不到誰是創立者，找不出早期作品中的作者，也沒有辦法找到早期的歷史記錄。就事實來說，我們直到西元第二世紀時，才發現到中觀論（Madhyamika）的創立者是龍樹（Nagarjuna）而已。

大乘佛教起源於何處（地理方位），也得不到最終的結論。有些學者覺得應在印度西北部，他們指出大乘佛教的勢力在那裏，還有佛陀教導中的某些方面影響了印度西部。大乘佛教在早期形成的時期（西元前第二世紀到西元後第一世紀），宗教和文化影響西北部是巨大的、強烈的，我們從佛陀雕像的西化（希臘羅馬形式）便可知道一斑。

但反對者指出，龍樹及很多後來的大師們皆來自印度南方，南方也和西方文明有所接觸，尤其是在海港所在地。除此之外，從大乘經典的內容分析，也使我們知道大乘佛教是由南向北傳播。

三、早期階段

大眾部（Mahasamghikas）❶和上座部（Sthavivas）❷的大分裂，確定了大乘佛教的開始。從此以後，大眾部內部也開始分派，像「說出世部」（Lokottaravadins）❸和「一說部」（Ekavyava-

---

❶「大眾部」（Great Assembly）係佛教大分裂成兩派中的一派。這一派比較開明和進步，雖然當時屬於小乘，但卻是大乘佛教的先河。

❷「上座部」（Elder）這一派可用來指當今的南傳佛教。

❸「說出世部」（Holder of Doctrine of the Other-Worldiness of Buddha）係小乘佛教的一個支派，從大眾部分裂而出。他們堅持佛的形體是超越他的出生和死亡，因此若把佛陀當做一個人去看待，那只是按照我們因襲的習俗看法罷了。

harikas）❹。這些學派的某些觀念和教義，在後期的大乘佛教經典中，尚可找到千絲萬縷的關係。例如：佛性（Buddha Nature）和菩薩（Bodhisattva）等觀念，可以在般若波羅蜜多經系統（Prajnaparamita Sutra）中同樣發現到；而空觀（Sunyata or Emptiness）教義，在「一說部」中，發展很少，但很可能「一說部」後來和「說出世部」結合起來，另形成一種思想，最後產生新的大乘思想。這些學派的資料可從中文譯本去追溯，因爲梵文版已不見了。

四、新作品

既然不可能建立一個精確的起點或傳承系統，因此只能以大乘佛教最早成立和保存下來的文獻做爲研究的對象。在這種情況下，這部兼具哲學和教義的大般若經出現了。雖然裏面很多概念可追溯到大眾部，但般若經的義理系統化，提供了新資料和佛法義理，因而形成了一個新學派。

在般若系經典中，我們發現到聲聞（Sravaka）❺和緣覺（Pratyekabuddha）❻，被用來指稱那

---

❹「一說部」主張自性（mind）的本質是純粹的、清澈的、不被污染的。

❺聲聞（Hearer）是指直接聽到佛陀的演說者。這個頭銜施用到佛陀早期的弟子，大乘佛教已對它有貶低的意味，說這些人不明白菩薩行（兼善天下）的意義。

❻緣覺，又譯作獨覺（Private or Solitary Buddha），指着那些未在佛世，以自己力量開悟證道者而言，但他們悟道之後並不一定回到世間教育大眾。獨覺又稱辟支佛。

些利他理念無法跟隨般若經系教義的人，這些人被抑爲「小乘」的範疇。

接着在般若經系之後，便出現了一種新的佛教典籍，那就是「方廣部經典」(Vaipulya Sutra or Extended Sutra)——例如華嚴經等……，用「如是我聞，一時……佛說……」的公式。

這些經典裏面也穿插了佛陀和他的弟子的對話，如「舍利弗」(Sariputra)和「須菩提」(Subhuti)都是佛陀最重要的弟子。

從此以後，大乘佛教產生了大量的作品，包括了最著名而流傳最廣的簡本經典——它們是大般若系的「金剛經」及(Diamond Sutra)「心經」(Heart Sutra)。「妙法蓮華經」(Lotus Sutra)，「十地經」(Dasabhumika Sutra)等也與般若系有一定的關係。

因此，我們雖然很少知道關於大乘佛教起源的年代和大事，但我們卻有很多關於大乘思想發展的資料。

五、觀念和教義

從上述的經典裏，使我們知道一些概念如「菩薩」、「空」、「六度」、「慈悲」等。

大乘佛教是肯定在家人的地位，因爲經典承認居士(善男子、善女子)也有潛能成佛。但對出家人來說同時指示了菩薩道應具有的訓練、嚴格的打坐方式和有規律的比丘生涯。大乘佛教長篇大論拒棄阿羅漢(Arahant)❼爲最高的聖者，而涅槃是禪定的終極目標；大乘佛教更主張菩薩

❼「阿羅漢」略稱「羅漢」，是指南傳佛教中那些進入最高聖位(開悟證道)的人。

出於慈悲（compassion）而普渡眾生，延遲進入涅槃境界的說法；而慈悲的行爲乃是超越世俗或法律的規範。

在早期大乘佛教經典裏，並未說到出家人和在家居士是相等的說法或菩薩的助善行爲一定要根據社會倫理。菩薩的行爲完全由他的大智慧來引導的，因爲菩薩洞悉人們的終極需要（達成覺悟的境界）。

出家人的訓練是必要的，卽使是大居士維摩詰（Vimalakirti）也不例外，而他的開悟是根據前生修行菩薩的功德，才能達到目標。

第二節 大乘佛教的教義

一、引 言

大乘（Mahayana or The Great Vehicle）係佛教兩大派系之一，起於佛陀逝世三、四百年之後才逐漸興盛起來的。這一派在當時比起正統佛教徒（Orthodox Buddhist）較開明及較有深入的哲學思想。這一個新教派強調的是菩薩道（自利利他）（Bodhisattva Path）、空觀（Sunyata or Emptiness）、三身佛（Trikaya or Three Bodies）、如如（Tathata or Suchness）、慈悲（Karuna or Compassion）、智慧（prajna or Wisdom）、方便（Upaya or Skilful Means），同時點燃了創

作佛典(Buddhist Sutra)的趨勢，有些典籍也開始留下了作者的名字。

二、經典的讚頌(Sutra Glorification)

大乘佛教思想家們發展出來一套經典稱爲「方廣」(Vaipulya Sutra)。這些經典在介紹教義的同時也記載着禮拜、供養、持名、虔誦經典本身所帶來的功德(merit)。「金剛經」是這類經典的高度表現。舉例來說，「受持、讀誦金剛經，功德無量」。這一類的經典還有「妙法蓮華經」、「心經」等。

經典的讚頌所產生的間接影響可見於中國佛教。中國佛教均根據某一部經典而建立某一宗派之名，甚至以「不立文字」爲號召的禪宗也有其它底經典，如「六祖壇經」(Platform Sutra of the Sixth Patriarch)。

三、菩　薩

在早期佛教裏，菩薩是用來表示已被承認的未來佛(Future Buddha)但尚未到達佛的那種境界。大乘佛教把「菩薩」這個名詞當做理想的聖者(ideal saint)，因他寧願選擇在世間遭受輪迴痛苦以便拯救眾生使大家都能悟道成佛，這種精神和境界大大地優於羅漢(Arhant)。菩薩還有第二個頭銜叫「摩訶薩」(Mahasattva or Great Being)。這些菩薩當中如文殊(Manjusri)和觀音(Avalokitesvara)都是很重要的菩薩。他們的雕像在佛殿往往都成爲主佛的輔弼，或單獨被供在佛寺，受到崇拜者的禮敬。玆將菩薩的屬性分述如下：

1. 慈悲與方便 (compassion and skill)

「慈悲」，是佛陀在悟道之後，終於下定決心把他的佛法教化大眾。這個名詞並不是佛教的新創，而是大乘佛教特別加以強調的，因此慈悲就變成菩薩救世行動背後的主要原動力。菩薩因心懷慈悲，結果導致發願 (vow)，在進入涅槃之前，把他的一切聖行，迴小向大，去拯救眾生。菩薩改變眾生使眾生獲得解脫的各種方法和技術叫做方便（隨方因便，以利導人）。方便（權宜）或善巧，係汎指以般若智的立場、觀點和方法去觀察和處理一切世俗問題，去適應、順隨一切世俗關係，以及為達到傳播佛教教義、掌握佛智、佛慧等佛教目的所採取的一切弘道方法，因此，它是溝通世間和出世間的紐帶。

2. 智慧 (Wisdom)

在般若系經典裏的六度 (six paramitas) 以及八正道，都有智慧這一項目。它只不是一般人的智慧，而是一種可以導致成佛的一種特殊智慧。它的全稱應該是「般若波羅蜜多」(Prajna Paramita)，意譯為「智度」，即通過般若這種智慧，以達到佛的境界的意思。這種立志成佛而修習大乘的眾生，則被稱為菩薩；未正式成佛之前的一切修習，就被稱為菩薩行，意為覺有情，自覺覺他。菩薩所得到的智慧是最高實在，亦稱如如 (Suchness)。

3. 空觀 (Sunyata)

經由般若智慧，菩薩能洞見自性空 (emptiness of a self) 和法空 (emptiness of Dharmas)。

4. 發展階段

菩薩道是經由十個階段——十地(ten stages)來完成。在第一個階段裏，菩薩經驗到心生歡喜（歡喜地），因他知道他將得到正覺(Bodhi or State of Complete and Perfect Enlightenment)。從此初階，他追求更深入的訓練，直到第七階段（遠行地）爲其轉捩點。因爲完成了第七階段後就不倒退了(irreversible)；第八階段（不動地）能到達涅槃，但由於獲得智慧，他拒絕了。從此以後，菩薩毫不費力地進入第十階段（十地）——法雲地，且無需拋棄生死苦海。

四、諸佛(Celestial Buddhas)

大乘佛教認爲佛陀的聖行，是超越感官欲求，與超越人性弱點的。釋迦牟尼佛（一個歷史上的人物）是佛的很多表現形式之一。但佛典第一次被提到的佛陀是阿閦佛(Aksobhya Buddha)。阿彌陀佛(Amitabha Buddha)在東方則是佛法宗派當中最重要的歸依象徵。在密教裏，有五個無量壽佛具有特殊的意義。

諸佛所住的佛國(Buddha Fields)，我們可以發現這是個到達開悟狀態的理想選擇。我們可以選擇涅槃或變成菩薩。佛國並不意味着最終的目的，而只是沿着開悟之道再跨越一步而已。一旦達成此種境界，我們便不再需要西方極樂世界了。

佛陀涅槃後，其追隨者開始想到佛陀不僅是一個「人」而已；南傳佛教認爲佛陀是智行圓滿的完人；大眾部則把佛陀解釋爲超凡入聖的神化人物，因此有三身(Trikaya)之說法。

在思索佛性的結果，便發展出佛身（Bocy of the Buddha）的問題出來。後期的大乘佛教，三身的觀念便在唯識系理念中出現。他們認為佛的形體即化身（Nirmanakaya or Transformation Body）❽出現在大眾面前講佛法。當菩薩觀佛身時，便能見到佛的報身（Sambhogakaya or Reward Body）❾，這是由於追求菩薩道所得的。法身（Dharmakaya or Transcendent Body）❿則只能為佛陀所自見。

三身的教義，在大乘佛教中演變成兩身即形身（Form Body）和超越身（Transcendent Body）。這些類型（types）的基本公式化的發展，使得比較精巧的中觀、唯識和密教體系，遂一一被發展起來了。

第三節　大乘佛教重要的經典名著

㈠般若系文獻（The Prajnaparamita Literature）

❽化身又名變化身（Magical or Appritional Body）即佛為普渡眾生而變化出來的形體。

❾報身（Enjoyment Body）是諸佛修習福慧功德圓滿時，所顯現的自受用內證法樂之身，亦即完成佛果之身。

❿法身在早期佛教是指佛教教義；佛陀涅槃後，法身變成永恆的眞理，普現於宇宙，無所不在。

一、名詞解釋

梵文的 Prajnaparamita 是由 prajna（智慧、洞見）及 paramita（圓滿）〔或 param（彼岸）加上 ita（去）〕所組成。因爲我們現在居住的這個世界被說成像一條氾濫的河水，充滿着煩惱和危險，所以我們要尋求方法跨越生死苦海到幸福那一邊（岸）。

二、最早的大乘佛教文獻

般若系經典是大乘佛教運動的產品，其形成時間約在西元前第一世紀。

起初並無名稱，只共用「般若波羅蜜多」這個名號加之於這一些經典罷了，但因經典逐漸衍生而多了起來後，才給它們分別命名，並依其篇幅長度而分別定其名稱。

最早的般若波羅蜜多經系被稱爲「八千頌般若」(8000 Line Sutra or Astasahasrika Prajna-paramita Sutra)。它不僅是最早的大乘佛教經典，也是最早（西元一七九年）的中文譯本裏富有哲學意味的經典。中文譯本由支婁迦讖 (Lokaksema) 所譯。這是現存的大乘佛教經典中的最古譯本，其思想並爲道家所借用，因爲它與道家思想頗爲相近。

三、擴大的般若波羅蜜多經

最初的般若波羅蜜多經出現以後，內容漸次增廣。在這一大羣典籍中重要的是「二萬五千頌」(25000 Lines)，最大的是「十萬頌」(100000 Lines)。除此之外，「一萬八千頌」(18000 Lines) 也被保留下來。

四、摘　要

經典內容擴大之後，就開始把這些浩繁的文字彙集並且加以簡化，使之變成簡潔且包括敎義眞髓的摘要。這類經中的兩部主要的經典，是「金剛經」和「心經」。

五、密敎的般若波羅蜜多經

密敎運動（始於第七世紀）的助力，引起對般若波羅蜜多經研究的興趣，也產生了很多新經典包含咒語（mantra）以及密敎的字彙。密敎的字彙，經常以簡要的字彙代表很多的意義，像梵文字母的「阿」（अ）一字便包含一切的敎義；又六字眞言「唵嘛呢叭咪吽」（Om Mani Padmi Hum）意卽「手持蓮花和珠寶」，卽是此例。

六、評　註

佛敎學術傳統對這些經典都提出重要的評註，如對「八千頌」，有師子賢（Haribhadra）的疏義；「二萬五千頌」有中國的疏義：「大智度論」，此論爲龍樹造，由鳩摩羅什譯成漢文。

七、內容構成

大般若經是以佛陀和他的弟子經過一連串對話（論道）所組成的，其中也有天神、人、魔等前來聽經，偶而也穿插弟子們之間的對話。從發問題、對答和評論中，當然可以評定他們對問題的洞察力。在大乘經典中長老須菩提（Subhuti）是弟子中的佼佼者（但須菩提在長阿含經是個默默無聞的人物），而著名的佛陀追隨者舍利弗（Sariputra）其地位也被降低。從此可以明白顯示

GÄTĒ/GÄTĒ/PÄRÄGÄTĒ
PÄRÄSÄMGÄTĒ
BODHĪ SVÄHÄ!

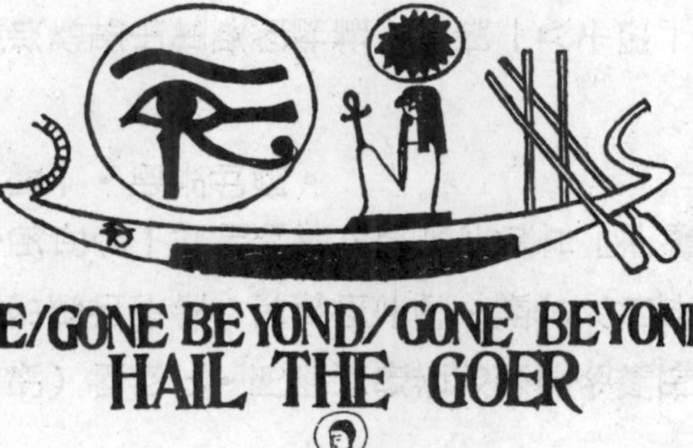

GONE/GONE/GONE BEYOND/GONE BEYOND BEYOND
HAIL THE GOER

（圖七）渡過涅槃彼岸

出大乘佛教運動是不再老是步前人後塵，他們也想創立新傳統和傳承體系。

八、教　義

大般若經系，主要的教義是在強調「六波羅蜜」（六度——即六種行爲指標可以從生死苦惱的此岸，渡到涅槃安樂的彼岸——布施、持戒、忍辱、精進、禪定和智慧）。這些要素是菩薩修行的中心條目，也唯有這些可供依循的準則，菩薩才能履行他們發願拯救衆生的大願。

就佛教本體論 (ontology) 來說，所有心智 (mental states) 和四大 (four elements)——地、水、火、風構成了我們的經驗世界，亦即佛家所說萬法 (all dharmas) 是空 (śūnyatā)。宇宙的終極，是萬法本然，不生不滅。經由此洞見，菩薩體現了空的智慧 (wisdom of emptiness)，它不僅包括小乘佛教教義所說的我空 (atman or emptiness of a self)，而且還包括萬法皆空，因此我們就無需像那些強調俱舍論的學派一樣去分析和評論這些思想了。

(二)妙法蓮華經

一、出處與特性

妙法蓮華經 (The Sutra of the Lotus Flower of the Wonderful Law) 是大乘佛教經典的名著之一。它在編纂乃是經由幾個階段，偈（詩）的部分是由不純的混合梵文 (mixed sanskrit) 編定，散文部分則由相當精確的梵文書成。有些篇目早於紀元 (Christian era) 之前，但是整個經文之完成不可能早於西元第二世紀。這一經典，反映出大乘與小乘佛教見解的衝突。

二、名　稱

此經的梵文名稱是 Sadharma Pundarika Sutra，其中的 pundarika 是指蓮花，sad 是來自 sat，眞實之意，Dharma 是佛法或教義，Sutra 是經典，因此全義的「妙法蓮華經」。這個名稱的含義有蓮花出污泥而不染的美好，此經是大乘究竟圓滿的實教（Final Manifestation of the True Buddhism）。

三、主題——一佛乘（Buddha-Vehicle or Buddhayana）

此經強調佛說「一佛乘」——唯一能令人成佛的教法。爲了便利人們了解起見，習慣上都將佛教分成三乘：

1.聲聞乘（Sravaka-yana or the Vehicle of the Hearers or Disciples）——根據權威的教化才能悟道，亦卽凡是聞佛音（聲）與修四諦法門而悟道的人，總稱聲聞乘。聲聞乘亦指佛陀的早期信徒。

2.緣覺乘或獨覺乘（Pratyekabuddha-yana or the Vehicle of the Private Buddha）——靠自己的覺悟而脫離生死苦海的人。

3.菩薩乘（Bodhisattva-yana）——尋求解脫是爲普渡眾生的人。

以上三分只是爲方便解說。雖然表面上看來，佛陀的教化有很多種，其間又好像是矛盾，其實，就大乘佛教的信仰而言，只有唯一眞法 (only one true dharma) 即「菩薩乘」，亦即「一佛乘」才是成佛的正途。

四、此經的特殊教義

1. 性向 (adhimuktata or disposition)

人因性向和了解能力的差異，又被無明所惑，因此，佛陀採行不同時間、不同教育方式去教化眾生，其題材約分有十二項：

(1)契經 (sutra or discourse)——即經中用長行來顯義。

(2)重頌 (geya or narrative and verse mixed)——即經文加上偈頌。

(3)諷頌（詩頌）(gatha or song)——孤起頌，不依長行而獨立成章，簡潔而能顯義，如法句經。

(4)因緣 (nidana)——明見佛聞法因緣。

(5)本事 (Itivrtaka)——佛說弟子過去世因緣。

(6)本生 (jataka or story of previous births)——佛說自身過去世因緣。

(7)未曾有 (adbhutadharma or miracle narrative)——記佛現種種神通、變化等。

(8)譬喻 (avadāna)——種種比喻。

(9)論義 (Upadeśa)——即問答體論佛義之經文。

⑽自說(udana or solemn utterance)——無問自說，如「阿彌陀經」。

⑾方廣(vaipulya or lengthy story)——說大乘微妙義。

⑿授記(vaiyakarana or prediction)——即佛陀對弟子授成佛之記(預言)。

2. 方便法(skilful means)——即各種巧妙的濟世度人的方法。

方便法在此是指佛陀有能力知道眾生的性向，並使用其智行圓滿和權威使眾生獲得解脫的一種特別技巧。這些方便法是估計現實社會的無明眾生，因爲無法直接把握佛陀的全部眞理，所以在講佛法眞理時，必須用一些比喻、解說、故事、奇蹟等穿插其中，以便溝通觀念。但使用方便法一定會發生誤解，這是因爲向各式各樣的眾生在宗教上和教育上不可或缺的技術使用。方便法對佛教各宗派也可以解釋得通，各宗派的分離也是爲方便起見，佛教各宗派只是進入解脫法門的中途站，但各中途站都不能等於全部眞理的具體表現(full embodiment of the truth)。

3. 如來(Tathagata)

⑴定義——如來是指一個「這樣來」(tathā āgata or Thus Come)到世界是爲渡眾生，「這樣去」(tathā gata or Thus Gone)到涅槃彼岸的人。這個名詞用來指佛陀。在妙法蓮華經裏頭，是用來指那些充分悟道和充分使用智慧且爲拯救眾生的菩薩，亦即眞理的體現與實踐者。它是精神性的實體，不能用形容現實世界中任何具體東西的文字、概念來表達它的存在和特徵；但佛教認爲這樣的實體確實是存在的，因此假名爲「如」。但因避免人們把「如」當作一個可說的事物

來看待，所以也叫「如如」。由於表達這一「空性」但又不能名言表達的困難，後來的佛教索性放棄了表達的方式。「如如」就是「如實」，指離開人的思想言說，不受任何經驗左右的精神實體。對此不可言說而又不得不有所言說，所以只能用「如」來表示。「自然」作爲「眞如」的另一種表述，既是佛教大乘教人修習的最高日標，也是認識與之直接契合的主體。把「如」本體化，則叫做「眞如」、「實相」，構成爲現象的普遍本質；把「如」人格化，則稱爲「如來」就成爲人們崇拜的佛了。

(2)特性——他是自由的、全知的、永恆的；他的住屋是施捨，他的法衣（服）是忍辱，他的道場是虛空。

(3)功能——如來出現在世間就是顯示佛法。爲宣揚佛法，他必須知道有情世界每個人的性向，以便選擇正確的方法（方便法）使人類得到宗教上的利益，進而求解脫之道。

五、比喻（Parables）

1. 背景

爲方便解說，便產生了十二分教中的譬喻，其模式如下：

(1)人處在無明的情況下。

(2)慈悲的菩薩出現在當場是要解除人類的無明。

(3)慈悲的菩薩，感受到人類的需要，帶給他們以具體的實例或以推理方式引出的例子，完全是方便法。

(4)人類根性圓熟後，便了解這些例子完全是方便法（不眞實），這樣就能悟道。

2. 主要的比喻

(1)火宅

法華經中，有個父親（長者）擁有兒子數十人，都在正燃燒的屋內玩，長者爲使兒子脫離火宅，一一答應買給他們所喜愛的羊車、鹿車、牛車等。佛法分三乘，不過是就眾生智慧利鈍而設的方便，一如長者爲救兒子，而設三車，車用之於乘（乘載），各式不一，乘的作用則一，所以三乘法，其實就是一乘法。佛法分三乘，完全是適合眾生上、中、下三等智慧而設，給心靈都插上羽翼，俾能同離火宅，共除煩惱，用此例來比喩，恰到好處。

(2)放蕩的兒子（The prodigal son）

有位童子，年幼無知，逃出家門，流浪四方，衣食不繼，受盡人間苦楚。他的父親很有錢，財產卻無人繼承，遂百般追尋他失去的兒子。有一天恰巧這位流浪的窮子，爲了找差事，來到他父親的大宅，他的父親一眼看出這就是他的兒子，窮子見他父親這般威勢，心生恐懼，遂離此他去，父親連忙遣使者去追他回來並給予安排工作。窮子的父親爲接近兒子，也穿起工作服和窮子勤力幹活，不久兩人恢復父子關係，兒子也繼承了父親的產業。

(3)植物——世間有各種植物，如來像一巨大的雲雨傾注時雨給植物延續生命，每種植物，按其能力吸收水分，達到成熟境界。

(4)盲人——一個天生的盲人，不知一切事物外型，後來一個醫生使他恢復視界，使這個盲人可以見到事物的眞面目了。

(5)幻化的城市（化城）——一隊旅人經過森林，因爲路途遙遠，大家對目的地感到厭煩和絕望，但領導人（如來）卻能創造幻化的城市，使大家目不暇給，忘記旅程的遙遠，最後大家皆到達目的。

六、末世論（Eschatology）

末世論是研究世界末日的學問。在末法時期，宗教將會呈現衰微狀態，佛法也將絕跡，人類將會墮落，此時最適宜宣傳「妙法蓮華經」。

七、菩　薩

1.特色

末世之時，菩薩是講道人（講妙法蓮華經）。菩薩乘是唯一權宜之計，並擔當了拯救過程的重要角色。菩薩傳道，其人格具有下列四種固定的特性：

(1)道德——菩薩對戒律強調防止牽涉任何官能享受。

(2)空——菩薩知道萬法皆空的特性。

(3)避免教義上的爭端。

(4)對眾生慈悲。

2. 著名的（佛）菩薩

(1)藥師佛（Bhaisajyaraja）——此佛以身供養，來做爲禮敬如來的舉動。

(2)常不輕（Sadaparibhuta or Ever Not-Condemn）——他不輕慢任何眾生，他是痛苦的救星。眾生了解他的超人智慧和慈悲，所以都成爲他的弟子。

(3)妙音（Gadgadasvara）——能引發比丘、比丘尼、男居士、女居士、蛇、魔鬼等來聽他的正法（True Dharma）。

(4)觀音（Avalokitesvara）——能從火中、洪水、強盜、敵人等當中拯救受害者。

(5)普賢（Samantabhadra）——保護講道人（在法華、華嚴經中出現）。

(6)文殊和彌勒（Manjusri and Maitreya）——在法華、維摩、彌勒下生經中出現。

八、結論

妙法蓮華經在全體主義（universalism）和教派主義（sectarianism）之間引起衝突。因爲此經一方面是希望包羅萬象，並且沒有關於思想上的紛爭（接納佛教各教派）；另一方面它強調它是唯一正法，這樣導致大乘佛教形成很多宗派。但因爲這部經典的雙重性和它的戲劇形式，吸引了很多佛教信仰者。天台宗以此經爲首要的經典；十三世紀日本的日蓮宗教徒都要唱頌「禮敬妙法蓮華經」（Homage to the Lotus Sutra or Namu myoho renge kyo）。每一個人都能從此經中找到自我意義（與自己的性向和需要相關聯的部分）。

㈢維摩詰經

一、引 言

維摩詰經（The Vimalakirti-nirdesa-sutra）是指一個在家的居士名叫維摩詰所說的不可思議的佛法，爲一重要的大乘佛教經典，從本經中亦可看出早期大乘佛教作品中反抗教條主義（anti-institutionalism）的高峯。大乘佛教對此經高度評價是多方面的。就以日本來說，聖德太子（Prince Shotoku Taishi, 572-621）便大力推崇此經爲大乘佛教三聖典之一。此經後來也影響到禪宗方面。

二、版 本

本經的梵文本已失，漢文版有七種：嚴佛調的古維摩（一八八），支謙的維摩詰經亦名「佛說普入道門三昧經」，又名「維摩詰所說不可思議法門經」（二二三），竺叔蘭的「毘摩羅詰經」（二九一），竺法護的「維摩詰所說法門經」（三〇三），祇多蜜的「維摩詰經」，鳩摩羅什的「維摩詰所說經」亦名「不可思議解脫經」（四〇六），玄奘的「無垢稱經」。今藏經中所存的，是吳支謙、後秦鳩摩羅什、唐玄奘的三種譯本而已。其中以鳩摩羅什的譯本爲大眾所歡迎。除漢譯本版外，尚有藏文版，粟特（Sogdian，在西域）版。英譯版方面，有 Idumi Hokei 的

Vimalakirti's Discourse on Emancipation, Richard Robinson 的打字油印版（流通不廣），香港陸寬昱居士（Charles Luk）所譯的 The Vimalakirti Nirdesa Sutra（1972）則是根據鳩摩羅什的版本。最近有 Sara Boin 所著的 The Teaching of Vimalakirti（1976）是根據法文 Etienne Lamotte 所著的 The Translation of the Vimalakirti Nirdesa Sutra〔此書具有高度的學術水平，書中對每種主題均有詳盡的討論，如佛的疾病、般若與菩提（Prajna and Bhodi）、聖餐（The Sacred Meal）和道德等。〕，同時他也參考藏文版，三個漢譯本（以玄奘版爲主），對漢、藏譯本的差異，均有詳細的比較研究。另外最新出版的英文版，Robert Thuman 的 The Holy Teaching of Vimalakirti（1976），作者是美國哈佛大學博士，曾在印度住過，也在西藏當過「和尚」。這本書簡潔、精確、可靠，作者對於 Lamotte 的法文版，也下過苦心去比較參酌，對於其他版本也徹底研究過，才能獲得此項研究成果。

三、內容分析

場地發在毘耶離城（玄奘譯毘舍離）（Vaisali），菴羅樹園。釋迦牟尼在此法會見到八千比丘及三萬二千個菩薩，但大居士維摩詰稱病未能參加法會。於是釋迦牟尼便一一請求高足去探望他，但每個人均稱「不夠格」去，因爲他們每個人都曾有被維摩詰居士申斥過的經驗。舉例來說，舍利弗（子）（Sariputra）把苦衷說出來，他說有一次他在靜坐，維摩詰來呵斥他的靜坐法。維摩詰說靜坐要用平常心，但不離空；不離世俗的情欲，但卻能進涅槃，這才是眞靜坐。最後文殊菩薩去了，維摩詰居士才告訴他之所以生病是因爲眾生都病和受苦的關係，因爲他對眾生發慈悲心。當文殊菩薩問他所住的房子何以是空無一物，維摩詰則說因佛國是空的，文殊更問道：「爲什麼？」維摩詰則答道：「空是無分別的」。維摩詰又繼續說我們人的身體是諸法聚集偶合組成的一個統一體，如果把它想成眞正的法（reality of dharma）那就錯了。我們處理任何事不得有差別待遇（discrimination）。換言之，我與涅槃是同一件事，因爲我和涅槃皆空，這兩者都是臨時性的假名，兩者均沒有可供我們捕捉到的本性。

菩薩應放棄所有執着的慈悲，有執着的慈悲會帶來無常的恐懼。除此之外，一個人特意去告訴別人免除束縛是毫無意義的事。從事打坐，因爲他欲求打坐，這是一種拘束。具有方便法是解脫，方便法沒有智慧則是束縛，方便法有智慧則是解脫。菩薩的行爲既不全純也非不純；他努力追求全知，但未準備好之前並不乞求。他知道因緣和合但也走進謬見之境；爲眾生做善事，但不執着。他知道世事不生，也不站在開悟的門限上。他不關心俗事，但也不消滅自身。眞理不在於執着。

文殊菩薩接着便問維摩詰居士如何實踐友愛？維摩詰回答說：當菩薩把眾生當成幻像後，菩薩便要想到他必須把這種道理講給世人知道，其目的在於解救眾生，這才是眞正的慈悲。菩薩實踐慈悲要以絕對平靜的心，非雙重性（nonduality）的慈悲、無限慈悲和寬大的慈悲。

當時天女散花（在每個房間），花卻沾住聲聞乘的法衣上，但沾不到菩薩身上。舍利弗企圖把花弄掉，天女卻說：「你不該想到那些花是違反佛法，這樣想就是起分別心的結果。如果一個人出家獻身給佛教，還有分別心，那才違反佛法哩！」舍利弗後來堅持解脫是免於貪、瞋和痴。天女卻說：貪、瞋和痴本身就含蓋了開悟。舍利弗對這個「女人身」生氣，便問她已經獲致什麼？辯論能證明到什麼？她說她一無所得，這就是她好辯的理由。她更說：「就佛法來說，假如一個人得到了什麼或證明到了什麼，那麼他是一個頑固分子。」舍利弗說如果她那麼伶俐聰明，爲什麼不把自己的女人身變成一個男人？相反地，天女把舍利弗變成一個女人身，讓舍利弗進退兩難。

維摩詰居士和文殊菩薩繼續討論菩薩的種種活動。菩薩可能現出憤怒、懶惰、貪心等，但其實是免於這些苦惱的。當一個人洞見萬法是因緣所成，則知性空、非我，因此菩薩與非菩薩毫無分別。束縛與解脫也不是分別爲二的，因此涅槃非是快樂，輪迴也並不可怕。

總之，本經的深意也許由於在家人不滿意出家人的焦芽敗種和缺乏積極所引起的，出家人關起門來不在乎在家人的需要，此種情緒，由代言人維摩詰居士的美化故事中可以窺見一斑。經中對聲聞佛教的舍利弗、阿難陀等被呵斥，好像他們是墮入頑空的渡河人。

「維摩詰經」之所以受到朝野僧俗的普遍歡迎，與本經的內容有密切的關係。如果說般若經類反映的是應該如何從出世間回到人世間，因而創造了出家菩薩，那麼，「維摩詰經」就是反映佛教徒應該如何把處世間當做出世間，因而創造了維摩詰式的在家菩薩。

維摩詰是本經的主人翁，作爲一個在家的「居士」，他精通佛理，辯才無礙，神通廣大。從普遍意義上說，維摩詰的出現，標誌着大乘佛教的世俗化運動已達到高潮。出家和在家的界限已被打破，這是佛教發展中一個值得注意的現象。

「維摩詰經」從般若理論和宗教實踐這兩方面把佛教的出世移到了世俗世界；它不但讓僧侶的生活世俗化，而且讓世俗人的生活僧侶化，從而把世俗社會引進了宗教世界。

(1)佛國論

佛國、淨土是大乘佛教設計的一個精神王國。本經的重點，不在於闡明如何到達彼岸淨土，而是着重於如何把穢惡之土改造爲佛國樂園。

「維摩詰經」提出了清淨佛國的所在地。本經明確表示佛國並不遠離現實社會的另一種存在，它就在眾生日常聚居生活之處。也就是說，佛國乃是菩薩爲了教化眾生，使人民能夠生活於其中才建立起來的，因此，這個看起來是超世間的世界，實際上只能在世間的基礎上實現。佛國唯有通過超度眾生去取得，離開眾生就將一事無成。

菩薩如何誘導眾生進入佛國（方法和途徑）？佛國淨土是通過菩薩行所創立的，而人的思想意識又是行動的支配者，所以說到底，佛國的實現是依賴一種清淨的意識。佛教認爲實現社會的淨化，全在於人的意識的淨化，大乘佛教教人們相信可以實現以「淨心」所建立起來的「淨土」世界。

所謂淨土、穢土之分，並不是眞實的客觀存在的區別，而是人們心意差別的結果。因此，所謂佛國，也並非在塵世之外建立一個新王國，而是要求人們改變自己對社會的觀點，只要把現在的社會關係看成「佛國」，它就是佛國了。

(2)如來種

要在世間建立「佛國」，有個先決條件，那就是眾生確有成佛的可能性或起碼具有接受佛教信仰和佛教宣傳的可能性，這就是「佛性論」。本質上，佛性論是一種性善說，認為眾生先天具有一種與污染不同的清淨心，此謂之佛性。如來種(如來藏或阿賴耶識)就是世間的淨染並存體。唯有依賴雜染的消除才能成就一切佛的功德。因爲「種」不同於「果」，由「如來種」生成「佛果」需要一系列轉變過程；這種轉變，不是從「種」誘發出來的，而是通過一系列的宗教實踐，對「種」的否定來實踐的。唯有在眾生煩惱之中，才有成就佛法的潛在的可能性；離開眾生煩惱，佛法就失去了對治的對象，而一旦失去了自己對治的對立面，佛法也就丟失了自己存在的根據，不再成爲佛法了。按照「如來種」只能存在於「塵勞」之中，菩薩行必須深入世俗眾生的主張，「維摩詰經」對於小乘的出世思想進行激烈的抨擊。大乘佛教確實說了不少「我不入地獄，誰入地獄」這類自我犧牲、拯救世人的豪話，但他們入地獄的目的，不在於拆除地獄，而是要人們「常住地獄」、「常樂地獄」、「莊嚴地獄」。總之，「維摩詰經」提出「如來種」的說法，就是爲了使佛教深入到社會各方面，比小乘佛教更能發揮其社會影響力。

(3)入不二法門

所謂「入不二法門」，就是要求思想上不去分別事物。本經提倡「入不二法門」就是指導人們如何堅持佛教立場以處世接物的認識方法和行爲準則。因爲世間一切煩惱的根源，都在於人們思想認識上的「虛妄分別」。「入不二法門」將世界上的一切差別統統歸於泯滅，在這樣的境界中，人們對於世界上的事物，包括是非、善惡、美醜等等，就用不着採取任何可否的態度，當然更無必要堅持一定的立場了。假若思想上根本不生起差別的想法，那也就用不着如此費力地去消滅它們，這在佛教哲學上叫「無生」，根本無生，當然也就無須求「滅」，更不會出現關於生滅過程中的其他差別。所以在「入不二法門」中，被列爲首要的是「得無生法忍」，「起分爲二，不起不生，則無有二」。

(4)無言與有言

「維摩詰經」還提倡一種離言的「入不二法門」，因爲使用語言概念本身，就被認爲是一種「生起」，表示還有分別存在，不是有所肯定就是有所否定。

大乘佛教所提倡的「現觀」、「親證」，就是要求排斥名言(詞)概念的媒介，使「心」與「境」直接契合，親身體驗到所謂的「眞如」，就是以否定名言概念在認識眞理中的作用爲基礎的。小乘佛教哲學重點在於破除情慾障礙，要求從情慾中解脫出來；大乘佛教哲學，除破除名言概念的障礙外，還要求從名言概念中解放出來。換言之，由思想言說的事物，都是幻化的，一旦把思想言說「空」掉，就會獲得事物的本來面貌，所以稱之爲「自然」。智者不能受文字語言的限制，只有離開文字語言，才能眞解脫。

(5)從不住本立一切法

十二緣起法，創於小乘，大乘般若也講十二緣起，但內容有異。小乘緣起說，着眼於「諸法無常」；維摩詰針鋒相對它駁斥道：世上本來沒有「生起」的現象，那裏來的無常？又那裏來的寂滅？諸法本來就是無生無起亦無滅的。這樣看來，大乘的性空理論要比小乘要徹底得多，既可以從「無生」中得出，也可以從「不住」即「無住」中得出。大乘佛教把緣起、無自性的說法，加以深化，認爲沒有什麼永恆不變的住於一切時空的自性，任何現象都要依因緣種種條件爲轉移，因緣不具備，現象不會發生，自性當然不會先於現象而存在，用佛教的哲學術語講，這就是自性無所住處，或稱「不住」，或稱「無本」。反過來說，因緣一旦具備，現象就呈現出來了，表現爲物，表現爲事，表現爲千差萬別的大千世界。任何個別事物的所謂「自性」，本來就要受到它的周圍環境的制約，更不能常住不變。進一步說，佛教教人不要把事物看成各有自性，以致產生分別的認識，這種精神作用是大乘佛教推崇備至的一種智慧，叫做無分別智。

(6)「堪忍」世界的社會意義

按照佛教的說法，我們所處的現世世界，乃是「堪忍世界」（娑婆世界）。每個人都受自己所招致的因果的支配（業報輪迴），每個人的報，是每個人的業力（行爲）的結果。佛又是世界和眾生的導師，也就是說，佛在普渡眾生上是平等的，但度人的方式則根據每個人自身的品格而有所不同。這種不同的方面很多，主要是示現和創造的生活環境和啟發覺悟的方法上有所差異。

四、結　論

此經強調成爲菩薩不一定是出家人的專利品，在家人亦可修得。經中的對話，非常完美，唇槍舌劍，陷於一種千鈞一髮的危險關頭，但又合理、連貫，處處合乎邏輯，在大乘佛教作品中，本經的可讀性很高。

(四)楞伽經

一、引　言

楞伽經（Lankavatara Sutra）是一部大乘經典，編纂於西元三〇〇年左右。此經將大乘佛教的主要教義如空觀、菩薩、佛性（Buddhahata or Buddha-nature）、佛的應化（Transformation of the Buddha）即化身、如來等觀念做了一番扼要的敘述。佛陀說教的地點是在神話的城市楞伽（Lanka）（因此本經的名稱叫 Lankavatara）。此經顯示了唯識佛學發展的里程碑，開示唯識中心思想（外在世界是心的顯示），且將意識（consciousness）做更深一層的透視。學術界把此經置於中觀批評論（Madhyamika criticalism）和無著（Asanga）、世親（Vasubandu）哲學發展之間。楞伽經同意中觀——萬法是空的，但又超越中觀，因爲此經努力建立不同知覺的連續體（continuity between distinct perceptions)。

唯識派和中觀派一樣對客觀世界抱着否定的態度，不過在他們的否定中還有所肯定，卽肯定思維意識的眞實存在。他們斷言：世上一切現象都由人們的精神總體或作用（識）所變現出來的，事物的一切屬性——廣延性、體積、味道等等都是人們的主觀意識。所謂「萬法唯識」、「三界唯心」是也。

此派對人的主觀認識能力或精神作用進行分析，他們把六識擴大到八識，卽眼識、耳識、鼻識、舌識、身識、意識、末那識、阿賴耶識，他們認爲這八識旣是差別的存在，又是統一的整體，宇宙萬有都是八識的變現。茲分述如下：

1.前六識

前六識（眼識、耳識、鼻識、舌識、身識、意識）的主要職能是起區別和認識的作用。它們都以各自相應的認識器官（眼、耳、鼻、舌、身、意）爲其活動的根據，並以相應的、幻現的外境（色、聲、香、味、觸、法）爲其認識的對象。前五識只能了解外界現象的個別方面，而意識卻能區別現象的整體方面，它能了解和認識現在、過去、未來，它可和前五識連在一起，對前五識進行指導和援助，它有時對自己也可進行單獨的思維活動（認識作用）。

2.第七識（末那識）——起思維度量的作用。當末那識思量我的時候，伴隨着有四種根本煩惱（我見、我痴、我慢、我愛）。由於它伴隨着四種謬誤的心理作用或根本煩惱，因而使人們永遠路於痛苦和生死輪迴。

3. 第八識（阿賴耶識或藏識）

阿賴耶識（Alaya-Vijnana）原有「倉庫」的意思。阿賴耶識是前述七識的共同根據和主宰者，也是前七識存在的前提。它的作用最大、最細、不能用邏輯範疇或語言所可描述。

阿賴耶識具有三種含義：

(1)能藏——能攝持和保存一切種子，亦即攝持和保存「能夠生起宇宙萬有的一切潛在力」。

(2)所藏——阿賴耶識是一切「種子」，亦即生起宇宙萬有潛在力的所藏處。

(3)我愛執藏——阿賴耶識原非自我而是識的流傳，但第七識妄執爲常一主宰的自我，因此被稱爲我愛執藏。它又被稱爲執持身心環境的識或心，肉體雖有死亡，但這個識是永存的。

由此可知，八識中的阿賴耶識居於主導地位，阿賴耶識是宇宙萬有的根源，它旣是認識的主體，也是被認識的客體，佛教的心性論到此進入了高峯。

二、意識的結構與運作（The Structure and Operation of Consciousness）

1. 楞伽經提示八識的敎義：

(1)眼識用來認知形狀——
(2)耳識用來認知聲音——
(3)鼻識用來認知嗅味——

(4)舌識用來認知口味——┐
(5)身識用來認知觸覺——┤—感覺部份
(6)意識用來認知思維及觀念—┘

(7)末那識（Manas）——是比較精巧的心智活動，它接受前六識的輸入（input）並處理前六識的功能，同時與阿賴耶識聯系。它的存在以阿賴耶識爲前提。

(8)阿賴耶識（alaya）——是藏識或種子識（storehouse consciousness），它是含藏一切法的種子，並受前七識所薰習、所執取，但此種子亦有超越主客二元論的特性。阿賴耶識（藏識）像大海的波濤，受過去、現在、未來經驗的牽連，永遠在翻滾，但最深層的阿賴耶識則穩固如山，絲毫不受影響；所以阿賴耶識也可以說是心和如來藏的同義詞。

2. 五法（The Five Dharmas）

各種意識的運作，產生了五法：

(1)名（nama）：唯假施設名，求相不可得。

(2)相（nimitta）：知覺到的形狀、顏色、聲音等。

(3)分別（samkalpa）：區分A＝A及A≠B等。

(4)正智（samyagjnana）：走向正確知識（right knowledge）的開始。

(5)如如（Tathata）：卽眞如智慧，超越存在（being）與非存在（non-being）範疇。

3. 三自性（Three Svabhavas）

(1)偏計所執性或妄計（pavikalpita or imaginings）：如海市蜃樓，將不存在事實當做眞實。

(2)依他起性或緣起相（paratantra or relativity knowledge）：世間的相對知識（現象）。

(3)圓成實性或正智（parinishpanna or perfect knowledge）：這一種知識是大智大慧，將相對的知識取而代之。

4. 二無我（Two Egolessness）

實現最高眞理亦卽等於無我：

(1)人無我（Egolessness of person）：是存在的否定及沒有作用的主體。主體也不具有意識狀態、概念、思想過程或思想範疇，因爲沒有一個永恆的主體能具有這些屬性。

(2)法無我（Egolessness of things）：是對被認知的事物實體的否定。雖然意識孤立事物，目的在於了解，但這些事物並不是永遠在固定的狀態下。因此要孤立它們是當它們在刹那間存在時集中注意它們，但又忽略了它們動態的幅度和相互依存的關係。既然事物沒有自性（本質），也就沒有眞實或然的定性可言。

因此楞伽經的兩個主題應可歸納爲：

①外界事物僅僅是我們意向的表現而已。

②要徹底了解此原理，我們必須了解八識、五法、三自性及二無我的道理。

三、錯覺與眞實

錯覺來自較低的意識（尤其是末那識）進行概念作用和分別時，把它們變成執意於現象的結果，認爲是眞、是永久的實在。錯覺本身沒有實體，它像幻覺（Maya or illusion）。最基本的錯覺在於將現象認爲是心（citta）。

眞實來自分別心停止及意向不再對自己建造一個外在世界時，認識眞實的過程和步驟包括辨別事物相互依賴原理，並對一切有漏（asravas），亦卽煩惱（如欲、有、無明、斷見等）的消融。

四、變形的過程（processes of transformation）

涅槃之實現僅當各種意識活動取消後，亦卽六識必須停止提供知識，末那識必須停止分別，阿賴耶識必須停止傳遞薰習、記憶、心向等。

轉依（asrays-paravrtti orveversa）是說轉向根本原理，這是淨化和洞察（insight）的準備階段。淨化包括道德和禪定訓練，其目的在於打破無明煩惱。洞察是認識萬法皆空的意思。轉依是意識不依靠任何事物的超越經驗。轉依的結果產生了一個意生身（manomayaka or will-body），是一種身心不受一般身心限制的經驗，若一個人具有意生身，他可行走於山上、壁上、河溝、樹上而絲毫不受阻礙，並且還有其他超人的力量如千里眼（clairvoyance）、超人聽力（clairaudience）等神祕力量，能爲眾生的利益做出更多的貢獻。

楞伽經列舉三種意生身：

(1)得到入定的享受——免於經驗世界的種種限制。

(2)得到眞實法性的認知——免於概念的種種限制。

(3)菩薩得到的意生身，其目的是要拯救某一類衆生。

轉依是一種內導變形(inner-directed transformation)，其目的是在破壞外在經驗的增大，而實現純粹意向。楞伽經還有一種有意的外導變形 (outer-directed transformation) ，此爲佛陀所接受，它的特殊目的是用來拯救衆生，以等流化佛身 (Nisyandanirmana Buddha) ——以佛的法性變成特別轉世（次人、人類或超人）爲代表。

楞伽經僅僅說到佛的兩種形式：法身(Dharmakaya or Eternal Body of the Buddha) 和化身(Nirmanakaya or the Transformation Body of the Buddha)。後來的經典才加上報身(Sambhogakaya or the Enjoyment of the Buddha)，而成三身之說。外導變形僅僅是將佛的慈悲教義做了邏輯的結論罷了。

五、如來藏(**Tathagatagarbha or Womb of the Tathagata**)

外在意識變成心(意)識，只有如來藏才可能做。已故的佛學教授魯賓遜(Richard Robinson)提出如來藏這個名詞有兩層意義：「藏」的意義和「藏的內容」。「藏」的定義等於阿賴耶識，它可當做潛在影響，能影響經驗世界的一個容器；「藏的內容」則是意味着衆生尋求成佛的潛在力量 (potentiality for Buddhahood)。楞伽經承認所有生物均具有如來藏，但否認這個如來藏是像反對者所謂的永久的靈魂或精神(soul)，楞伽經認爲如來佛本來是光明、純淨，但由於人類的貪、瞋、痴(無明)才染上了污穢。我們一旦去除這些污穢之後，如來佛就能呈現出本來面目的。

六、結　論

有些學者企圖分解楞伽經敎義：如巴克利主敎(Bishop Berkeley)稱爲形上學的體系唯心論(Metaphysical System-Idealism)；鈴木大拙(D. T. Suzuki)稱它爲唯心實在論(Idealistic Realism)等。但每個人都不能成功地將它歸類得很妥當。

楞伽經是一部大乘佛敎經典，將大乘佛敎精神概括地說出，同時特別對深層意識(depth-consciousness)的內含勾劃出來。此經並不以說敎方式，也並不以辯論方式，更不試圖以一種有系統的徧敎方式來論述，只對牽涉到佛法的特殊問題加以回答而已，同時用來對總主題加以強調——萬法唯心。

㈤淨土經典

一、背　景

淨土思想主要的經典是淨土三經，係指「無量壽經」(The Larger Sukhavativyuha Sutra)、「阿彌陀經」(The Smaller Sukhavativyuha Sutra)及「觀無量壽經」(The Amitayurdhyana

Sutra）而言。經典中的中心人物是阿彌陀佛（Amitabha），又稱無量光（Eternal Light）及無量壽（Amitayus or Eternal Life）。經典指出阿彌陀佛應受崇敬，他具有無限的光明。強調光明的觀念，導致許多學者懷疑阿彌陀佛的傳奇，是受波斯拜火敎的影響。阿彌陀佛的聽衆是難以數計的，這與釋迦牟尼的聽衆（有固定的數目）是不同的；阿彌陀佛的生命無限，這又與釋迦牟尼活到八十歲的有限生命數目不同。強調無量光、聽衆及無限生命是巧妙地分別指出法、僧和佛。

阿彌陀佛位在一個特別的領域叫做「極樂世界」（Sukhavati or Land of Hapiness or Pure Land），它位於宇宙的西邊。這種方位（locale）是相對的，非現實的。西方是曼陀羅（Mandala）（從前在印度修法時，必須築壇，壇中安置佛像，後來把修法時所築的壇及佛像，繪成圖案稱爲曼陀羅）的方位圖。西方世界有天、人，並無魔鬼出現其中，所以是信仰者極思往生於此。

這個普遍的宗敎信仰，起於印度西北，時間在西元前一百年到西元後一百年之間。經典的語言是印度西北部的一種不純的梵文（雜有當地方言和外國語）寫成的。

淨土宗敎是一種神祕性的便利（mystical simplicity）爲其特色。這一羣經典中，沒有對實在的情形做分析的描述（analytical description of reality）。沒有詳細說明戒律（vinaya or discipline）是解脫的必要條件。歸依者產生極願往生，則其他的願望都變成次要。往生的願望只要聞阿彌陀佛名號便可達成。發願的完成可由專心持名或唸佛（keeping in mind and／or repeating）。這些行動不能解釋爲神祕的。相反地，可由「再敎育」（reorientation）來理解，因歸依者的心頭已從貧、苦轉到完美境界，阿彌陀佛的名字則變爲完美的簡單化象徵。

淨土宗敎信仰大大地影響中國和日本民心，它之所以能迎合在家人，是在於「其法簡單」(easy way)，容易達成解脫。中國形成淨土宗，日本亦有淨土宗 (Jodo)。淨土宗的實踐方面，是強調全神貫注 (concentration)，終而一心不亂，變爲純粹的歸依。

二、經典內容分析

1.無量壽經

經典一開始便是釋迦牟尼佛在靈鷲山 (Grdhrakuta or Vulture Peak) 由聲聞弟子和菩薩弟子所環繞。所有的聲聞弟子都已獲得智慧（只有阿難陀例外）。阿難陀知道全知與神力，但這種認知不在於阿難陀的超感，而在佛陀的恩寵。佛陀繼續開導阿難陀。根據故事的說法，很久以前有位佛名叫世自在王 (Lokesvararaja) 在宣揚佛法，比丘法藏 (Dharmakara) 聞法後想要完美的知識。由於世自在王的恩寵，諸佛國的莊嚴被揭開示眾，法藏喜愛這些莊嚴國土，但只集中於一個佛國。法藏然後發四十八大願，發願的目的是在尋求完美無瑕的世界。發願的完成端賴法藏意向的純淨和聚積功德的效力來決定。發願就這樣變成了菩薩精神上的宣言：「祈願眾生幸福並得到心靈上的成就」。法藏自己的心願達成目標，僅在於爲眾生達成誓願。最重要的誓願如下：

(1)往生於完美的佛國，沒有不理想的。

(2)往生於完美的佛國之人，不再墮落。

(3)所有往生於完美佛國的人應具有神眼、神耳等。

(4)甚至邪惡這個名字也不會在完美佛國裏被聽到。

(5)所有聽到法藏的名字的人，應生於此淨土，直到他們實現完美智慧時，便不再生(rebirth)。

法藏繼續實現菩薩的責任，這些項目包括：

(1)六波羅蜜多：布施、持戒、忍辱、精進、禪定、智慧等。

(2)精進的模範：所有要求得完美智慧的人，一定要努力精進。

(3)施恩於人的行動：使眾生蒙受益處。

此處的法藏不是別人，正是阿彌陀佛，而他的莊嚴國土，就是西方極樂世界（淨土）。西方極樂世界之美是無可倫比的：寶樹、巨大蓮花、廣大河流等等。極樂世界的住民都是經常活在絕對眞理之中。欲生於極樂世界只要發願往生，積功德，觀想阿彌佛陀（持續或僅作片刻觀想）便可實現。一旦往生於極樂世界，便不會再生於生死輪迴的世界了。

此經以阿彌陀佛的影像出現作終結。無量光從他發射出來，照遍整個極樂世界。此光並顯露出生存於極樂世界各形各色的存在物。

2.佛說阿彌陀經

(1)此經與無量壽經之比較（相同處）：

阿彌陀佛君臨西方極樂世界。持名、念佛均可往生該國。極樂世界是美好的樂土，生活在裏面再也沒有身體和精神上的受苦。

(2)重要相異點：

往生極樂世界並不因積功德的結果。積功德在無量壽經特別強調，但在佛說阿彌陀經卻不提到。此經最主要的發現是在於它對聲音的隱喻。在極樂世界裏，各種聲音提醒該地住民以「佛」、「法」、「僧」三寶。這些聲音中，尤其是阿彌陀佛的聲音是觀想時非有不可的。若沒有這些聲音和一心不亂，淨念相繼，往生便不可能。

3. 觀無量壽經

(1)背景

比其他經典更富有世俗性和技巧，觀無量壽經包含一連串的十六觀想，並把觀想的對象及這種心智活動的特別成就解釋得很詳細。這些觀想的目的是對西方極樂世界形成一種認知 (perception) 的過程。

(2)比喩

有一個太子名叫阿闍世 (Ajatasatru) 因爲貪婪的關係，將他的爸爸頻婆娑羅王 (King Bimbisara) 監禁起來，王后韋提希 (Queen Vaidehi) 一直對他的丈夫很忠實，每天都帶食物到監獄去，使他的丈夫不致餓死。阿闍世因他母親的舉動而激怒，因此決定殺死他媽媽。但想到殺害母親的恐怖與結果，因此太子就決定只監禁他的母親。韋提希請求佛陀使她從困難、悲傷、被監禁中得到光明之路。從所有佛國中，她選擇西方極樂世界做爲她的新生命的解脫境界。

(3)新生的必要條件

強調善的培養（如孝順父母、敬愛衆生），就像道德的實踐、宗教儀式的遵守及不倦地向開悟的實現一樣。特殊的觀想包括集中心力於各目的物：日觀、水觀、樹觀、地觀等；但最重要的觀想是第九觀：佛身觀（Meditation on Amitayus）。在觀想阿彌陀佛任何部份時，阿彌陀佛的所有特性都會變得明顯。正確的觀想阿彌陀佛，就會顯示其他諸佛，這暗示着任何一部份眞理的所在，也就是所有的眞理的顯現。

三、結　論

淨土經典可做爲那些想變成不再返回（Anagamins or nonreturner）到這個痛苦世界者的觀想指針。爲完成他們所願，這些經典鼓舞這些歸依者（崇拜者）並提供觀想的對象——佛像及其莊嚴國土。觀想這些視覺影像的結果，死時就是西方極樂世界的實現。

要而言之，阿彌陀經宏揚淨土信仰的主要內容是：

(1)把極樂世界描述得盡善盡美，以吸引廣大信徒。

(2)強調現實的苦難，使人欣求出離濁世，追求淨土。

(3)簡化修行程序。

總之，彌陀經典所宣揚的修行理論，比較強調個人的主觀信仰及他力的加被。

4.彌陀經典中的道德觀念和社會理想——佛教宗教道德認爲能堅持五戒乃至十戒、二百十五戒(五戒是:不殺生、不偸盜、不邪淫、不妄語、不飮酒),並以此作爲佛教最基本的戒律,用以莊嚴一般信徒的思想和行動。佛教把它的宗教道德和因果報應理論與當時社會的道德觀念結合起來。他們認爲這個社會中應有一個信奉佛教的聖王,他帶領全體臣民遵循佛教教義和道德規範,造成一個君君臣臣,父父子子,和平安定的社會。

第三章　中國佛教

第一節　佛教傳入中國

一、佛教之前的中國 (Pre-Buddhist China) 宗教

1.儒教

依據傳統記載，孔子 (551-479 B.C.) 曾改良過本土宗教，強調和諧與合理的生活方式。儒教注重博學和社會美德，但認爲宇宙不是人的勢力所能統治的。

2.道教

道教的傳說於黃老——黃帝（一個中國史前史神話的虛構人物）和老子（相傳生於西元前六〇四年，消失於中國西邊，是道家的領袖，撰有道德經），創立於東漢張道陵。道教包括非儒教的一切本地宗教，是一種神話傾向，強調個人主義。更是一種宗教傾向，具有很多人格神 (personal gods）及藉煉丹、食補、守丹田的方法，以求得肉身不死的複雜技術。

二、佛教的傳入

1. 中亞的佛教

中亞在西元前第二世紀時（幅員相當於現代俄國，土耳其斯坦及新疆維吾爾自治區）是由城邦(city-state)所組成；文學和宗教是印度的，物質文化則是伊朗的色彩。往昔土地比現在肥沃。就佛教來說，北部主要是小乘佛教（特別是說一切有部，Sarvastivada），南部是大乘佛教的天下。在西元八世紀到十三世紀，宗教的信仰逐漸由佛教改信伊斯蘭教（Muslim）。中亞留下了大批豐富的佛教考古資源。

2. 佛教傳入中國的路線

佛教沿着通商路線，卽從印度西北走出，經過白夏瓦（Peshawar）沿着 Bamiyan 和 Balkh，向東到喀什葛爾（Kashgar），然後經庫車（Kucha）北走，經和闐（Khotan）南走，在敦煌（洞窟內留下豐富的考古材料，可惜已遭受破壞）進入中國。相傳東漢明帝（A. D. 58–75）夢到金人，於是便派遣特使到印度去（沿着上述之路線）將佛教輸入中國（A. D. 61 或 A. D. 64）。

佛教在西元前一世紀上半期與第一世紀中葉之間傳入中國似乎是可能的。第一次有歷史記載的事發生於西元一六六年一篇給桓帝的奏疏（西元一四七——一六七），就是譴責皇帝崇拜黃老與佛教。

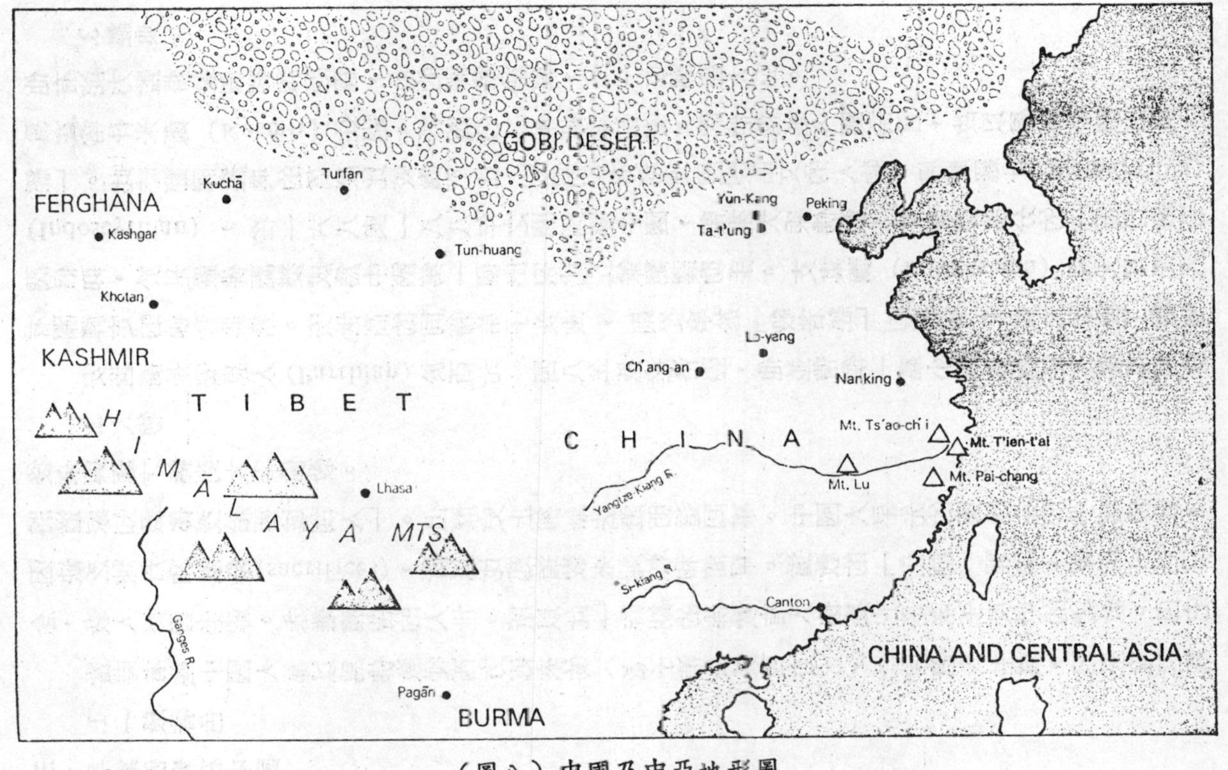
GOBI DESERT
FERGHĀNA
Kashgar
Kuchā
Turfan
Tun-huang
Khotan
KASHMIR
TIBET
HIMĀLAYA MTS
Lhasa
Ganges R.
Pagan
BURMA
Yün-Kang
Ta-t'ung
Peking
Lo-yang
Ch'ang-an
Nanking
CHINA
Mt. Ts'ao-ch'i
Mt. T'ien-t'ai
Mt. Pai-chang
Mt. Lu
Yangtze Kiang R.
Si-kiang R.
Canton
CHINA AND CENTRAL ASIA

（圖八）中國及中亞地形圖

三、早期佛教在中國

1. 一般特色

當時有些中國人都以爲佛教從西方傳來的（老子消失於西方），崇尚個人主義，因果輪迴觀念，教人修習坐禪，永離痛苦的人世。所以此一時期的佛教有人懷疑它是老子反射的道教。但它因缺乏煉丹和獻祭(sacrifices)，所以比起道教來純粹和簡單。道教的「化胡」理論，聲稱「老子將道家知識傳授給西域胡人」。但歷史上卻無法證明這回事。中國人早先的興趣在於小乘佛教，後來興趣才轉到大乘佛教。

2. 人物

安世高是安息人(Parthian)於西元一四八年抵達洛陽，他並帶領一羣小乘佛教徒，從事翻譯有關禪定的佛教典籍。安世高的同籍弟子安玄，則從事於「般若經」的翻譯。安玄改變了嚴佛調信仰，於是嚴佛調變成爲中國第一個出家比丘兼翻譯助手。支婁讖（Lokaksema）爲大月氏人(Indoscythian)，在一六八與一八八年之間到達中國，帶來大乘佛教，並翻譯部分的「道行般若經」。此時翻譯經典的信度比較靠不住，因爲沒有精通兩國語文的人物。鳩摩羅什(Kumarajiva)曾在喀什米爾（Kasmir）住過，於四〇二年抵達長安，因他精通各國語言，故以學者姿態出現，他有能力監督整個翻譯過程，他的譯筆準確，是一位譯經大師。

3. 經典

漢代所翻譯的經典大部分是關於禪定、戒律、藥師等部分。最早的經典是由東漢明帝時傳來的「四十二章經」(Sutra in 42 Chapters)——這是小乘佛教最早的校訂本，並附有聖者圖像尤其是羅漢(arhant)穿插其間，像道教的仙人一樣。安世高翻譯的「安般守意經」，其中有序言說明調息。佛教的作品，對當時中國人來說還是相當陌生。

第二節　中國佛教簡史

一、佛教年表

1.引進期(從最初到漢代結束 219 A.D.)

佛教拓荒者翻譯了一些多方面的(如大乘及小乘作品)經文，但很少註明年代及出處。

2.適應期(三國到兩晉，220–419 A.D.)

佛教與道家思想互融，並引用道家術語來表達佛教思想。在中國北方，佛教的不可思議的本事打動了非漢族統治者，因非漢族本身的宗教文化比較簡陋，又不像漢族對異族存有偏見，因此對西域傳來的佛教，便盡量吸收爲己有；在南方，更由於佛教哲學的深奧吸引住了知識階級。

3.分派期(南北朝，420–588)

(1)古典學派

這些學派代表了後期印度佛教教義，再加以形式上的改良。各派均形成基礎，但後來卻逐漸消失。

①俱舍宗

眞諦（Paramartha, 499-569）所倡，由玄奘組織而成的。主要經典爲「俱舍論」(Abhidharmarkosa）與印度的阿毘達摩（Abhidharma）學派有關。

②三論宗

摩什鳩羅（344-413）爲創始人。組織者爲吉藏（549-623）。三論是指龍樹（Nagarjuna）所造的「中觀論」（Madhyamika Sustra）、「十二門論」（Dradasad Vera）及提婆（Aryadeva）的「百論」（Sata Sutra）。此宗與印度的中觀學派有關。

③法相宗

由玄奘及其弟子窺基(632-682)所組成，但始於眞諦。此宗名係譯自梵文(Dharma-laksana)，宗義與印度的瑜伽學派（Yogacara School）有關。

(2)學術性的宗派

①天台宗

創始人爲慧思（515-576），組織者爲智顗（Chih-i, 538-597）。天台宗之名稱源自智顗的道場的天台山。

②華嚴宗

創始人爲杜順（Tu-Shun, 557-640），組織者爲法藏（643-712），根據華嚴經（Avatamsaka Sutra）而得名。

(3)流傳在民間的宗派

①禪宗

創始人爲菩提達摩（Bodhidharma, 第五世紀），名稱來自梵語的禪（dhyana, 相當於 meditation），着重坐禪的藝術。

②淨土宗

創始人爲慧遠（334-416），組織者曇鸞（Tan-luan, 476-542）。名稱來自梵語 Parisodhana-Ksetra（淨土），亦卽信仰者臨終能往生西方極樂世界（Western Paradise）。

4. 鞏固時期（隋代 589-617）

佛教的玄義都已被解釋出來，各宗派的基本特色與經典也都被揭示，各宗派的宗師（Sect Patriarchs）亦已建立了傳承系統。

5. 優勢與衰微期（唐代，618-906）

佛教在中國的發展在唐朝達到顚峯，但在西元八四五年遭受道教皇帝唐武宗大力迫害。「學術性的宗派」是要藉着專家在環境幽雅的寺院修習而得的，此時消失了。但「流傳在民間的宗派」受到較少的阻礙，隨着唐武宗死後便復甦過來。眞言宗（Chenyen or Tantra）在第八世紀由善無畏（Subhakarasimha）引進中土，但影響不大。

6. 抵抗時期（隋代迄今，西元九〇七——現在）

禪和淨土靜靜地延續着。十九世紀（由太虛，1890–1947，等人的提倡）佛教一度活躍起來。一九四九年以後，中國大陸佛教又受到壓抑，迄今尚未完全恢復元氣。

二、佛教中國化的問題（Problems of Sinicization）

1. 佛教與道教

佛教起初被認爲是道教的形式，佛教的教義以道教的先驅立義——道家思想表現出來，如菩提（Bodhi）用道家的道（Too）來表達。道安（312–385）出來反對這種妥協，於是佛教才開始使用自己的專門術語（詞彙），但並非完全不用道家的觀念和用語，有很多老莊觀念和用語，還是被佛教使用着（禪宗用得更多）。有一點特別引起爭論的是佛教的無我（anatman）與道教根據「陰陽互動」（Yin–Yan Interaction）而組成的「精神」（soul）觀念，佛教認爲這個不朽的精神是超越的、無實體的（incorporeal），但道家認爲這個不朽的精神是有形體的（corporeal）。佛教後來變成了一個成功的宗教，由道家轉變的道教，它的反應是編纂「道藏」，創設「万神殿」（pantheon）及發展教會組織，這些相應的措施都是「準佛教模式」（quasi-buddhist model），亦即受到佛教的影響所掀起的內部改革。

2.佛教與儒教 (Buddhism and Confucianism)

因爲佛教是屬於「另一世界的」及「非中國的」宗教，所以佛教時常陷於被一些實用派和愛國的儒者所批評的危險境地，特別爭論點在於：佛教徒拒絕向皇帝行跪拜禮，因爲佛教徒認爲他們比塵世間的皇帝要崇高；獨身生活 (celibacry) 牴觸了中國家庭的倫理和祖先崇拜 (ancestor worship) 等，使兩者有所衝突。但無論如何，後來中國式的寺院習俗，漸漸地採用了儒教的家庭禮儀——祭拜已死的寺院主持人(abbots)就像祖先崇拜一樣；傳法體系也等於父子相傳一樣。這些都是受到儒教的影響所致。

三、佛教內部的爭辯 (Internal Controversies)

1.頓悟與漸悟 (Subitism and Gradualism)

始於道生與其同儕慧觀的爭辯：悟道得之於頓悟抑或漸悟？這項爭辯影響到唐代的禪宗思想。

2.自力與他力 (Self-Help and Outside-Help)

悟道得之於自己的力量還是依賴他力（如靠阿彌陀佛之力量）的爭論，於是乎使禪宗與淨土宗便扞格不合了。

3.系譜 (Lineage)

同一宗派的分支對於經典和祖師系統之間也有着不斷地爭論和混亂。

但這都是佛教內部的路線問題，而不是核心義理的紛爭。

第三節　禪　宗

一、歷史

1.引論

把禪帶到中國來的是一個半傳奇性的人物菩提達摩，他可能是印度人，在西元四七〇年至五二〇年間在中國從事宗教活動。從傳承系統的心心相承的傳燈過程中——據傳釋迦牟尼在拈花微笑中了解到大迦葉（Mahakasyapa）的得佛心法，是爲禪宗以心傳心的起源。大迦葉便成了第一個接受法印（Seal of Dharma）的人物，而且他具有權威性和合法性以這種方式傳給第二位。關於菩提達摩的傳承系統中有第八位，第二十八位，第二十九位或第三十九位的次序（從大迦葉以降），其中以第二十八位說法較爲普遍受採納。但爲一般人所接受的是；他是第一代中國禪宗祖師（first patriarch）。

2.六祖（The Sixth Patriarch）

中國禪宗第六代祖師的認定，曾惹起一場爭辯。首先被認爲是北禪系統的神秀（西元六〇〇——七〇六），西元七九六年才由唐朝德宗皇帝證實是神秀的對手（南禪系統）慧能（西元六三八——七一三）。「六祖壇經」聲稱弘忍（五祖）在一項做偈競賽中，認定慧能已贏得「衣鉢」，但爲了防衞神秀同黨的嫉忌，慧能祕密南逃，使禪宗在南方生根。

3.唐代的禪

唐代的禪分五家卽潙仰、臨濟、曹洞、雲門和法眼五宗。目前爲止，只有兩宗仍然存在：

①臨濟(Lin-Chi，日本稱爲 Rinzai)

由臨濟義玄（?——八六七）所創，後由日人榮西（Eisai, 1141-1215）帶去日本。本宗加強公案(Koan)和頓悟(Subitism)的技巧。

②曹洞（Tsao-tung，日本稱爲 Soto）

創始人爲曹山本寂（西元八四〇——九〇一）和洞山良介（西元八〇七——八六九），後由日人道元（Dogen, 1200-1253）傳去日本。本宗強調直觀打坐和漸悟（Gradualism）等技術。

4.規律（The Rule）

百丈懷海（西元七二〇——八一四）起草了所謂「禪苑淸規」（Monastic Constitution）作爲坐禪和尚遵守的生活規範。雖在某些方面與戒律相違，如戒律規定和尚應禁止從事農業活動，以免傷害有機物，但百丈卻規定和尚每日的勞力活動才能換取吃飯的條件。

二、教　義

1.經典

(1)主要是「金剛經」(Vajracchedika) 及「心經」(mahaprajna paramita-hrdaya-sutra)。

(2)「妙法蓮華經」中的「普門品」、「楞伽經」(Lankavatara-Sutra)、「楞嚴經」(Surangama-Sutra)、「維摩詰經」(Vimalakirtinirdesa) 及「圓覺經」(Sutra on Complete Enlightenment) 等也是本宗輔讀的經典。

2. 直指人心

禪宗重視個體的悟道，研讀經典及拜佛等一般性活動也是需要的。悟 (Satori) 是由定而來的，而不是傳授的。

3. 唯識與中觀

禪宗在教義上是歸於大乘佛教的傳統裏。從唯識觀點來看，禪宗採取唯心的世界觀及轉變第八識成為直觀的領悟。從中觀來看，禪宗採取一種快速多重否定的辯證教育法。

三、禪的修習

1. 打坐

坐禪是一種精神集中訓練。只數息，是初步的修習方法，具體象徵物通常是少用的。參公案、看話頭是禪定的中國方式。日本道元禪師說：直觀打坐像是享受着釋迦牟尼佛坐在菩提樹下的禪定一樣。

2. 對話

禪的教授法通常是根據日常對話，但是偶而禪師也會叫他的學生以「問答」(question and answer) 方式來達到超越現實的最高原理，所有心智上的看法都被否定掉。這種對話只有在中觀辯證法的內容上才能了解的。本來這些對話是自然的，後來一些對話才被搜集起來，變成選集 (anthologies) 並加上評註，這就是「公案」。其中最著名的包括下列：

⑴「碧巖錄」(Blue Cliff Records，日本稱 Hekigan Roku)：搜集了一百個對話錄由圜悟禪師（西元一〇六三——一一三五）在一一二五年所編輯並加以評註而成的。

⑵「無門關」(The Gateless Barrier)：係由慧開（西元一一八四——一二六〇）（他後來被稱爲無門）在西元一二二八年所編輯的，一共收了四十八個對話加上自己的評論在內。對話又被稱爲「公案」，本來的意思是指禪師與學生的對話記錄，這種對話能導至悟道。公案可用做爲寺院集體研讀的教材。當禪師指定到某學生時，回答問題，稱爲「參話頭」。

3. 唸佛

早期的禪宗也提倡唸佛，後來才被廢除，因爲與禪宗的「自力」不相容。明朝時唸佛又被流行起來。韓國的坐禪也主張加上唸佛做爲一種補助。日本禪宗則拒絕使用唸佛。咒語 (Dharani) 通常也在禮拜時、上供時使用。

第四節　淨　土

一、歷　史

1.創立者

淨土是皈依阿彌陀佛——西方極樂世界的導師。中國慧遠（Hui-yuan, 334-416），首先組織「白蓮社」(White Lotus Society, 402)。白蓮社是一種用來倡修淨土的僧俗合組團體。

2.組成者

曇鸞（T'an-luan, 476-542）被認爲是中國淨土宗初祖。他曾遊歷各處，企圖從道教中找到仙道之術。後來他遇到了從印度來的傳教師菩提流支(Bodhiruici，於西元五〇八年到達洛陽)。菩提流支說服他若要求長生不死，只有皈依阿彌陀佛。曇鸞遂放棄仙經，專修淨土。著有「往生論註」(Commentary on the Vasubardu Pure Land Sutsa) 的理論架構，奠下了以後中國淨土宗的理論基石。他提倡唸佛（Nien-fo）的結果，已變成了遠東佛教徒最受歡迎而普及的佛教修行方式。

3.傳播

這股運動傳到日本，比丘法然（Honen, 1133-1212）於是組成淨土宗（Pure Land School or Jodo Shu）。親鸞（Shinran, 1173-1262）組成淨土眞宗（True Pure Land School or Jodo

Shinshu)。淨土眞宗後來在日本廣受一般大眾的信仰，傳承系統也建立了起來，每位祖師都以特殊的秉賦建立一套教義和修習方法。今天的美國佛教徒中，也有很多人信仰此宗。

二、教義和修訂

1.經典

一個人奉行淨土宗的前提是要靠絕對的信仰，也要有信心，這樣才能有效地通過往生之路。最正式的「信仰理論」出現在「無量壽經」及「觀無量壽經」。釋迦牟尼在經中指出阿彌陀佛在所有的佛當中是最光明無限的和壽命最長的，並且是「極樂世界」的指導者。他有四十八個大願。如果有人虔誠地觀想極樂世界和阿彌陀佛，阿彌陀佛便有力量使信仰者死後到他那邊去享受極樂世界。

2.祖師——根據淨土宗的排列順序

①龍樹(Nagarjuna)

著有「十住毘婆沙論」其中「易行品」敍述易行與難行的法門。難行的法門在於坐禪，道德修養等而得「自力」解脫；易行的法門是靠信佛而得他力解脫。

②世親(Vasubandhu)

著有「淨土論」(往生論)由菩提流支在前魏(386-534)時譯成漢文。該書論述淨土三經——(無量壽經、觀無量壽經及阿彌陀經)要義，並闡述往生的法門。

③曇鸞（T'an-luan）

著有「往生論註」，將唯識與中觀的教義綜合論述。他認爲淨土或極樂國是超越的、超脫生死的，因此往生在那裏是無生（no-birth）。一旦進入該地，便會一直到修行成佛爲止。修習的方法有五種：身體的禮拜（俯首敬禮）、唸佛（南無阿彌陀佛）、發願（願生極樂世界）、觀想（淨土、阿彌陀佛及大菩薩）、貢獻功德（將來往生後、化身助善）。

④道綽（Tao-Cho, 562–645）

其主要作品爲「安樂集」，他強調淨土的修習最適用於末法（the Later-Day Dharma，日本稱 mappo）時期。他主張要實地去修習並提倡以唸珠（rosary）來配合唸佛。

⑤善導（Shan-Tao, 613–681）

在他的「觀經註」中，他提出一個首要的修習（唸佛）及四個次要的修行卽唸經、觀想、拜佛和讚唱。

⑥其他大師

慈愍（T'zu-min, 680–748）試圖調合淨土與禪。法照（Fa-Chao）在中國不算祖師，但在日本卻很有名。

⑦日本祖師

日本的淨土宗，係由中國演變而來的。源信（Genshin, 942–1017）寫了「往生集要」（Compendium on the Essence of Re-birth)，生動地將地獄的痛苦與淨土的幸福互相對照。法然(Honen)強調唸佛比其他修行更爲需要。法然的徒弟親鸞(Shinran)則更創出一派淨土眞宗(True Pure Land, School)，使淨土更爲廣大的日本羣眾所接受；甚至遠至夏威夷及新大陸也有此宗之信眾。

第五節 中國佛教學派及其教義之革新

一、引言

中國佛教學派之發展得力於出家團體的研究、註釋和傳播。他們在佛學的某種派別，曾作過哲學性的思考，而導致這一項成果，他們並沒有西方所謂的宗派（Sects）。就華嚴宗傳統來說，他們遵守寺院紀律（律宗），坐禪（禪宗）及接受空觀的教義（三論宗）。但一個人被歸屬爲華嚴宗下的學人，乃是因爲他認爲這一宗派（華嚴宗）給他更接近眞理，而且他也對佛學的義理的研究深感興趣；進一步來說，他們也多半寫些關於華嚴宗哲學的論著。

二、佛教學派出現的理由

中國佛教所根據的經典係來自印度，所以對經典的解釋產生了某些中國式的困惑。尤其大乘與小乘的教義，使中國佛教學者不明底蘊。爲了要調和解決其間的困惑，中國佛教理論家們對經典的不同說法，乃作了合理的解釋，卽判敎(Dividing the Teaching)——佛經傳入中國後，經學者各據某種標準，將敎義分門別類，使發心硏究者，較易了解的一種方法。判敎施用的結果，使一個從事佛學硏究者能判定某一特定或某一部經典比其他經典更爲重要，因此便以全部精力硏究此一類經典。這些佛學硏究者，以此方法敎育其門徒或喚起別人也來硏究，於是某一學派便產生了。

三、中國佛敎學派、經典及其哲學

(1)地論宗

地論宗起源於梁朝，理論根據印度世親的「十地經論」，經過慧光等人的著作才加以發揚光大的。

「十地經」是描述菩薩一生經過十個階段的進步情形：卽(1)歡喜地，(2)離垢地，(3)發光地，(4)焰慧地，(5)難勝地，(6)現前地，(7)遠行地，(8)不動地，(9)善慧地，(10)法雲地。而世親的「十地經論」是探討六種普遍與特殊、相同與相異、整合與分解等性質的完全和諧。爲了試圖建立所有暫時性的或空間的事物爲同一性質，於是樹立了華嚴哲學的先河。

(2)攝論宗

此宗根據「攝大乘論」。此經是眞諦將梵文譯成中文，他在梁朝時從印度來到中國。這一宗在唐朝時被華嚴宗所吸取之後，便喪失其獨立存在了。

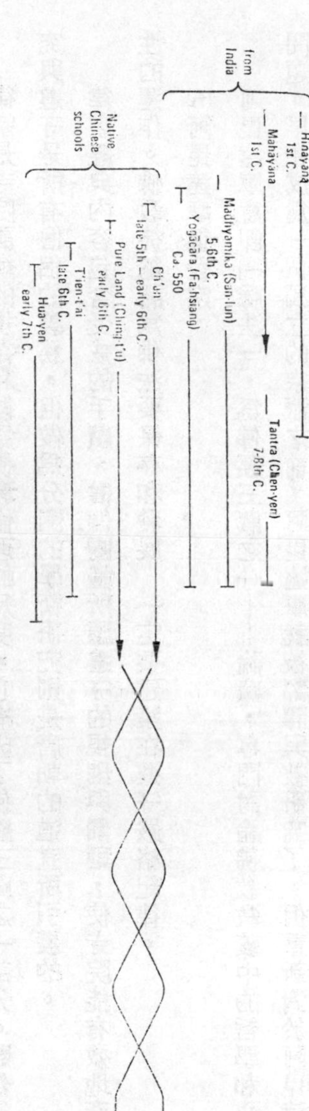

（圖九）中國佛教各宗派之發展

「攝大乘論」被認為是世親或無著所作；它想綜合所有大乘佛教的哲學思潮。其中心教義之一是絕對（absolute）是否超越物質世界、脫離不潔或塵世的因緣和合，抑或是混雜於塵世，像純水和污水混在一起一樣。「攝大乘論」站在後者的立場。本宗並與其他經典如「大乘起信論」結合，但與「法相宗」及其闡明事理相違。中國人顯然非常接受相對與絕對事物混合的觀念。

(3)三論宗

此宗主要根據是印度的「中觀論」，中譯者為大學者鳩摩羅什（344-413）。他是一個中亞人，後來移住在中國。他所譯出的經典裏頭，最重要的有「中論」、「十二門論」及「百論」。所有重要的中觀論都在處理「空的教義」。這個宗派由後來的學者如嘉祥大師所奠定，此宗一直延續到唐末。

此宗很重要，因爲中國學者將空的印度哲學觀念，樹立了康莊大道。空的教義是所有大乘佛教的哲學和宗教基礎。要正確了解佛教，空的哲學（或宗教）是不可缺少的。但三論宗從事純空觀理論架構的研究，對一般佛教徒來說是深奧而難以消化的，所以把三論宗做爲一個獨立的宗派存在，其活力是維持不久的。因此三論宗只能溶入禪宗和淨土宗內做爲一個沉默的服務員，像鹽加入湯，使之較合乎口味一樣。

(4)律宗

律宗是寺院訓練的規律和做爲佛教倫理的尺度，它構成了佛經三藏之一部分。雖然律宗的研究與遵守是所有僧侶的義務，但做爲分開的學術研究則是唐朝的道宣所引發的。律宗經典內容包含受戒的手續、僧伽團體所應遵守的規則與罰則，使寺院能有效地產生功能性的運作。佛教徒總認爲佛法要保存和發展，一定要建築在遵守嚴格紀律。

(5)阿毘達摩俱舍宗

阿毘達摩意即「勝法」，爲佛經三藏之一——論藏，專門討論佛教教義中的哲學和心理學的問題。早在成爲一個獨立的宗派之前，阿毘達摩就被翻譯與被研究了。但重新對於阿毘達摩的研究感到興趣是由中國的佛教朝聖者玄奘大師在西元六四五年，由印度返國並帶回「阿毘達摩俱舍論」的刺激所引發的。

阿毘達摩包括極多的學術的論述，探討非常細節的事物如宇宙論、禪定技術、精神發展的階段、道德與知識上的煩惱、佛性等等。

(6)成實宗

印度訶黎跋摩（Harivarman）所著「成實論」，此論係由鳩摩羅什譯成中文的。雖是小乘佛教的經典，但它的主要概念是在法空，非常接近大乘佛教的空觀，因此它被包括在三論宗研究的一部分，因此緊緊地與三論宗結合在一起。

(7)天台宗

天台雖不拘於一家經典，但其主要經典還是以「妙法蓮華經」爲主。此宗由第六世紀後半期的智顗大師創始。由「判教」運作的結果，智顗覺得這部經典是釋迦牟尼最終的教示，表現其圓熟的境界。

天台宗雖是綜合各宗派學說，但在教義上與實用上來說，天台宗也有其特色，茲分述如下：

①禪定體系——禪定是佛教的一種宗教修養活動，它不同於一般哲學上的範疇。它是運用宗教教誨所得的信仰力量，限制內部情緒的干擾和外界慾望的引誘，令修習者的精神樂於集中在被規定的觀察對象，並按照被規定的方式進行思考，以解決所謂的去惡從善、由痴而智、由污染到清淨的轉變任務。它也可以按照佛教修習方法的安排，產生某種心理現象，使修行者從心緒寧靜，

到心身愉悅安適，直到出現某些特定的三昧情境爲止。這完全是西方心理學家口吻，沒有中國味。總之，它是以要求嚴格控制意識的活動，務使按照佛敎規定的思維方法以達到意志集中的保證。智顗在其巨著「摩訶止觀」裏發展此種說法。

②一心三觀（空觀、假觀、中觀）——「空觀」是指萬法都是空的，是我們主觀實在所加進去的，亦卽法空（無自體）。「假觀」係指萬法暫時有其可經驗和具體的存在，也就是說諸法有緣生假相。「中觀」則指諸法兼具空的和存在的，同時又具有特殊與普遍的交錯。特殊事物雖保留其特性，但基於共同的空性緣故，卻是相同的，這樣諸法都是整個有機單位的一部分。

③從上述的觀念，可推演到「一念三千」。十界是指佛（buddhas）、菩薩（bodhisattvas）、緣覺（pratyeka buddhas）、聲聞（disciples）、天（divine being）、阿修羅（demons）、人（human beings）、餓鬼（hungry ghosts）、畜生（animals）、地獄（being in purgatories）。這十界是互相貫通（interpenetrate）的，十界中的每一界各具十界，而成爲百界。百界中的每一界又具有十如（ten features），如是相、如是性、如是力等構成千如。千如中的每一如又具有三種世間，卽衆生世間、五蘊世間和國土世間，如此構成三千世界（間）或名爲三千諸法，它是一切法的總稱。這個系統是試圖將各種存在物互相貫通，具有意義，然後主張萬法組成像一個有機體的統一（organic unity）歸納於實體——心（mind）。這樣一念之間，三千諸法，同時具足，這就是天台宗的觀法。

(8)法相宗

這一宗派是由玄奘和他的弟子窺基（Kuei-Chi, 632-682）建立的。玄奘於西元六二七年赴印度留學，十七年後於西元六四五年回國時帶回經典資料，經整理之後，而成一家之言，這樣便形成了「法相宗」。它所根據的經典是：世親的「三十論」及十位學者的評論註疏，著名的學者如法護（Dharmapala）與安慧（Sthiramati）等思想。

法相宗又叫唯識宗。此宗認爲佛家以宇宙間一切事事物物統稱爲法；凡法有它的本體，叫做性；有它的現象叫做相；性只有一個，相有萬殊，就是我們心中起一個念頭，也有它的相貌，總名爲相。法相宗以明諸法之體相爲宗；以唯識論爲據。「三界所有唯是一心」，「萬法唯識」。以唯識爲其哲學主張，用邏輯（因明）的方法來分析唯識（心理學）。心是一個具有八種心智作用的複雜互動體，它與內在原型潛在力（稱爲阿賴耶識或藏識）配合，於是便產生一種虛幻的外在世界。一旦心被滌清之後，虛幻消失了，就能悟道。這一宗派的興起，是爲了回答人類處於虛幻的心理反應性質而起的。以及整個客觀世界，從而也就顯示了空性眞理。

唯識派強調瑜伽的修持方法。唯識宗和中觀派一樣對客觀世界抱着否定的態度，不過在他們的否定中還有所肯定，卽肯定思維意識的眞實存在。他們斷言：世上一切現象都由人們的精神總體或作用——識所變現出來的，事物的一切屬性——廣延性、體積、味道等等都是人們的主觀意識。所謂「萬法唯識」，「三界唯心」是也。此宗對人的主觀認識能力或精神作用進行了分析，他們把六識擴大到八識，卽眼識、耳識、鼻識、舌識、身識、意識、末那識、阿賴耶識，他們認爲這八識旣是差別的存在，又是統一的整體，宇宙萬有都是八識的變現。

(9)華嚴宗

華嚴宗爲杜順所創。本宗根據「華嚴經」。像天台宗一樣，華嚴宗也是一個綜合性的宗派，試圖形成一種敎義來包羅各方面的佛法。

華嚴宗哲學很深奧、複雜，要歸納成幾點來加以論述是很難的。基本上來說，華嚴宗的主要思想是說所有現象（諸法）彼此之間的同一性和互賴性。諸法都有它們彼此的關連。就空性來說，諸法實質上是同一性質；就感官的經驗世界來說，諸法都是具體存在着，而且互相關連地存在着。同一性質和互賴性只是說明空的兩種表現法，而存在的諸法可以把它們看成是一個有機整體(organic whole)互相關連和互相依賴的部分，此稱爲「法界緣起」。諸法皆空，這個空是法身。華嚴宗是這樣的一個廣大無邊而和諧的生態體系——把諸法的存在看成是一個有機統一體，裏面萬法是同一的，部分依靠整體，同時促成整體的統一。

四、中國佛敎的革新

由上所述，天臺宗與華嚴宗是中國佛敎敎義的革新，且它們又發展出一套與印度不同的體系。其革新之要點分述如下：

1. 這兩宗都採用印度佛敎哲學的資料做爲基礎而創造出特殊的中國風味和看法。印度佛敎中的空觀提供了很豐富的資源。

2.兩宗中，尤其華嚴宗，不知不覺中受到中國本土思想的先入爲主觀念所影響，尤其用道家的觀點來解釋印度的佛教觀念。

3.佛教教義的革新，顯然訴之於中國人對於絕對（佛、空等）的感情所做的解釋。中國人保留絕對的性質不變，但也將此觀念移到緣起的形式和塵世裏頭。不論是印度佛教所缺少的或是來自印度佛教的，這種觀念可能受到道家的影響。如「大乘起信論」和「華嚴經」裏稱「如來從本然而起」。

4.印度的「緣起性空」，其作用在於對世物做消極性的低貶，但中國佛教對它卻抱着積極的態度。

5.中國佛教對印度佛教教義（空觀）的性質和功用，有所誤解：印度佛教利用空觀的概念當工具來擊破對具體存在的概念；空指着存在的「概念」並非具體存在的本身。但中國人卻習慣性指着實體的眞正存在。

第六節　中共與佛教

一、概說

西元第一世紀，佛教自印度傳入中國，到第六——九世紀隋唐兩代的中國佛教達到昌盛時期，並出現過許多宗派。從此以後，中國佛教逐步走向學術的停滯和僧侶組織的衰落。

中國佛教發展史上，有所謂「三武之禍」，即指北魏太武帝（西元四四六），北周武帝（西元五七四）及唐武宗（西元八四五）這三位皇帝的迫害佛教。排佛事件的主要理由是政治與經濟的因素，此外尚有文化衝突。所謂文化衝突是指佛教文化與道教文化及佛教文化與儒教文化之間的衝突而言。換言之，就是中國本土文化對外來文化的抗拒作用（防衞）。朝廷只不過是被道教與儒家利用做爲反佛的工具罷了。

一九四九年以毛澤東爲首的中國共產黨統治中國大陸，中國佛教徒的命運，也隨着展開了悲劇的一頁。一九四九年以前，佛教徒是沉靜而自由地去追求他們的宗教信仰。中國共產黨統治後的中國，情形可說與昔時迥然不同。中共的宗教是中共政協的單位之一，共由十六位委員組成，在政協的工作機構中有一個由各派宗教人士所組成的宗教組。宗教組經常開會、商討問題，協助政府貫徹宗教政策。從此，中共政府便控制佛教徒的活動，佛教已淪爲馬克斯綜合產品(Buddha-Marxist Sycretism）。其他主要的佛教團體是在一九五三年成立的「中國佛教協會」（Chinese Buddhist Association）和一九五六年成立的「中國佛教學院」(Chinese Buddhist Academy）。在這兩個團體成立之前，中共最具權威的佛教刊物是「現代佛教」(Modern Buddhism)，它是月刊，第一次問世是在一九五〇年，但一九六五年底被禁。以後，一系列的佛教刊物也隨着「中國佛學書局」(Chinese Buddhist Bookstore)的創立而相繼出現。中共開始有計畫的控制了幾近二十個世紀以來不曾需要國家監督的佛教運動。

二、馬克斯、列寧、毛澤東主義(The Marxist-Leninist-Maoist)對宗教的態度

共產黨的理論認爲宗教是病態社會的症候，如果社會健全，宗教便自然消失。

毛澤東於一九三六年曾對他的多年美籍好友史諾(Edger Snow)說他早年於湖南毛家受到閱讀書刊的影響，使他成爲一個懷疑論者。毛的母親雖是一個虔誠的佛教徒，但他的父親卻是一個懷疑論者。一九二七年毛寫了一篇「有關湖南農民運動的考察報告」，提到有關神明體系的東西必須要加以摧毀，一旦保留宗教，則革命便不會成功。因此革命就是毛的宗教。毛要從革命的各層次(社會、經濟、政治、文化、個人)中求解放，這就是毛澤東一生所信仰的宗教倫理觀。

毛澤東與史諾告別時，毛做了自我評估，並說：「我只是一個孤寂的和尚，拿着一頂破傘，走了這一遭世界。」

達賴喇嘛(Dalai Lama)在「吾土吾民」(My Land and my People, 1962)一書中曾經談到一九五四年他和毛澤東的會談。當時毛告訴他宗教有二大「壞處」：第一是「敗壞民族」，第二是「阻碍國家進步」。毛的看法一直被共產黨報章強調並重複引用。一九五〇年五月二十五日北京「人民日報」的社論與十一月的另一篇文章猛烈抨擊宗教，說是「宗教是壓迫人性」、「宗教是封建制度和資本主義的附屬品」等字眼。這項攻勢延續了好多年，目的是在對付宗教信仰。

十一年之後，北京的「民族團結」(Nationalities Unity) 在社論中高喊「馬列主義信徒是物質主義者、是宗教的反對者」的口號，文章還特別指出一九五八年對「宗教圈內壞分子」所進行的鬥爭是「掃除反動分子反革命運動的最佳武器」，文章也大罵「宗教是封建特權和剝削制度的工具」。總之，共產主義和佛教學說是對立的；在共產黨人的眼中，佛教是所謂的「舊時代腐敗和不健康的渣滓」，更是「人民的鴉片煙」。中共更認爲佛教在中國曾扮演過一項壓迫羣眾的工具，使人民心理受苦，尤其是唯識思想和禪宗思想。這一變化和中共社會經歷的巨大變化是分不開的。中共社會結構變化了，中共佛教也必然隨之而變。這個變化主要表現在底下的兩方面：(1)寺廟數目減少，僧侶數目也減少；(2)佛教的社會文化活動逐漸減少。

三、中共佛教政策之發展

中共在「抗日戰爭」、「解放戰爭」以及以後的「土地改革」時期，對於宗教都一再聲明信仰自由政策，亦卽每個公民都有信仰宗教的自由，也有不信宗教的自由；有信這個宗教的自由，也有信另一宗教的自由；有今天信這個宗教，明天又信另一宗教的自由。各個宗教一律平等，和平共處，互不干擾。後來的演變又如何呢？

最先來個適應 (adaptation) 時期，接着採用懷柔，結果便是收到控制與迫害的實質。

太虛法師 (1890-1947) 攻擊過共產黨，他說只有實現無我 (anatman) 之後，私有財產制才能消除。一九五〇年農村中的「土地改革」和城市中的「民主改革」，開始打擊了寺院地主，很多大寺廟的財產都被充公。一九五三年五月「中國佛教協會」宣告成立，其目的在於主管宗教事務，負責宗教政策的貫徹執行，使佛教界「滌瑕蕩垢，重現光明，利樂有情，莊嚴國土」，佛教遂進一步爲「社會主義」服務。

一九六三年八月八日「人民日報」的一篇文章再度提醒共產黨人應記住列寧的教導而繼續向宗教進行鬥爭。另一篇卻很聰明的忠告共產黨人千萬不要強烈傷害教徒的感情，因爲感情一被傷害，信徒將會對宗教有更深的「盲目信仰」。政府還警告教徒和僧尼不得做出「危害無神論教育」的舉動，更不能反對共產黨人反對宗教迷信的鬥爭。「人民日報」還引用一九五四年劉少奇的講話：「保護宗教信仰自由和保護反革命分子的活動自由是兩回事，不可以混亂。我們的憲法不能協助任何以宗教爲遮飾的反革命活動。」該報還說要用獨裁的手段，強烈對付「帝國主義」、「封建勢力」，利用「宗教迷信」所展開的「反革命」活動。一九五〇——一九五二在所謂的「壓制反革命分子」的運動中，佛教僧尼被強迫放棄修行並且從事「生產勞動」，許多僧尼在沒有其他選擇下只好返回俗人的生活，有些甚至結了婚，也有好多人員冒險逃亡到香港。一九五一年三月十三日天津「大公報」報導「僧尼已加入人民的隊伍」，「福建某地的二十位尼姑在新婚姻法下結婚」。好多道行較高的僧尼被宣判爲「地主階級」、「反革命分子」。一九五七年的「反右運動」，在不同程度上懲罰了在「百花齊放」運動中膽敢直言的佛教徒，他們的「罪名」是「右派分子」。被指爲「右派分子」的包括「現代佛學」的編輯，中國佛教協會浙江分會副會長，他們都成了毛澤東保證的「那些講出自己思想的人將不會受罰」下的犧牲品。在饑餓、恐怖和財產被沒收的情況下，大多數的和尚都自動地脫去僧袍，做普通工人並且參加生產行列。在「全心向着黨和政府」的運動中，廣東曲江「南華寺」住持本煥法師被控以「在宗敎掩飾下的反革命分子」，「罪名」是「散佈毒素反對僧尼學習毛主席著作」。共產黨對西藏佛敎徒的苛刻待遇，以及他們所推行的「反對喇嘛和敎徒」的運動，使世界爲之震驚。一九五八年十一月十二日，東藏中國當局的藏文報紙（Karzey Nyinrey Sargyar）以醒目的標題：「宗敎迫害之後，獨裁的封建制度應該被連根拔掉」。一九五九年「國際司法委員會」（International Commission of Jurists）委任一個「法律查詢小組」（Legal Inquiry Committee）調查西藏問題。小組的報告書在一九六〇年出版，報告指控中共政府在西藏犯下「種族滅絕」的罪名，違背了聯合國憲章。

一九五三年「現代佛學」刊登一篇「佛敎徒當前的任務與未來的前途」的文章，作者陳銘樞（他是「中國佛敎協會」的創始人之一，陳後來被指爲「右派分子」）說：「所有的宗敎組織應該團結起來，在新的社會結構下從事革新工作，從而建立一個新的宗敎。」很顯然的，中共佛敎的「革新」，早已準備好了。「中國佛敎協會」初期只有西藏和雲南有兩個分會。一九五七年三月第二屆全國佛敎徒大會在北京召開，協會的章程被修改，以方便在全國各地成立更多的分會，進而控制佛敎敎徒的活動。同年九月新成立的分會展開了所謂「社會主義敎育」運動，目的在對付佛敎僧尼。山西分會還特地爲會員舉辦了一個爲期二十二天的會議，討論毛澤東的「矛盾論」，同時煽動會員參加「反右鬥爭」。內蒙自治區主席和共產黨內蒙第一書記烏蘭夫在他的文章「喇嘛教社會主義化的需要與方法」（一九五八年八月十四日北京光明日報）中大談「愛國佛教徒應接受共產黨的領導」、「追隨社會主義路線」、「加強體力勞動」。至於「社會主義化」的方法，他指出「喇嘛應該加緊學習政治，參加生產勞動」、「改變原有的思想」。佛教僧尼被強迫勞作以求生存，原因是佛寺財產已被充公。喜饒嘉錯在一九五九年十月三十日的「現代佛學」中提到「在黨的領導下，僧尼的政治意識已經有顯著的提高，好多參加勞動的僧尼還被選爲勞動模範。」在那篇很長的文章裏，他甚至把釋迦牟尼的教義和「大躍進」連結起來大發謬論，從而提出「僧尼應該追隨黨的領導，以火熱的感情去愛祖國，建設社會主義事業」的口號。一九六一年共產黨對佛教徒的控制更加明朗化。一九六一年一月十七日班禪喇嘛（Panchen Lama）（他是在沒有西藏人參加的情況下，由共產黨委任的政教領袖）在第一次會議中提到「政府對寺院的政策是民主的，而且已對僧尼的宗教活動、政治學習、生產和生活方式給予適當的安排。」一九六三年在西藏拉薩舉行的「佛教協會西藏分會」代表大會上，班禪說道：「黨的有關宗教容忍的政策，像其他政策一樣已經有了顯著的效果，僧尼已經享受了宗教容忍政策下的各種權益。」

四、佛教淪爲對外宣傳的花瓶

儘管如此，「中國佛教協會」代會長趙樸初於一九七九年秋天在紐約的一次「華僑座談會」上談「國內佛教」時，他還是努力掩飾中共三十多年來對佛教之迫害。他說佛教協會於一九五三年成立到六十年代初期，做了不少工作，簡單地可以歸納爲七項：

1.協助政府貫澈宗教信仰自由政策。隨時向羣眾傳達政府的有關法令和計畫，也隨時向政府反映羣眾的情況和意見。

2.培養佛教人才。一九五六年九月在北京創辦了一所粗具規模的佛學院，招收來自各省的比丘和沙彌從事學習，分兩年畢業和四年畢業的兩級，分別爲佛教準備教務工作人才與弘法人才。

3.爲了加強與各地佛教徒的聯系和推動工作，出版了「現代佛學」月刊，對其中重要論文還刊登英譯全文或摘要，向國內外發行。

4.協助政府調查，整理和保護各地佛教文物古蹟。著名的敦煌、雲岡、龍門石窟已得到保護；甘肅的炳靈寺和麥積山石窟以及新疆省內的十三處千佛洞都已先後經過查勘和整修。

5.發掘、整理和拓印房山石經工作。這是從西元第七世紀至十七世紀陸續刻在石板上的大藏經，是世上希有的法寶，一直被封藏在北京郊區房山縣石經山的石窟內。現在第一次把它們發掘並拓印出來，共計有三萬多塊。

6.爲了完成周恩來交下的任務，協助錫蘭（現改名斯里蘭卡）英文佛教百科全書編纂委員會，集合了一部分佛教學者，從事這項工作。寫成了文稿一部分已寄給對方，得到「全書」負責人的好評。

7.恢復和發展國際間的佛教往來，如一九五五年及一九五六年派代表訪問緬甸和印度，一九五七年參加尼泊爾和印度舉行的釋迦牟尼涅槃二千五百年紀念。一九六二年與日本合作爲鑒眞和尙逝世一千三百年慶典活動。

其實，我們都知道中共是要和佛教國家打好外交關係；爲了完成這項任務，中共佛教才在政府控制下，在「革新」的掩遮下生存下去。在這方面政府控制的佛教協會做得很成功；協會忙碌的派遣代表到外國，又以賓主的姿態招待來訪的外國佛教徒。被「適當革新」的佛教徒熱烈參加與外國佛教徒的交談，目的是宣傳中共佛教的「新成就」和毛澤東的「慈悲」。一九五二年中共佛教徒曾被邀請參加在北京舉行的會議，代表們宣誓要「在保護祖國及保障世界和平」的大前提下遵守「人民政府」的領導，把所有的佛教徒團結起來。一九五三年「中國佛教協會」正式成立，並宣誓要「徹底消滅特務和反革命宗教集團」。協會的名譽會長是達賴、班禪二喇嘛。圓瑛被選爲會長，可惜他只做了三個月就西歸了。繼任會長是著名的喜饒嘉錯，他是青海省政府副主席。一九五六年「中國佛教協會」邀請了亞洲各地的佛教代表到中共訪問，協會表面上是賓主，其實中共在財政上負擔協會的全部開銷。一九五六年九月，周恩來熱烈歡迎來自印度、錫蘭、尼泊爾、泰國、寮國、柬埔寨和北越的僧侶，並帶領他們參觀全國各地特別安排用來展示的佛教古蹟，同時還邀請他們參加「中國佛學院」的開幕典禮。這些僧侶獲得了他們平生不敢夢想的招待和歡宴。一九五六年至一九五七年全世界的佛教徒熱烈慶祝釋迦牟尼誕生二千五百年紀念，但對「中國佛教協會」來說，這是進行外交活動的大好機會。一九五六年第四屆「世界佛教聯誼會」

在尼泊爾首都迦德滿都隆重舉行，「中國佛教協會」會長率領代表團參加會議。一個月後代表團到新德里參加慶祝會，恰巧達賴喇嘛也以私人身分被印度當局邀請去參加大會，眞是冤家路窄。一九五七年五月，中共另一個代表團被派到柬埔寨參加類似的大會。與此同時，世界佛教聯誼會執行理事會（Central and Executive Commitees of World Fellomshin of Buddhists）在錫蘭召開會議，中共代表團的團長是趙樸初，同年八月他率領一個代表團出席東京的第三屆全世界反核子武器大會（Third World Conference against Nuclear Weapons），他在會上說：「佛教徒永遠站在保衞世界和平運動的最前線。」日本和柬埔寨佛教代表團在一九五七年和一九五八年分別受邀訪問中共。柬代表團團長是杜斯（Ven. Huor Tuth），他還在柬埔寨機場宣稱「中國人民享有絕對的宗教自由，並且掃除了在他腦中對中國共產黨不利的錯誤謠言」。一九五八年緬甸出席「世界裁軍和國際合作大會」的和平代表團受到「中國佛教協會」的款待。他們也邀請了印度著名佛教學者拉布爾博士（Dr. S. Rabul）參加。一九五九年，協會又邀請了尼泊爾的一個佛教團體訪問中共。與此同時，前「世界佛教聯誼會」會長馬拉拉塞克拉教授（Dr. G. P. Malalasekera）也受邀訪問中共。一九五九年西藏爆發反壓迫革命，達賴喇嘛逃亡印度是運動的高潮。全世界的佛教徒（尤其是佛教國）給予達賴和西藏人民精神上的同情。喜饒嘉錯在一篇名爲「肅清西藏反革命分子和壞分子」的文章中說道：「西藏人民是明白是非的，我們絕對不允許僞佛教徒勾結帝國主義者來背叛祖國，褻瀆我們神聖的宗教。他們的死亡並不能洗清他們的罪過。在消滅壞分子和革新佛教的鬥爭中，我們已做了一件光榮的事。」文章代表共產黨對佛教徒的態度，也表示了佛教協會「寬恕」在西藏所發生的一切。一九五八年，第五屆世界佛教大會（Fifth World Conference of Buddhists）在曼谷舉行，該次會議只承認臺灣的代表權，所以在一九六一年十一月金邊第六屆世界佛教大會上，中共代表團再三宣稱只有在北京的世界佛協會（Wored Association of Buddhists）分會才有權代表中國。當中共代表團反對臺灣的提案被駁回時，代表團以退席來表示抗議。為了重新爭取各地佛教徒因西藏事件後對中共的信心，一九六三年十月北京舉行「亞洲佛教大會」（Asian Buddhist Conference）。出席大會的結果被刊在一九六三年十一月十二日的「遠東經濟評論」（Far Eastern Economic Review）。評論說出中共的看法：「南越的宗教迫害問題不是一個宗教問題，而是政治問題。」評論也報導了尼泊爾、柬埔寨、巴基斯坦代表團拒絕在含有政治色彩的文件上簽名的事實。中共沒辦法，只好修改提案，最後通過的議案是「向全世界的佛教徒控訴吳廷琰政權對南越佛教徒的殘酷迫害」。各國代表會見了當時中共「總理」周恩來，過後又參加了一九〇〇名中共佛教徒在北京舉行的羣眾大會，全力支持「南越佛教徒反抗迫害爭取自由的鬥爭」。由此可見，「中國佛教協會」的繁忙工作，在在表明了它已不再處理純粹的宗教問題，而是在作政治宣傳。

五、文化大革命時期的佛教

文化大革命（一九六六——一九七六年）的一場大浩劫中，對中共的政治、經濟、文化各方面都帶來極大的損失與巨大的災難，宗教當然不能倖免。就佛教來說，各地寺廟遭到不同程度的破壞，佛教文物古蹟遭到空前的損傷，佛教人才也受到嚴重摧殘，不少寺院林木被砍、燒毀，甚至在某些地區的佛教人士遭受打擊、迫害。在這股邪惡勢力影響最深的地方，如上海市，浙江省等處，情形更爲惡化。「四人幫」竟對某一外國佛教代表團，宣說中國佛教已經消滅，寺院不過是個博物館，寺廟住持不過是個保管員罷了。除了寺院財產被徹底沒收之外，我們來看和尙的修道生活。(monastery life)。「中國佛教協會」對佛教僧尼的命運沒有表示絲毫的同情，反而尖刻的批評那些所謂「還沒有脫離傳統生活方

(圖十) 1966年8月27日杭州靈隱寺的彌勒佛像(image of Maitreya)被紅衛兵貼上標語。右邊寫上「無產階級專政萬歲」，臉上則被貼上「打碎舊世界」。

式的僧尼」，協會還故意引用了「沒有工作就沒有飯吃」的說法。協會會長喜饒嘉錯公然發表了「佛教教義和道德是要在勞動中才能培養出來的」論調，用來打擊修道生活。由此可見中共政權是如何千方百計地要將佛教和他們的「社會主義」教條結合，硬綳綳的要佛教追隨黨的政策。在教義（doctrine）方面，中共認爲佛教應爲「社會主義服務」，因此就用一套的解釋來宣揚佛教新教義。根據「現代佛學」（一九五一年四月出版）的報導，中共將佛教教義徹底地修改，如⑴勞動生產最能實現菩薩願；⑵集體生活能袪除自我，避免生命輪迴；⑶共產黨可以在塵世建造一個西方極樂世界；⑷佛教慈悲的眞正意義是殺掉壞人（如抗美援朝、殺死美帝等），才能保護好人。

一九五六年在北京成立的「中國佛教討論會」，「政治研讀也被列入課程表。由此可見佛教教義已滲進政治毒素了。對於所謂的「新佛教」運動最熱心的是中央政府一員陳銘樞，以及「中國佛教協會」的會長喜饒嘉錯，他們兩人瘋狂的攻擊傳統佛教的「錯誤觀念」（如有關不殺生、遁世主義）。他們把不殺生解釋成不殺老鼠、蝗蟲；他們也把不殺生和不反對「帝國主義、反革命分子」混爲一談。他們更一再強調「沒有追隨社會主義路線，沒有熱愛祖國，就談不上佛教的前途」的論調。

六、現階段與未來的中共佛教

根據「洛杉磯時報」（Los Angeles Times, December 14, 1979）報導指出中共宗教（包括佛

敎）正在進行復蘇的現象。部分僧侶已回寺廟，並有新的出家人，宗敎活動開始恢復，如一九八一年「中國佛敎學院」的恢復，「法音」佛敎季刊（一九八二年起改爲雙月刊）的發行，「中國佛敎圖書文物館」及其他如召開「全國佛敎徒代表會議」等活動。佛敎徒到寺廟拜佛的人也逐漸增多，每逢佛敎節日，寺廟都有成千上萬的信徒去進香。一些遭受破壞的著名寺廟也已在修葺，如浙江省的天童寺、阿育王寺、西安的香積寺和善導塔、南京的棲霞寺、北京的法源寺（始建於唐代）等。在佛學研究方面，也正積極從事之，並與國際佛敎界有所交流（如出席世界宗敎和平會議等）。

根據中共社會主義的解釋，佛敎是適應特定社會的需要而產生。隨着社會主義的發展，爲謀生而出家的僧侶會逐漸減少，寺廟也會相對地減少，其實這是中共當局有意的曲解。

研究當前中共佛敎權威的哈佛大學敎授威爾奇（Holmes Welch, 1921-），他曾寫過「中國佛敎的實踐，一九〇〇——一九五〇」（The Practice of Chinese Buddhism, 1900-1950, 1966）、「佛敎在中國的復蘇」（The Buddhist Renival in China, 1969）、「毛統治下的佛敎」（Buddhism Under Mao, 1972）等書。在談到中國佛敎未來時他表白了個人的觀點（a personal view）。他說：「毛的目標是要中國人喪失個體，使每個人沒有個體的觀念和願望，以便去服務人民及服從黨的領導。但宗敎的目標是爲個體去尋找自己。喪失個體意卽使人忘記人之所以爲人的問題，以及生命的意義。只有尋找到自己，才能解決問題。解決問題之後，人民才感覺像負荷木材、搬運水的工作的妙樂所在，並不是做工去服務人民，而是因爲人民覺得爲自己去做事才覺得快樂。每日的生活是神聖的，煩惱卽涅槃，這樣個體才能到達某種崇高的目標。此絕非能在羣眾運動找到；羣眾不能到達涅槃，羣眾只是破壞個體的人格，剝奪個人的尊嚴。我想人類突然被切斷好幾世紀以來的信仰，行爲生態（behavioral ecology）遭受挫折和破壞時，其結果沒法預見，但我相信人類有某種心理需要——如宗敎的需要，而共產黨無法給予滿足。這股潛在的壓力，就是雍（Carl Jung）所謂的「集體潛意識」（Collective Unconsciousness）。它長留在人民潛意識裏面而且是無法去除的。筆者完全同意威爾奇敎授的看法。

再者，中共將來「四個現代化」的結果，所帶給人民的精神空虛，在客觀上仍然需要宗敎（佛敎）的慰藉和發展。因此，佛敎儘管被中共有意的捉弄，那只是一時的現象，就長遠來說，佛敎在中國是有其前途和出路的，因爲它畢竟是中國人的精神需求哩！

第四章　密教——西藏佛教

第一節　密敎的學理根據

一、密教的興起及其哲學思想

密敎是佛敎和婆羅門敎（印度敎）相結合的一種型態。它以高度組織化了的咒術（一種古老的、流行於民間的原始宗敎信仰）、儀禮、迷信（俗信）爲其特徵。佛陀在創立佛敎時，對於咒術密法採取排斥的態度，但並沒有被他的後繼者所遵守。在部派佛敎及早期大乘佛敎中，可以看到咒術儀式之採用，不過這些咒術儀式還是附屬的東西。

一般認爲大乘佛敎在第六世紀到第七世紀以後就開始密敎化了，在第八世紀初密敎在印度佛敎中已取得了主導的地位。密敎盛行的中心地區是在德干高原、西南印度、南印度一帶。波羅王朝的君主達磨波羅（Dharmapala, 769-815）在恆河南岸所支持的超戒大學（Vikramasila）則是當時密教的學術中心。

二、密教的哲學

密教認爲宇宙的本體是和森羅萬象二而爲一的。如果離開了本體也就無所謂現象，離開了現象也就無所謂本體。宇宙的本體和現象是由六大（地、水、火、風、空、識）卽六種元素所組成的，六大或六界的學說在原始佛敎中可以看到，但原始佛敎和密教不同：前者只承認六種元素是一種隨緣而起、刹那生滅的現象，而不承認其爲本體的存在，但後者都加以承認。

密教把六大分爲「隨緣六大」（隨緣而起的六種元素）和「法爾六大」（本來具有的六種元素）。「法爾六大」是一種本體的或絕對的實在，這種六大有着相應的屬性和作用。例如地性堅，起着保護萬物的作用；水性濕，起着攝受萬物的作用；火性火煥，起着促使萬物成熟的作用；風性動，起着長養萬物的作用；空性無礙，起着不使障礙的作用；識性區別，起着判斷一切的作用。在密教看來，這六種屬性和作用也就是宇宙萬有的本性和根本作用。「隨緣六大」是假托於「法爾六大」而存在的一種相對的、現象的實在，它是隨緣（因果關係）顯現爲現實的東西，這種現實的東西，據說由於它和我們的業力煩惱相伴隨，因而被我們的感官所認識（法爾六大因沒有業力煩惱，所以我們的感官就不能認識）。「法爾六大」與「隨緣六大」的關係是能生和所生的關係。它好比月亮與月光的關係，離開了「法爾六大」，就沒有「隨緣六大」，反之亦然。密宗的哲學思想，認爲作爲宇宙的本體或現象的六大法體，也就是「六大法身」（佛的眞身）。「六大法身」綜合十界、六凡（地獄、餓鬼、畜生、修羅、人、天」、四聖（聲聞、獨覺、菩薩、佛）。總之，宇宙一切無一不是「六大法身」的各別顯現。這樣，哲學的思辨也就進入了神學的天國了。

密教在它的思想體系中攝取地、水、火、風等一些元素，給予解釋。其目的是要想論證由地、水、火、風等元素所組成的萬物都是諸佛菩薩的化身，有着諸佛菩薩的靈性，實質上是一種萬物有靈論的觀點。

第二節　密教修行的基礎

一、四個觀想（four contemplations）

1.人身難求（the precious human body）

(1)認識出生爲人類所特有的完美性

出生爲人類享有自由修習佛法，又擁有天生的美好品質。生爲人類不像地獄界、餓鬼界等無法學習佛法。又出生爲人類擁有五官俱全、敬佛、信佛、實踐教義等完美性。

(2)認識出生爲人類的極大價值

出生爲人類之後，可以依持努力而達到目標與幸福或解脫之境界。

(3)認識出生爲人類是稀罕的

認識出生爲人類是稀罕的，可從數量（六界中人類的數量佔的不大）以及人類被生下來之後，便受各種無明所執着，眞正接受道德訓練的時候不多。因此認識此道理之後，就不會再浪費生命，而轉向修習佛法的道路。

2.觀想人生的無常與死亡（impermanence and death）

(1)觀想死亡的確定性

密勒日巴（Milarepa）說過無常像日落的山頂陰影，黑暗終會蓋住一切；我們人生不管怎麼逃避，死亡一定降臨。人像一座會漏水的房子，在雨水常年累月的侵蝕下將逐漸毀壞。

(2)觀想死亡日期的不確定性

假如我們能預測死亡的日期，我們便能安排人生的節目表；但因死亡時刻可以隨時來臨，如內在的疾痛與外在無法控制的環境，使我們認識死亡的不確定性，這樣更使我們要去追求永恆。

(3)覺悟到死亡的眞實感之後，佛法才是救星

死亡的過程是這樣的：身體失去控制力，感到一股熱氣（水將盡的徵象）；身體枯乾，失去辨別色澤的能力；溼氣從口、眼消失，感覺到空間有輕霧（火消失的徵象）；身體變冷，經驗到黑暗中有火花；接着呼吸增強（吸入微淺，呼出加強），直到呼吸停止，死人經驗到黑暗不動的光。

從死亡到再生(rebirth)經過四十九天的中陰(Bardo)狀態，卽死亡與再生的中間期。若能勤力修習佛法，便可利用死亡的經驗達到解脫之境地。

3. 觀想因果律 (karma or cause and effect)

因果的決定因素計有：目標、行爲者、動機及狀態。

因果關係有許多特色：如有意與無意、因果關係發生在下一世、因果關係不停頓等。

(1)無明促成痛苦的結果

無明(ignorance)激起，我們便不能實現空觀(sunyata)。無明是痛苦的基礎，因爲一旦無明興起，內在的意識之流(stream of consciousness)便留下痕跡，並逐漸加深。例如幼時說謊，種子就留在那裏，並在適當時期成果，除非用適當的方式去除掉。

(2)善因種下幸福之果

舉例來說，假如我們看見一個人將要殺死一隻鳥，由於慈悲心，善因便在心裏種下，並存留在意識之流裏，然後經過言行或行動去說服那個要殺死鳥的人，善因便增強了，其結果對個人及他人均種下幸福之果。

4. 觀想生命的悲慘(the misery of Samsara)

(1)六道輪迴

由於因果律，我們便在六道之中進行生死輪迴。

(2)人類
生爲人類都有生、老、病、死的痛苦。

二、**歸依**（**Taking Refuse**）

一個飲食用的鉢（碗）必須乾淨，食物才不致於被污染；而歸依佛陀，才是修習佛法的先決條件。

1.目標：
一個人無力解決問題時，必須請求他人助一臂之力；同樣地，我們尋求歸依是因爲我們希冀從輪迴的不幸、業力的枷鎖和心境的痛苦中尋求解脫。只有佛陀具備這些特有的慈悲、智慧與力量，所以我們才歸依佛陀。

2.理由：
(1)脫離輪迴之苦。
(2)相信佛陀是唯一完成此項目標的救星。

3.態度：
正確的歸依態度是百分之百虔誠地信任佛陀。

三、**發菩提心**（**Generating Bodhicitta**）

當一個人歸依佛法的動機是希望能將個人的痛苦得以解脫；而發菩提心便是擴大這股希望到

全人類，使世人的痛苦也得以解脫。底下有數種可供遵循發菩提心的途徑：

1.平等心 (Equanimity)

經由有規律的禪定，那麼分別心、不斷波動的執着 (attachment) 和厭惡 (aversion) 就會逐漸減少。這樣，心境也會得到寧靜，進而對個人及利他精神都能得到好處。

2.念衆生皆是我的母親

我們個人的生命不是自我產生的現象 (self-originated phenomenon)，乃是經過無數前世 (past lives)，從母親的子宮，從卵細胞，從濕氣和神蹟般的過程，然後才獲得我們的生命形體。沒有母親的卵細胞和子宮，我們就沒有生命；既然我們經歷無數前世，所以我們必定有無數的母親。如果我們這樣推想，我們終會了解所有人類在某段時期曾是我們的母親。

3.記住衆生的好意 (Remembering their kindness)

母親對孩子只是愛，這一點我們必須記住。母親在懷胎期間受苦，這種受苦，別無他求，完全以慈悲爲懷，「愛」字至上。因此我們必須也要以此態度對待世人。衆生都有佛性，我們若要成佛 (Buddhahood)，一定要尊敬、禮拜、供養佛陀，但也不能忽略衆生。

4.報答衆生恩情 (Repaying their kindness)

了解衆生的痛苦之後，我們就必須將菩薩精神投射到衆生去，像母親施給我們的愛一樣，毫無保留地去愛衆生，使衆生也能解除痛苦。

5.我與他人均是平等（equality of self and others）

我們與眾生分享着同樣的思想和心智態度（mental attitude），因此，我們有理由對眾生一視同仁。

6.自我憐愛的缺點（the faults of self-cherishing）

佛陀曾說過自我憐愛的態度像一種慢性疾病（chronic disease），常帶給個人清醒時的痛苦。如果我們在心理上被這種缺點所佔據時，這就阻礙我們達成菩薩之道。

7.珍愛別人的好處（the advantages of cherishing others）

這種態度的培養是正確而有價值的。佛陀悟道後，轉法輪乃是爲眾生好。珍愛別人正是防禦自我憐愛的武器。

8.交換我與他人的心理態度（the mental attitude of exchanging the self and others）

一個母親發現她的孩子在受苦時，會比她自己受苦時更難受；當她發覺她的孩子滿足快樂時，她更會感到快樂，因爲她把孩子的價值擺在比她自己更高的層次上，我們必須學習這種精神。

9.取與捨（taking and giving）

我們坐禪時，想像眾生不幸的影像，以一種黑色形狀的光線吸到我們心中，然後用一種慈悲的亮光呼出，卽光明還給眾生，黑暗由我承擔，用這種訓練去承受一切的不幸。

10.最高願望 (the supreme wish)

當我們發覺衆生需要我們做出更大、更多的幸福時，這會激發我們做出更多的努力，更強烈的愛與慈悲，要由我們去履行時，我們會產生一系列的階段 (series of stages) 稱爲檢驗禪定 (examination meditation)。愈深層、愈徹底去分析時，那麼這個單純願望的禪定也會愈強。

11.發菩提心 (The Generation of Bodhicitta)

發菩提心要像日光一樣，能普遍照射一切，還要不停地精進，精益求精，才能自動自發地履行任務。

四、心理訓練 (the training of the mind)

(1)消極方面

不能歧視其他的教派，如鄙視小乘佛教。不能有干擾衆生的行爲。實踐菩提心是針對衆生，不能只對自己的親戚朋友。不能對衆生說辱罵的話。不要挑剔別人的錯。幫助衆生不應希望得到好報。放棄自我執着。別人對我不好，不能存有報復心。放棄驕傲和成就感等。

(2)積極方面

記住發菩提心的動機是爲衆生。身、口、意一致。發展對衆生的無偏差心。發展慈愛和慈悲心。時刻記起「訓練我心」的信條並時刻實踐佛法。

五、師徒關係的建立

為了全心全力致力追求佛法，以便尋到解脫之道，因此西藏佛教的寺院教育訓練開始得很早，通常一個人從十歲到十五歲就已接受嚴格訓練。最初十年是在寺院研讀佛教經典、背誦經文、祈禱經文及學習宗教儀式；差不多二十歲左右，才開始研究佛教哲學。等到研究有一點成績之後，便開始尋找合乎個別興趣的合格法師（阿闍黎）以便進一步做精密的禪定訓練及較高深的密教修習。法師與徒弟的關係正如病患需要醫生，寂寞的旅客需要嚮導以及船上的船夫一般的重要。因為法師能夠平息感情、欲念，引導徒弟走入精神領域、解惑及實現佛法。一旦師徒關係建立之後，徒弟便要虛心坦懷地接受教誨，這樣才能相互產生內在發展的動能。

密教傳統中的法師，其地位等於佛陀本人一樣的被人尊敬，法師被視為內在精神的激勵人物和引導者。

很多喇嘛的傳記裏均充滿着美麗動人的詩篇，描述着徒弟走向解脫之道的過程中，法師扮演着重要而不可或缺的角色，以及師徒之間的互相摯愛與感激之情。在兩者關係中，徒弟儘量放棄自私觀點、感覺和思想，法師則儘可能提供保護和生計直到徒弟開悟為止，師徒的關係如同父子的關係一樣。

雖然今天社會文化變遷甚為劇烈、快速，個人的自由和獨立尊嚴的重要性被大大地強調，但是人類在嚐試孤獨之後，便會發現人類的互相交往，還是有其存在的必然性，即使我們能夠依靠自己自求解脫，但經由經驗者的引導指示，依然有其持續和加強深度的必要。

當我們信任佛法和法師時，困難的問題自然會消失於無形，而且也會產生對眾生的深愛。經過這種態度的轉形，佛法的最終價值便能顯現出來。這種內在的變化，使佛教得到發展的生機。假如我們不追隨教示，我們可能變成沮喪與失望，最後演變到放棄修習佛法的地步。

今天有很多人因心靈空虛，所以下意識地往精神市場(spiritual marketplace)嚐試滋味。其實追求精神生活是有些規則應該遵守的：徒弟必須誠摯，法師必須慈悲。這樣佛法的交流才能健康地建立起來，否則的話，徒弟只能從法師那裏拾獲到一些零碎的概念而已。

研究佛法必須在智性（研讀經典）和儀式（修行方面）保持平衡。當兩者具備之後，研讀的效果才能與有意義的經驗結合起來，這樣我們才能全盤地認識和了解佛法的精神所在。佛陀的教義博大精深，我們要時刻檢驗是否走對方向，這樣才能夠加強我們積極性的成長而阻止我們的消極性傾向。

這個時代，有些人只興趣於追求佛法的表面（膚淺），以示時髦。因此給傳統的法師造成混亂，因為法師不懂徒弟的真正動機是什麼，加上人格的差異以及文化的不同，都必須透過誠摯和相互認知，才能把佛法完整地傳遞下去。

六、大禮拜（The Great Prostration）

我們要配合身、口、意來否定自我(ego)，改變我們內在的困惑並澄清無分別的空性(sunyata)。大禮拜（禮佛）的主要意旨乃是藉着這種修習，把我們的自我執着(egotistic attachment to the "I") 做一番徹底地投降，進一步去除到達成佛之路的一切障礙（身心的障礙）。實踐大禮拜時，必須履行的三件事：此身歸依三寶(Triratna)、口唸三歸依、心觀佛。

七、金剛菩薩清淨觀法（Purification by Meditating on Vajrasattva or Dorje Sempa）

金剛菩薩（Vajrasattva of Adamantine Being）代表純潔——無限純樸的心。修習者口唸金剛菩薩「百字大明咒」（Hundred Syllable Mantra）的同時應觀想金剛菩薩的無瑕形象。這種觀法，對於去除我們內在的不潔如貪、恨、妄頗有作用，並能引發我們的慈悲和悟道。這種觀法更能洗滌黑暗，顯現空性的光芒。

八、供（奉）曼達拉或曼陀羅（The Mandala Offering）

此處的曼達拉（Mandala）是指被想像出來且可見到的物質宇宙（古代印度的宇宙觀），內容包括日、月、星辰、須彌山（Mount Sumeru）、東西南北角、菩薩等等。這種觀想能增進功德的作用，因為修習者一方面迴向眾生的慈悲德性，一方面卻自我否定。

九、上師瑜伽（相應）的修習（The Pratice of Guru Yoga）

指修習者的身、口、意與上師（法師）的身、口、意相一致。要想獲得到這個覺醒狀態，修習者必須將信心、熱忱、敬意、願力、獻身的行為做整個投入，才能有所成就。當然要達到這一個層次是非常困難的。

第三節 西藏佛教發展史

一、西藏佛教的印度背景

西元第四世紀時，婆羅門教和梵文文學復興，佛教也受到影響，而醞釀着重大的變化；此時大乘佛教盛行，大乘佛教又分爲顯教（Exoteric School）和密教（Esoteric School）兩大派別。顯教中還有兩大主流：龍樹的中觀思想，以俗有眞空爲要義；無著的瑜伽思想，以萬法唯識爲其要義。至於密教，則發揮感情信仰，禮佛稱名，加持祈禱，專靠信心與諸佛攝受而期涅槃。密教的淵源很古，出自吠陀時代的咒術、婆羅門的加持祈禱以及民間的信仰儀式。西元第五世紀前葉，中國留學印度僧人法顯在印度見到佛教寺院仍然很普遍盛行，但佛教與印度教卻有融成一爐的過程在演變着，佛教似乎可以看做印度教的支派而不再是一個獨立的宗教。第七世紀時，中國旅印學者玄奘以及義淨的報導指出，佛教已在走下坡路了。如很多大寺院甚至佛教聖地所在地已呈現着荒廢的現象，僧人腐化，崇尚迷信和崇拜非佛教儀式。此時佛教的堡壘轉移到比哈爾（Bihar）和孟加拉（Bengal）——在印度東北部。在比哈爾省的那爛陀佛教寺院（大學）（Buddhist Monastery of Nalanda）是全印佛教中心，學生有來至中國和爪哇者。更有超戒寺院（大學）（Vikramasila）位在那爛陀寺院之北，規模宏偉，以宏揚密乘爲主，顯教爲次。東印度的佛教一直持續到西元十二世紀，主要靠波羅王朝（Pala Dynasty, 750-1000）之助。更由此地，佛教於第八世紀時傳入尼泊爾（Nepal）和西藏（Tibet）。

此時的佛教和阿育王時代的佛教顯然不一樣了，小乘佛教幾乎消失於印度東北，只有大乘佛教和一種佛教的新支派或獨立學派的金剛乘（Vajrayana or the Vehicle of the Thunderbolt）應運而生。他們相信利用這種超人的宗教力量，才是卽身成佛的捷徑。但此時的信仰者（下層階級），並不太受上層階級的擁護；但經過一段時期以後，才獲得中層和上層階級的認同。第七世紀時，金剛乘佛教或密教（Esoteric Buddhism or Tantra）便已充分制度化了。

密教強調神祕象徵儀式的活動（sacramental action）以便去除無明而達到解脫之境界，它不太注重理論的推敲。這種神祕象徵儀式強調口（speech）、身（body）、意（mind）的動作組合，加上阿闍黎卽法師（Acarya or Guru）的儀式指導，才能實現神秘力量。實踐這種密教儀式，主要是以師徒相傳，而不靠文字記載。

密教的主要特徵在於咒術的組織化與神祕主義。咒術是運用神祕的手段加持（把如來加於自己，並把這種神祕力量加以同化）、祈禱，以達成願望的方法。神祕主義是把絕對的實體與自己內心結合，卽直接把握住神的意思。

口唸咒文（Mantra）如藏語的「唵嘛呢叭咪吽」（Om Mani Padme Hum）六字眞言，意卽「手持蓮花和珠寶」。佛教認爲咒語唸得對，則對驅魔、降雨，甚至能成就佛位（佛的地位）。

身體的動作及手的動作（手印）(Mudra)，按密教的解釋是禮拜者的願望能與特殊的神祇取得交通。

灌頂儀式(Abhiskeka or Entry into Mandala or Mystic Circle)是在阿闍黎指導下，專念歸依，禮拜曼達拉(Mandala)。所謂曼達拉就是諸佛存在的國土的象徵表現。禮拜曼達拉會把自己心中所有的宿善，揭開出來，諸佛與菩薩均能讚嘆，並爲之加持保護。

密教有兩個主要的分支：右道密教（The Right Hand Tantrism），即傳到中國、日本的眞言乘(Mantrayana)亦稱純密，乃是依據大日經（Mahavairocannasatra）和金剛頂經（Rita-sangrahe or Diamond Head）二經的密教。左道密教（The Left Hand Tantrism）是性瑜伽（sex yoga）的修行法——瑜伽（yoga）連結於性的快樂。在右道密教的教義中，是以智慧（wisdom）和方便(upaya)爲其教義；但在左道密教的教義中，以智慧具有靜的性質，故爲女性；方便具有動的性質，故爲男性；男女性交，用瑜伽來表現，這樣左道的瑜伽便與性行爲相一致了。但按左道密教的解釋是：

(1)外在世界及所有現象都由心所造成的虛幻，當禪定時，一個人所認知的世界皆空，此時心境並沒有男女兩性、道德、非道德、好壞之分。

(2)任何行動均由背後的動機所支持，若性瑜伽的動機志在悟道與解脫，則其動機本身不能判定爲不道德，而菩薩的進行性交行爲的動機是高貴的和道德的。無論如何，這種左道密教被斥爲敗壞佛教。

佛教在伊斯蘭教（Muslim）於西元十二世紀末葉入侵印度後，才被滅亡的。伊斯蘭教徒破壞了超戒寺等大寺院，僧侶大都逃難於西藏、尼泊爾，一部分則向南印度亡命。以後西藏的寺院大學深深地受到超戒寺院傳統佛教教學的影響，而名師更帶來了大量的典籍，豐富了西藏佛教的經典。傳統上，西藏佛教是受印度佛教所影響的。

二、本教與西藏佛教的關係

本教（Bon-po）是西藏地區的原始宗教。初民對於天地山水、日月星辰等大自然的變化和存在產生一種不可思議的神祕感；對於天災、瘟疫、風雨雷電的現象更不可理解；敬畏和崇拜的心理就是這樣來的。

1.本教的宇宙觀

佛教雖然於西元第七世紀傳入西藏，當時僅在王室宮庭內部和個別的貴族家庭中醞釀而已。社會上佔統治地位的宗教乃是原始的民間宗教——本教。本教把宇宙分成三個境界：天神位在最高，天上住着天神六弟兄和他們的眷屬，最崇高的天神叫什巴（Srid-pa）。中間一層爲人類所居住，人間的統治者稱贊普（btsan-po）是天神的兒子，受天神之委託，來統治人間，備受子民的尊敬。而地下與地表這一層住着各式各樣的精靈（spirits）、龍、魔鬼等用來守護地下的資源和財富。它們跟人類的關係非常密切，能影響到人類的吉凶福禍，人們千萬不能得罪它們，否則人們便受到疾病、災害的懲罰。

本教的先知們如賢饒米保(gshen-rab-mi-po)既能上通天神，下使精靈魔鬼，成為人們生活在世上的指導者和保護者。尤其人們生活各方面如婚姻、喪葬、疾病、漁獵、游牧、農耕，甚至打仗、會盟，都得請本教教師來主持宗教儀式；連西藏王朝人事，像國王的安葬建陵，新國王的繼位主政，也都由本教總教師來參決。藏文史書「布頓教史」、「王統世系明鑒」都一致認為自聶墀贊普(gna-khri-btsan-po)到拉托托日年贊(lha-tho-tho-ri-gnayan-btsan)之間的二十多代，都由本教教師主持國政。

2. 本教與佛教的衝突

本教是西藏本土宗教，勢力雄厚，有羣眾基礎。當其力量逐漸膨脹的時候，則對王室的統治權力構成威脅。本教中的最大巫師稱為骨本(sku-bon)，照例由幾家老貴族的子弟世襲擔任，而這些老貴族又跟王室通婚，形成特殊地位；國王卻以神的意志出面，支持老貴族，打擊其他王室。當然王室也心想把教權(神權)奪回自己手中。所以佛教作為一種外來的宗教，一傳到西藏後，西藏王室勢力和擁護王室的人們便憧憬着一線希望的曙光，立即表示歡迎。

西元第七世紀中葉以後到第八世紀初期，雖有佛教僧侶進入西藏，帶來佛像及一些梵文、漢文、西域文的佛經。在王室羞怯地展開活動的開始時，僅蓋了幾座小神殿(供養神像)，沒有僧伽團體，也沒有誦經、傳教等活動。本教教徒，對於外來的宗教抱着警惕與觀望的態度，不安地注視事態的發展。但當某種天災降臨時，本教立卽指責這是外來的異教（佛教）招致的禍害。佛教因爲沒有羣眾基礎，勢單力薄，王室也抵擋不住本教的壓力，這就是佛教初期在西藏發展甚爲緩慢的因素。

3. 本教與佛教的結合

佛教在王室的鼓勵下，採取另一種生存（適應）方式，卽佛教西藏化運動（採借本教的宗教儀式），使佛教根植於西藏。這個運動的推展者是西藏人視爲智勇雙全的英雄人物蓮華生（Padmasambhava）大師。相傳蓮華生的本領很大，能降妖捉怪。他把西藏的十二個地方神宣布爲佛教的護法神，其他的山神、水神、湖神等都在佛教護法神體系中安插一個寶座。本教的宗教儀式佛教也都全盤接受，但本教要殺生，以血祭天祀神，蓮華生則把這些被殺的生靈改作俑來代替。這樣一來，佛教的西藏化過程，就不會遭受太大的阻力；加上佛教的天堂與地獄神話、輪迴果報、四聖諦、八正道、十二因緣、十八界等思想體系，實在要比本教的理論架構高明多多，於是外來的佛教逐漸變成了西藏地方性的佛教，信徒也就不再對它感到陌生了。

4. 本教融化於佛教

西元第八世紀中葉以後，西藏佛教有了飛躍的發展，三耶寺（Samyas）——西藏第一座佛寺被建立起來了。著名的印度佛教者靜命（Zhi-ba-vtsho）大師及十二位阿闍黎以正統的佛教儀式剃度藏僧出家，正式建立第一批的僧伽團體。當時也選派七名貴族青年，作爲第一批出家人，被稱為七覺士（sad-mi-mi-bdum），亦即七個有覺悟的人。後來又有三十個人出家成為僧侶，又曾派遣大批青年到印度、尼泊爾、喀什米爾、于闐、中國去學習佛法，並帶回大量的梵文、于闐文、漢文佛經。接着便以三耶寺為重鎮，組織規模宏大、制度嚴密的譯場，譯出大量的佛教經典，也培養了一批譯經人才，從此佛教就在西藏紮了根。

但本教與佛教的衝突仍然在持續着並且明爭暗鬥，後來就沒有停止過。本教也開始改造佛教經典，並宣布為本教的經典，但為王室所禁止。西元八四六年朗達磨（Lang-dar-ma）在本教教徒的支持下，向王室奪取政權成功。上臺後，立即下令滅佛興本（教），開頭以行政命令，繼之以暴力，甚至屠殺佛教僧侶，逼令佛教僧侶還俗，並摧毀佛教寺院。從此以後，兵禍連年，紛爭不已，西藏陷於「黑暗時代」。但佛教的「人生苦海」、「佛性平等」、「解脫」及「極樂世界」等學說，使西藏人民更加心嚮往之。經過「黑暗時代」之後，佛光再度普照，本教在時間的洪流裏，逐漸成為佛教的一個支流，而佛教卻成為主流，變成了西藏的正統思想。一千多年來，舉凡西藏的文學、歷史、戲劇、建築、美術乃至天文、醫藥等各領域都受到佛教深刻而廣泛的影響。

三、西藏佛教的初期發展

西藏佛教直到松贊剛普（Song-btsang-sgam-po, 569-650）王統治時，才有黎明的曙光出現。他在西藏統一後，曾派遣大量使者到印度去學習佛法，並經由使者之手，娶到尼泊爾公主（Kh-rican），此公主來藏時並帶來佛像。松贊剛普也向中國朝廷要求成親，而取得文成公主。文成公主也帶來了佛像，時爲六四一年。其實早在六三二年左右，松贊剛普便以派遣一學者端美三菩提(Thon-mi-Shambhota)去喀什米爾(Kasmir)研究印度語文。這件事表示松贊剛普已經熟悉喀什米爾是個學習佛教的中心。差不多四年之後，端美三菩提返回藏地，於是他乃按照印度文字系統，設計藏文三十個字母。西藏歷史說佛教在松贊剛普統治時便有新的發展，寺院也有所建立，並把佛教當做國教，鼓勵西藏人信仰佛教等。很顯然，這些事蹟都是後人爲他歌功頌德的。其實，松贊剛普只是打下了西藏文化的基石，統一國家和引進一些粗淺的藝術和文學罷了。西元七一〇年另一藏王娶得中國金城公主，並帶來了一些中國僧侶來到西藏。

皇室的擴張佛教，不久便引起貴族的敵意，貴族們聯合本教僧侶共同抵制佛教的發展。西元七四〇年——七四一年，瘟疫橫行藏地，閃電打擊皇宮，水災浸蝕農作物，所有這些不幸被認爲都是本教精靈(Bon spirits)不喜歡佛教侵入藏土的藉口。擁護本教這一邊的人更藉口說貴族將要掀起反抗佛教的運動。雖然國王擁護佛教，但因國內貴族們的羣起反對，所以不得不將此事請教寂護(Santarakshita)——當時一位印度在藏的法師。寂護推介另一位印度著名的密教法師蓮華生(Padmasambhava)入藏來降服精靈作怪，時爲西元七四七年。

蓮華生年幼時便被印度西北部的烏仗那國(Udyana，今巴基斯坦北部)王所收養，長大後蓮華生對於繼承王位不感興趣，於是出家爲僧。他專攻密教，並學得所有各教派的教義及其有關的神祕力量。入藏後，他施以法力，降服本教精靈，精靈發誓歸順蓮華生。他在藏期間(約十八個月），曾建立三耶寺（Samye），此寺離拉薩約三十哩路。

蓮華生之降服當地精靈，可以解釋爲佛教對付西藏本土宗教的勝利。但雙方（本教與佛教的擁護者）並沒有永久性的和平，他們之間的敵對態度隨時困窘着佛教的發展。

此時佛教的發展主要是在三耶寺，住持人爲寂護。在寂護住持期間，有藏僧七人接受具足戒，並極力邀請印度高僧來藏主持翻譯（將梵文譯成藏文）經典，更積極訓練有能力的西藏年青人，爲宣揚佛教而努力。因爲蓮華生是個密教法師，所以在三耶寺特別加強密教訓練。

除此之外，在第八世紀時，也有一些中國僧侶來藏積極參與譯經工作。這些僧侶中，主要是禪師，他們是隨文成公主來到西藏的。在第八世紀末葉，這些中國僧侶曾和寂護的徒弟們，由蓮華戒（Kamalasila）當主持人，在藏王面前舉行辯論。中國代表以大乘和尚爲主，主張達到佛位並不是漸悟的，是可由直觀而開悟；蓮華戒則主張漸悟，逐步高升，才能到達開悟的境界。印度僧侶也出席這場辯論大會，但都支持蓮華戒的看法，於是中國僧侶遂被逐出西藏。中國僧侶辯論失敗，對於西藏佛教的發展，意義至大，因爲這樣一來使西藏佛教具有印度的色彩，而不具有中國佛教（禪宗）的色彩。

除了密教之外，中觀思想體系，也由寂護和蓮華戒等人引進藏土，這些都是佛教非常主要的思想體系。爲了減少抵抗，本教的信仰也准許存在。這樣一來西藏佛教便成爲密教、大乘佛教和本教（Bonism）的混合物了。

在第九世紀初葉，徠巴瞻王（King Ral-pa-can）統治期間（西元八一七——八三六年），大宏佛教，他努力把西藏的譯經工作成爲制度化和系統化。原來西藏佛教經典有來自梵文、漢文、中亞語文等，翻譯的用辭不統一，並有很多錯誤。徠巴瞻王則召集印度和西藏學者組成一個譯經委員會，用嚴謹的態度，統一佛教用語，做出有效的改進，使後來的譯經工作有所遵循的路線。除了改進佛教文學之外，國王還下令七個家庭共同供養一個和尚，和尚被任命公職，貴族也被要求信奉佛教。

徠巴瞻王之提倡佛法，卻引起了貴族的強烈反對，遂設法殺害國王，造成一個反佛教統治的結果。王弟朗達磨統治期間（西元八三六——八四二年），用盡心思去破壞佛法，嚴禁譯經，廢除寺院，毀去佛像，甚至殺害僧侶。但朗達磨不久乃被一位狂熱的僧侶吉祥金剛（Pal-gyi Dorje）所暗殺。吉祥金剛之所以要暗殺朗達磨是要阻止朗達磨做出更多破壞佛教的舉動。但朗達磨的親信從此益加遷怒僧侶，大肆捕殺僧侶，西藏文化被摧殘殆盡，從此佛教元氣大衰，爭亂不絕，造成西藏前後有百餘年的「黑暗時代」。

好在一些西藏僧侶設計逃出西藏到中國及印度邊界處避難，等到情況較好時，這些僧侶才返回藏地，延續西藏佛法於不墜，但是元氣大損，直到西元十一世紀初期，亦卽印度密教高僧阿底峽（Atisha）被邀請入藏（西元一〇四二年）後，新的佛教史才步入另一局面，露出曙光。

四、西藏佛教各派的成立

直到西元一〇五三年阿底峽逝世爲止，他一直都在藏土積極復興佛敎。從他奠定基礎後，西藏佛敎的擴展神速。他在西藏期間馬不停蹄地到處講學、譯經、建廟。

西元十一世紀，西藏最著名的高僧之一是馬爾巴（Marpa），被西藏人認爲是菩薩，他娶妻並聚財富，密敎工夫很深。馬爾巴的高徒中有一位名叫密勒日巴（Milarepa, 1040–1123）爲最有名。密勒日巴七歲時父親去世，財產則交託給他的伯父及姑母看管，豈知密勒日巴的伯父及姑母後來竟不歸還財產，而且把密勒日巴本人、密勒日巴的妹妹及母親一家人趕出去。密勒日巴則存心報復。經過嚴格修行訓練，密勒日巴變成一個男巫，並趁他伯父爲他的兒子娶妻之際，實施黑魔術（black magic），使屋頂塌下，全屋子的人皆死去。報復過後，密勒日巴決心痛改前非，努力行善。就在此時找到馬爾巴並拜之爲師。馬爾巴爲考驗密勒日巴的潛力，乃使用最痛苦的事去折磨他，如叫他蓋房子，蓋好了又要他拆掉等。密敎修行成功之後，密勒日巴曾返鄉，但發現他的家房子已倒，母親已經去世，只留下白骨一堆，妹妹也不知去處，在天涯茫茫之際，密勒日巴決定隱遁山林。後來他的妹妹找到他，當時他是個法丐，衣衫襤褸，他的妹妹一再勸他回到人間來，但此時密勒日巴內心澄澈，不爲所動。他樂意過着禪定、苦行的生活，並吟詩歌唱，表現超絕的喜悅。「密勒日巴十萬歌集」（The 100000 Songs of Milarepa）就是這樣得來的。

經過阿底峽、馬爾巴、密勒日巴及其他高僧的努力，使得西元十一世紀的西藏，對佛敎引起了極高的興趣，大型的寺院被建造起來，各學派也都建立傳承體系。貴族們也逐漸知道寺院的力量和權威，紛紛的著上僧袍，其中有很多人都成爲大寺院的住持。但直到十三世紀蒙古帝國出現在歷史舞臺之前，寺院之間也曾出現過你爭我奪的場面。

五、薩迦寺 (Sa-skya Monastery)

薩迦寺是由藏僧名叫多羅密 (Drok-mi) 的高徒袞曲爵保 (Kon-chog-gyal-po) 於一〇三四年所創。多羅密是與阿底峽同一時代的人物，曾在超戒寺研讀密敎八年。薩迦派在西元十二到十三世紀之際高僧雲集，擁有權力，繁華一時。此派僧侶可以結婚，父子（或叔姪）相繼傳承系統。

薩迦寺的著名住持薩般 (Sa-pan, 1182-1251)，是個有學問的高僧，精通梵文，被認爲是文殊（師利）菩薩 (Bodhisattva Manjusri) 的轉世。西元一二三九年，蒙古大軍在庫騰 (Godan) 可汗指揮下，大軍南下，進逼拉薩，西藏方面派薩般前往交涉，會議在中國蘭州舉行。西藏歷史家

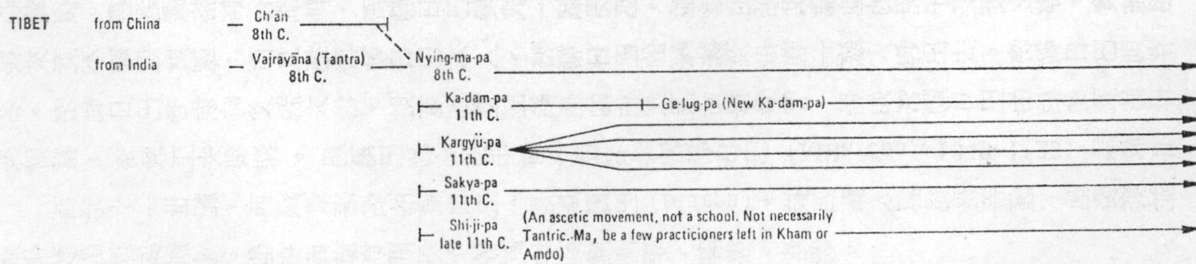

（圖十一）西藏佛教各宗派之發展

認爲這位蒙古將領生病並由薩般治好之後，對佛教感興趣，但也許是由於庫騰可汗看到薩般口中唸咒的奇妙神力所驚訝而轉移對佛教的崇拜；薩般並寫信給西藏當局，讚美這位蒙古可汗，稱之爲「深愛佛法的菩薩」。蒙古當局則任命薩般在西藏替蒙古執行政令。薩般傳位給他的姪兒八思巴(Phags-pa)，仍由蒙古確認他代爲統領西藏的最高權威。因此，薩迦派在西藏就變成了宗教及世俗的領導地位，政教合一也從此奠定。

蒙古帝國安排這種方式，非常巧妙，因爲這樣蒙古帝國便不必派遣軍隊駐紮西藏，也照樣能控制西藏。但權力全由薩迦派一手包辦，卻引起了其他各派的不滿，其他各派最後竟拒絕服從命令，但反對勢力卻被蒙古軍力所撲滅。當蒙古帝國在中國政治舞臺消失後，薩迦派的權力，也隨着冰消瓦解。中國明朝得勢後，與西藏保持友善，不僅承認薩迦派也承認其他各派的合法地位。

西元十四世紀，各派互爭長短，以便取得全藏的領導權。因爲世俗欲念加深，宗教修行鬆弛，和尚沉溺於醇酒和女人。宗喀巴（Tsong-kha-pa, 1357-1419）的宗教改革運動及其所領導的格魯派（Ge-luys-pa）便應運而生。

六、格魯派與達賴喇嘛

宗喀巴生於西藏東北部，七歲入寺成沙彌（見習和尚），十六歲遍覽羣書，如龍樹中觀系統、因明學、般若哲學、阿毘達摩（Abhidharma）及戒律等皆有涉獵。尤其研讀戒律後，深感西藏佛教需改革一番。二十五歲受具足戒，成爲法師，所著「菩提道次第論」（Steps to Enlightenment)非常有名。

宗喀巴的學問好，又過着清淨的宗教生活，不久徒弟雲集，因而形成一大教派卽格魯派。一四〇九年建立甘丹寺(Gan-dan)，一四一六年建立哲蚌寺(Dras-spung)，一四一九年又建立色拉寺(Se-ra)。宗喀巴主張獨身主義，禁飲酒、吃肉，嚴格的寺院紀律。他並做了一些密教儀式的改進工作。

西元一四一九年，宗喀巴去世後，領導權則傳給他的大弟子。第三世的根敦珠巴(Ge-den-grub-pa)是宗喀巴的姪兒，於一四三八年卽位，從他起便創有轉世(reincarnation)之說，迄今相承不絕，而根敦珠巴是第一世轉世喇嘛。

格魯派的順利發展，引起了古老派的反對，尤其是較有權力的寧瑪派(rnying-ma-pa)，因此格魯派則四處尋求支持。

一五七八年，第三世轉世喇嘛(一五四三——一五八八年)到蒙古朝廷，不僅宣教，而且磋商聯盟關係。蒙古朝廷賜與珍寶稀品，蒙古可汗並賜「達賴喇嘛」(Dalai Lama)。達賴意卽大海，喇嘛意卽上師之尊號。因此我們知道達賴喇嘛是蒙古賜與第三世大喇嘛的寶號，從此沿用下來，歷代不絕。

第五世達賴喇嘛(1617-1682)面對着藏地寧瑪派的反對勢力，因壓力愈來愈大，因此達賴五世請求蒙古可汗派兵援助，時爲西元一六四一年。敉平反對勢力後，第五世達賴喇嘛便成爲全藏的宗教和世俗領袖，並有「西藏王」的雅稱。蒙藏兩國是供養者與僧侶的關係，供養者支持僧侶的宗教地位，而僧侶則支持供養者的世俗地位，就字面來分析，雙方分不出上下優劣，只是平等互惠的關係。

達賴五世是個英明之主，集全藏宗教與世俗領袖於一身，這種情形一直延續到今天的第十四達賴喇嘛。西元一九五九年，第十四達賴流亡到印度達拉姆薩拉（Dharamsala）組成流亡政府，到目前爲止，他仍然是西藏人心目中的宗教和世俗領袖。

七、西藏佛教西傳

蓮華生大師曾經預言：「……當鐵鳥飛起的時候，……西藏人像螞蟻一樣，……將佛法帶到紅人居住的土地上。」西元一九五九年中國佔領西藏之後，西藏佛教四大派：達賴喇嘛十四世領導下的格魯派，卡瑪巴（Gyalwa Karmapa）領導下的迦舉派（Kargydpa），敦珠（Dudjom）領導下的寧瑪派，特利親（Trichen）領導下的薩迦派（Sakyapa）均能順利逃出西藏，安全抵達印度，再而將佛法傳播到世界各地，使西藏佛教不至於遭受滅亡，反得永生。

達賴喇嘛不斷地以西藏政治及宗教領袖的身分訪問亞洲（蒙古、日本）、歐洲（包括蘇俄）及美國（西元一九七九年九月）、加拿大（西元一九八〇年十月）。世界各地也普遍設有該派的坐禪中心。

卡瑪巴曾於西元一九七七年訪問英國、法國，並三次訪美（西元一九七四、一九七七、一九

(圖二十)第14世達賴喇嘛演講佛法時神情

八〇年)、加拿大、亞洲(日本、菲律賓、馬來西亞及新加坡)。他在印度的新德里、錫金及美國紐約均擁有寺院。迦舉派的巨人創巴(Chogyam Trungpa)更在美國各地建立很多道場，大力宣揚坐禪技術。在英國，此派也設立不少的坐禪中心，如「三耶林坐禪中心」(Samye Ling)等。

（圖十三）塔　尚

（圖十四）創巴演講佛法的神情

（圖十五）創巴及其繼承人天津(The Ven. Chogyam Trungpa and Osel Tenzin)

（圖十六）創巴及其徒弟們

（圖十七）塔尚所主持的「西藏寧瑪坐禪中心」

（圖十八）卡瑪巴與韓福瑞 (H. H. The Karmapa and Christmas Humphreys.)

敦珠常訪問歐美（1973、1976、1979-81），尤其是法國；又曾到香港（西元一九七二年）。寧瑪派大將塔尙（Tarthang），在美國柏克萊（Berkeley）建立「寧瑪坐禪中心」及「寧瑪佛學研究所」，積極推動此派的佛法。

特利稱曾訪問過英國（一九七八年）等地。英美各國亦設有此派的坐禪中心。孔嘉喇嘛（Lama Kunga）在加州（Kensington）也創立一個頗有名氣的道場。

所以說二十世紀下半葉，西藏佛教已經傳播到歐美各國，廣受歡迎；從此以後，西藏佛法並不只局限於「雪國」地區了。

第四節　西藏佛教的特色

一、引　言

西藏佛教的特色主要來自兩方面的線索：印度佛教——笈多王朝（Gupta Dynasty）期間與之後的佛教及西藏本土宗教傳統。後期印度佛教之傳入西藏，經由兩個分開但相互關係的途徑：大寺院的學者和密教的雲遊聖者（wandering saint）。在笈多王朝期間，大的寺院（大學）如超戒寺，是學習整套佛學的中心機構。西藏寺院的管理方式幾乎全部根據印度模式，甚至西藏寺院的服飾也都全部仿製印度寺院（大學）的僧袍。

1.寺院（大學）特色

(1)佛教課程（Curriculum Buddhism）

寺院（大學）發展一套合理的和一般性的佛教哲學，包括文理部門，使學生對佛理能夠有深入的了解。大學學者把佛學帶入西藏並非希望探索新問題，而是要傳授已有的基礎佛學罷了。在寺院大學體系下，產生很多出色的思想家，他們具有百科全書的廣度並且具有系統化的才華。這種理想類型（ideal type）的學者，依然存在於西藏佛教傳統裏，而課程訓練一直是學術研究所必備的傳統。

(2)標準禪定體系

學術機構對禪定的古典體系非常關切，有關禪定的課程都由訓練有素的學者細心設計而成。在西元第八世紀時蓮華戒（Kamalasila）曾成功地反對中國的頓悟，印度古典的禪定於是乎成為西藏正式的教義和精神所在。

(3)學術傳統

印度的寺院（大學）傳統變成了西藏佛教化的特色，如按部就班，逐層上進的禪定訓練，對精細和妥當性的形上學之愛好，以寺院為家的結構和訓練方式，廣而精的學術水平為其學術傳統。

2.密教傳統

(1)雲遊聖者

笈多王朝期間或之後，一種新型的禪僧出現在佛教界：長髮、瘋狂的雲遊僧，目的在尋求心靈的開悟。這些流浪的聖者，對於寺院的傳統和制度卻加以嘲笑，他們用市場的語言唱着他們神祕的歌曲和謎語，他們的狂熱也感染了學術界。例如嚴謹的那洛巴(Naropa)曾放棄學術生涯，而流浪於道途中，尋求半穿著衣服充滿着狂妄的悌洛巴(Tilopa)爲師便是一例。

(2)幻想的和自生的技術

這些聖者見到成佛(Buddhahood)隱藏在人體上的極樂情形，他們將前人對長生術的宗教信仰和性的魔術加以改變，使之能夠達成成佛。他們利用幻想的和天生的技術，並集中禪定功夫創造奇蹟並積極從事公開性的活動。

他們不僅尋求世間的空幻，且把神奇當做享受，而且他們也尋求獲取空幻本身的控制——經由他們的幻想、控制和享受，使他們成爲宇宙的魔術師，飛越空間到奇幻的佛國天堂裏，創出各種神奇。

(3)密教的傳統

這些瘋狂的聖者很快地變成西藏佛教的一部分，西藏佛教並提供寺院環境的活動範圍給嗜好此道的個人或反對者。他們的幻想和自生的技術在西藏本土宗教的傳統上剛好找到一塊肥沃的土壤。在西藏土地上，他們迅速混合了西藏薩滿或巫師(shaman)的入神奔放和本地驅魔者

(sorcerer) 的有效魔術。

二、西藏本土傳統

佛教在西藏之有所成就，可以說是由於印度佛教制度能夠利用早已存在的西藏政治結構和信仰體系的能力所致。這點可分成兩項來加以說明：神聖的親屬結構 (sacred kinship) 做爲寺院權力的模式；薩滿教（神道教）傳統做爲佛教實踐的社會整合 (social integration) 的模式。

1. 神聖的親屬結構

(1)靈索的象徵 (The Symbol of the Spirit Rope)

古代西藏王國事實上是各部落的同盟，彼此能夠連結在一起是靠雅龍王朝諸王 (Yar-lung Dynasty of kings) 的神聖力量。神話裏的祖先們藉着一條貫穿天地的靈性繩索，從天降落到一座神聖山脈。第一位國王和他六個子孫死了之後，都能回到他們原來的天國，因此在地上沒有他們的墳墓。第八個國王被險惡和詭詐的大臣所弑，於是靈索使永遠斷了。

(2)王室之墓 (The Royal Tombs)

國王繼續佔領一個特別位於天與地交叉點的地方，後來一些國王的墳墓曾被發現在古代雅龍的葬地，這個紀念碑的所在，強調了西藏親屬結構的神聖力量。當有國王入墓時，總有人陪埋的情形發生。國王本身是靈索，連接神聖與世俗的世界；王國有靈力能協調爭論的貴族，使西藏成爲一個強有力的同盟國家。但據編年史記載，時常有謀殺的報導，這就表示王室和部落貴族之間的緊張仍然存在。

(3)佛教制度的引進

西元第八世紀（西元七五四年），佛教扮演着一個積極的角色。根據西藏史說國王娶了信奉佛教的王女爲后，西藏王設立第一個西藏寺院，並使西藏人成爲出家人；西藏王並邀請印度學者到宮庭來講學；但因西藏王本土信仰本教，所以引起西藏人大大地不滿，直到國王詔請印度密教魔術師以強有力的佛咒帶到藏土，從此才獲得西藏人的信仰（佛教）。

佛教及其制度化的結構捲入了宮庭的內部政治，而西藏本教正好代表着保守的部落貴族，他們企圖實現地方分權。國王清楚地看出佛教是強化統治的一種利器，於是把王位置於一種新的和更有力量的神聖基礎上，使部落貴族依賴古代本教，在同盟政體下保存他們傳統信仰的權利。這就是西藏原始宗教（本教）與政治霸權的一場鬥爭，國王站在神聖與世俗的交叉口，政治權力和宗教勢力是同義辭，這種衝突正是西藏史的模式。

(4)親屬結構的傳統

神聖的親屬結構，終於在西元八三六年被摧毀，宮庭中的國王遭受暗殺，權力也被篡奪，於是親屬結構重心便放在與佛教制度的新衝突上。強而有力的家庭漸漸地學得利用新興神聖的佛教寺院做爲政治目的，神聖的親屬結構被轉移到最後的西藏形式；寺院本身變成政治與神聖力量的焦點。

2. 巫術傳統

(1)本教（The Religion of the Bon）

古代西藏宗教似乎保存了亞洲原始薩滿教傳統（Asian proto-shamanism tradition），這個宗教主要散佈在北亞，也流傳於亞洲內陸高原甚至遠到美洲。薩滿（Shaman）原即指那些專門醫病驅魔、祈福禳災、占卜吉凶、崇尚咒術、擔任與此相關的人；薩滿自稱神靈附體，並能控制靈魂以達成願望。薩滿（本教的實踐者）能夠干涉未可預料的諸神祇，因爲他們具有靈媒（spirit mediumship），並能占卜人民的吉凶福禍。

(2)薩滿教傳統

很明顯地，很多薩滿教的成分也混入西藏佛教裏面。黑帽舞者（the black-hat dancer）仍然殺戮惡魔。和尚也讀所謂「死書」（Book of the Dead）去引導死人的靈魂。曼荼羅也展現出拿着神奇短劍的守護人。納充神諭（Gnaschung Oracle）是藉着丕哈（pe-har）神的聲音講話，用來指導達賴喇嘛的中央政府政策。

薩滿和在家人（顧客）的功能關係已由新的佛教徒所利用，並已成爲制度化。寺院變成了宗教儀式專家的集中地，而和尚（個別的或團體的）充當了聖職人員的角色。印度的在家人與出家人的功德關係，在西藏則變成了行家與顧客的宗教儀式關係，這種宗教的儀式關係緊緊地結合了西藏在家人與寺院的牢不可破的聯合。

三、西藏佛教

1.傳承線索（The Line of Transmission）

一般來說，西藏佛教有四派(sects)，其發展情形非常複雜。這些派別的傳承體系是大師傳給主要弟子，而大師大都能精通這一派的所有思想體系。西藏佛教一直有派別的傾向，但都能繼承印度寺院（大學）的綜合各家精神和容忍的傳統並加以改進。

在教派中有相當程度的混雜現象，每個西藏大師都想獲致整個佛法並傳給後代。另一方面，每個派別在傳統上都認爲他們的派別淵源來自印度並且經由某種特別守護神的啟示而一脈相傳下來。

(1)寧瑪派（Nying-ma Sect）或古派或紅帽派

寧瑪派是最古老的一派，可追溯此派的歷史到佛教剛在西藏創立的時候（第七、八世紀），我們也可以說此派是眞正具有印度佛教性質的一派。

寧瑪派最沒有政治性和中央集權的，而且也與古老的薩滿教（本教）傳統保持最密切的關係。經由寧瑪派，佛教才根深蒂固地在西藏土地上成長，而且也時常由振興運動（revitalization）使過去的西藏佛教獲得革新的機運。

(2)新派（the new sect）

古代部落同盟的中央權力遭受毀滅後，西藏政治主權步入了混亂的局面，但一些東邊的小集團仍然繼續生存；皇宮後裔卻往西邊遷徙，並重建傳承系統，支持並存續制度化的佛教。在古老的王國中心據點，仍有忽起忽落的小王國出現，但不具有帝位權力，佛教制度遂逐漸凋零。

(3)東西兩邊的佛教復興

西藏西邊，屬於古老王國系統範圍，繼續支持古老佛教的學術和譯經傳統。杯親桑坡（Rin-cheh-bzan-po, 958-1055）曾來往於印度，負責尋覓眞正的經典，他也建立寺院，並從喀什米爾（Kasmir）帶回很多經典，主要是瑜伽密教（yoga tantra）。他所建的寺院也以大日如來（Buddha Vairocana）及其隨從爲壁畫的題材。

在西藏的最東邊，佛教也開始恢復。有位印度學者名叫史密律底（Smrti）雲遊來藏，起初他以牧羊爲業，後來才被尊敬。他對西藏的一切知識很豐富，有獨特的傳教能力同時又是個翻譯家。西藏的古譯系統和新教派的系統是以他來劃定界線的。

復興運動到印度佛學奇才阿底峽來到西藏西邊（西元一〇四二年）達到具體化。阿底峽在西藏西邊遇到杯親桑坡，杯親桑坡對阿底峽推崇備至，並說：「如有像他這樣的人在西藏，其實我就不必在此了」。

(4)中藏的佛教復興

阿底峽的主要弟子多頓（Brom-ston, 1008-1064）勸他的師父到西藏中部去，這樣便掃除了過去幾世紀以來的混亂。在中藏時，阿底峽已是垂垂老矣，但一直講述佛法，直到死而後已。根據阿底峽的教示，多頓創立迦當派（bka-gdams sect）。

其他傳承系統也同時在中藏建立起來，因爲當時的中藏，開始有藏人去印度再獲取佛教傳統知識。這些西藏法師從孟加拉（Bengal）帶回無上瑜伽怛特羅經典（Anuttarayoga Tantra），其猛烈的和有性力的象徵主義，爲嚴格的多頓所排斥，他不要阿底峽教這種東西。

多羅密（Brog-mi, 992-1072）受印度密教大師寶作寂（Ratanskarasant）及受曇昆赫魯卡（Dombi Heruka）指導。馬爾巴（Marpa, 1012-1096）接受那勒巴（從學者變爲瑜伽師）指導。從這些雲遊僧分別產生薩迦派（Sakya）和迦舉派（bka-rgyad）。他們的政治權力大多依靠教義的神聖力量和領袖們政治手段的靈敏。

2. 政治與權力

這三個新教派的主要寺院很快地穿起古老神聖親屬結構的破外套。馬爾巴在羅澤谷地（Lho-brag Valley）是個強有力的領主，由於他的兒子早死，使他不能把心靈上的和世俗的權力傳給自己的家人。密勒日巴這個可愛的詩聖最後接受了密法的教示，但他沒有野心，他只喜愛在雪國到處流浪而已。他把迦舉派傳給甘博巴（Gam-po-pa, 1070-1153）之後，此派便分裂爲四支派，每支派各在他們主要的寺院上建立世俗的權威。

薩迦派很快地傳到孔（Khon）家，正像迦舉派傳到結（Rgya）家一樣。政治與宗教的權力都傾向於家族，而寺院的領主則父子相繼或叔姪繼承。所有這些教派和次教派及其統領家族和贊助人，互爭世俗權力，並拉攏蒙古帝國以爭取他們的合法領導權，因爲當時蒙古帝國是亞洲新興的大君主。

⑴格魯派（The Lge-lugs Sect）

宗喀巴（Tsong-kha-pa, 1357-1419）從阿底峽的迦當派獲得傳承系統，並建立三個大寺院在老王國拉薩地方。他自己是一個出色的學者，也可以說是正統派人物。他排除一些他在印度經典上找不到根據的宗敎儀式。但他的繼承者最後卻落在他的姪兒根登珠巴（Dge-dun-grub）。宗喀巴拒斥父傳子的繼承制度，實施嚴格獨身主義。但是當時傳統社會以家族獲取宗敎威望和財富的觀念仍舊盛行。

⑵轉世（reincarnation）

十五世紀及十六世紀的西藏貴族逐漸採取新的形式要求權利。爲加強他們後代的神聖不可侵犯，這些強而有力的貴族於是乎採用「轉世」的概念，即以菩薩的化身做爲寺院的領主。這個概念是說各家族若遭受政治或軍事挫折時，或沒有男兒繼承時，他們可以在其他富有或威望的家族中找到新領主來繼承並領導強有力的寺院，使他們在政治舞臺上有顯著的活力。

格魯派較晚才使用「轉世」，索南嘉措（bsod-nams-rgya-mtsho, 1543-1588）被認爲是根登珠巴（宗喀巴的姪兒）的轉世，也是觀音菩薩的化身，並由蒙古賜號「達賴喇嘛」。對蒙古，他掌握着相當大的個人影響力。不久，他幸運地選擇轉世到蒙古領袖的孫子，然後再轉世給聰明的和能幹的羅桑嘉措（blo-bzang-rgya-mtsho, 1617-1682）。靠着蒙古軍隊的幫助，格魯派打垮了其他反對教派，並從迦舉派的手中接管西藏中部，在中央地帶建立以格魯派為世俗領主的地位。

雖有政治鬥爭，但所有西藏各教派均有巨大的活力。雖然滿清皇帝確認達賴喇嘛的世俗權力，其他教派則繼續在他們的寺院中成長壯大。「轉世」證明了它不僅是政治上的策略，同時也成為傳統中一個巨大的革新資源，是過去的權威賦與今日的表現。寧瑪派一方面與人民的宗教儀式相結合，一方面又根植於薩滿教傳統，但卻是一個經常在恢復生機的教派。政治的鬥爭來來去去，進入二十世紀以後，宗教運動的革新使過去與未來產生變化。

西藏人對宗教信仰具有傳統上的極端自由傳統，他們的文化也是變動的，政治與宗教，過去與未來，大寺院與寂寞的雲遊僧，這些都是創造性的動力，充分表現出他們的宗教活力和革新。

第五章　現代佛教心理學

第一節　佛教心理學的基本特色

一、倫理學與心理學

佛教明顯地把心理的和倫理的行爲交織在一起。佛教的倫理學並不只限於倫理觀念和理論的分析，而且也指示生活方式和行爲準則。佛教倫理學是教人不作惡，培養善心及清淨心靈。只要行爲合乎社會文化規範的尺度，心理便是健康的。

二、社會倫理學和人性

佛陀認爲世界人類的和諧，基於倫理，因此社會行爲要與佛教心理學連接起來分析。個人的問題解決了，社會的緊張與衝突就會減少。貪婪、驕傲、憎恨等感情的引起，都會影響到人際關係。佛陀曾經說過：「保護自己便是保護別人；保護別人也等於保護自己。」佛陀一再強調要培養社會文化認爲有價値的心理素質，如自我控制、心理平靜、自我約束等。總之，社會倫理有積極與消極兩方面：從消極的方面來說，人格方面的控制和實踐倫理準則，就能減少社會衝突；從積極的方面來說，培養健康的人格發展，就能建立一個善良的社會。佛陀把人性比喻做金礦，有時外層雖爲無明所惑，但內在的訓練可以將它變成善良。

三、知識的理論

知識的意義，就廣義來說，有理性和經驗兩類。經驗又可分爲感官經驗（sense experience）和直觀經驗（intuitive experience）。每個普通人都會使用理性和感官經驗，但只有那些發揮直觀技巧的人，才能達到充分使用知識之途徑。這種充分使用知識之途徑，在佛教上並非神祕的，有特別訓練的人，都能達到此目的。世俗的人類都把經驗束縛在某種經驗的概念上，但佛教卻超越這種範圍。這乃是由於我們追尋知識時，受着執着（craving）和無明（ignorance）所誘發，而佛教在分析概念時，不會停留在語言或邏輯的層次上，更進一步地，佛教能夠潛入心理眞實境界。就這一方面而言，佛教能尋求到一種認識論的新模式（a new model of epistemology）。

四、實在的理論（the theory of reality）

關於討論到人與宇宙的問題時，佛教以爲人的行動（行爲）是由我們的自由意志所左右的，不受其他形式所決定；佛陀與六個著名的思想家辯論時，均持這種主張。

五、佛教心理學的治療基礎

佛教心理學主要用來回答人類受苦的原因，以及如何擺脫受苦的問題。佛教的哲學與心理學都有一種「治療的取向」（therapy oriented）。佛教哲學提供一種解除知性的困惑；而佛教心理學則提供情感擾亂的治療。

弗洛姆（Erich Fromm）說佛洛伊德（Sigmund Freud）不能治療心理疾病，佛洛伊德只是想把人類從不合理的焦慮和強迫性中解除而已。今日心理學家的治療方式則採取較為廣泛的調整問題和社會病理的模式。事實上，工業化高度發展的國家，人類內心的空無、疏離感、缺乏人生導向，都是今日心理治療的概念和目標。佛教說明人生的困境、衝突、不滿、焦慮、貪婪、憎恨、執迷等均可謂迎合現代人的通病，但佛教都能指示人人可走向康莊大道最樂的大解脫——涅槃。

六、佛教心理學的主要領域

（圖十九）羅吉斯
(Carl Rogers)

西方心理學的研究領域都有其中心主題，如完形派心理學（Gestalt Psychology）主要在於研究知覺（perception）；佛洛伊德的心理分析在於研究動機與人格；行為派心理學（Behaviourism），主要在於研究學習（learning）理論等。

而佛教心理學最關切的問題是人類受苦的根源以及解脫之道，所以動機（moivation）和感情（emotion）是主要的教義；認知(cognition)是動機的先決條件，所以也要加以研究；其他如人格(personality)以及佛教心理學的治療結構；比較心理學方面，如佛洛伊德的心理分析、羅吉斯(Carl Rogers)和馬士洛(A. Maslow)的人性心理學；存在主義的治療和行爲主義的治療的透視，均爲佛教心理學研究的主要領域。

七、佛教心理學的資料來源

以巴利文(Pali)寫成的佛教原始經典(均有英文譯本)爲主，經典又分成三類：一是佛陀的教示謂之經藏(sutta pitaka)，二是比丘、比丘尼的訓練條目稱爲律藏(vinaya pitaka)，三是論藏(abhidhamma pitaka)裏面含有心理分析的知識。而經藏又可分五類：

(圖二十)馬士洛
(A. H. Maslow)

⑴長部(The Digha Nikaya or Dialogues of the Buddha)——佛陀的長篇對話。包括三十四個長篇經典，從中可以重建佛陀的生平事蹟以及當時印度的政治、社會和宗教的史實。其中的 Sigalovada Sutra 提示佛教實用倫理學觀點。

⑵中部阿含經(The Majjhina Nikaga or Middle Langth Saying)——包括一五二個中篇經典。其價值在於使我們知道早期佛教的進化情形、佛陀的教示、近侍弟子和當時印度的生活概

況。中阿含經也含有一些律藏的材料。

(3)雜部阿含經（The Samyutta Nikaya or Kindred Sayings）——包括由五十六個章節所組成的二八八九個短篇經典，當中有很多是重複的。

(4)增支部阿含經（The Anguttara Nikaya or Gradual Sayings）——收集二三〇八個經典，分成十一個章節加以討論。主要的特點是簡潔，並含有很多醒人的警句。

(5)小部阿含經（The Khuddaka Nikaya or Diuision of Small Works）——是一種以散文或詩歌形式寫成的短篇名言，通常用在祈禱、詠詩、歌唱等用途。從文學、佛敎史及哲學的觀點來說，小部阿含經是非常有價值的。

除此而外，以梵文、漢文、日文和藏文寫成的大乘經典名著，也可以找到有關的資料，如藥師經（Bhaisajya-guru-sutra or the Lapis Lazuli Radiance Tathagata）、妙法蓮華經、維摩詰經等。大乘佛敎的傳統是特別強調成佛或行爲菩薩（神聖）的角色扮演。而釋迦牟尼佛在巴利文經典中被描寫成爲一個偉大的治療者，其治療方式有兩種：敎義上及心理或神蹟式的治療。

將佛經與現代西方心理學的一般原理，尤其是現代各種醫療學派的一般學理相互比較研究，才能對佛敎心理學獲得更深一層的認識。

八、方法論上的問題

心理現象方面，佛陀主張由經驗來證實理論。而經驗不僅是感官經驗並且也是直觀(intuition)

和內省的工夫。因爲佛陀認爲因襲的傳統，或使用邏輯和理性都有其極限，經驗才是頂保險的。佛陀的經驗除根據五官之外，也採用內省法（introspection）做爲獲得知識的技術和發揮透視的高度價值。直觀法是一種「自我分析」（self-analysis）技術。在西方，用直觀法來研究心理現象被認爲不可靠的技術，因爲私人的經驗不能爲別人所察覺。但佛教認爲由高度的禪定功夫卻可以達到超越感官的能力，所以是客觀的考驗方式。如果能達到一定的禪定技術，則不爲無明所礙，心理便能達到平靜的階段。

九、心（mind）的概念

佛陀否定有任何永久性的實體即心或意識（mind or consciousness）。佛教所謂的心是一種人體的複雜體（a psycho-physical complex or nama-rupa），nama是指四種非物質的羣體即感覺、感覺的印象（想像、觀念、概念）、意志活動（conative activity）、意識；rupa 則指四大元素，即擴大（extention）、凝聚力（cohesion）、熱（heat）和由這些元素所得的物質形狀（material shape）。因此，可以說它是由心理和物質的成分所組成的一個複合體，並有心體（或體心）相互依賴的性質。要了解心理現象，必須經由因果律，因爲它們互爲因果。因緣假合又是表示所有心理的和物質的互爲條件。無我（egolessness）的教義也指示內外均沒有存在一個實體。因此，因緣假合和無我的兩個教義是佛教心理學對心的解釋（可用綜合方法和分析方法分別來解釋這兩種現象）。根據佛教心理學，我們可以這樣說：心是一種動態的連續體（dynamic continuum），可以擴大到難以計數的起源，又能延展到壽命終了之外。此種說法尙未被西方心理學所承認。但佛洛伊德的「人的原始遺傳性質」(archaic heritage of mind) 和雍 (Carl Jung) 的「集體無意識」(collective unconsciousness) 的觀念均想探索另一深層的領域，將來也許能與佛教心理學的主張不謀而合也說不定。

(圖二十一) 雍 (Carl Jung)

第二節 認知心理學、動機與感情

一、定 義

認知（cognition）意卽「知道（knowing）的過程」，它是一種心智活動、使用語言、想像和產生觀念（環境刺激及對該刺激所做的反應）的問題。這種「知道的過程」是看不見的，我們看不到思考、推理或記憶，但我們可以觀察並研究由這些活動而產生的行爲（結果）。

佛陀也認爲我們的認知過程是感官過程的實在（reality of the sensory process），我們的認知也與非感官（non-sensory）的觀念和想像成分結合在一起。佛陀的心理學知識與現代心理學的科學性，旨趣相同。

二、較高的知識

佛陀試過各種方法，如苦行（penance）、自我苦修（self-mortification）、禁戒（aroidance）和隱遁（seclusion）等自我發展。這種極高能力的發展，並不是神祕的，而是一個人某種潛能的自然發展，它並不是一種神祕力量的突然出現，而是慢慢發展出來的。這種逐漸發展的方式，涉及到三階段：操守道德、入定（samadhi or concentration）工夫和智慧的培養。這種投入需要一生的時間去做試驗，佛陀終於達到破除無明和煩惱的束縛。

任何探索佛教認知心理學的人，都不能忽略這些高度心理知覺範圍。

三、認知與動機

認知心理學不能和動機的研究分開。佛陀分析人類心理的動機是要揭開人生的痛苦，並尋求減輕這種痛苦，也就是要求我們要有敏銳和改善我們的認知能力。人類的欲望影響認知能力，而認知也對欲望有作用。

佛陀不主張切斷感官的欲求，而是主張訓練這些感官的欲求，使外在的刺激不致擾亂其內心；佛陀並不萎縮感官，而是要使感官發展、改善和淨化。

四、認知與治療

佛陀認爲有兩種方法可達到精神上的發展：寧靜（tranquility）和洞見（insight）。但也有五種因素能擾亂寧靜的發展，除非用禪定的功夫，才能克服這些擾亂。這五種因素是欲求、壞的意志、怠惰和遲鈍、不沉着和憂慮、懷疑。佛陀也提示七種開悟的因素，能培養我們的知識和洞見：正思、追求佛法、精進、高興、寧靜、禪定和鎮定。

用人類的認知能力去淨化我們的知覺、思考，就會呈現出一個治療心理學的架構。因此佛陀認爲認知心理學在治療體系方面要擺在中心位置。

五、動機（motivation）

動機是有機體內的一種能力泉源（source of energy），這種能源能夠產生行動，使它達成某種目標的傾向。動機可分生理的和心理的。生理方面如食色及死亡等動機；心理方面如價值觀、信仰（宗敎）等皆屬之。

佛敎心理學的動機主要在於分析導致人類不安、緊張、焦慮和受苦等方面，進而舉出走向幸福之道的不二法門，因此佛敎心理學之研究動機是有治療色彩的。就今日的西方觀念來說，治療這個字通常是用來醫治那些有心理疾病的人；但以佛敎心理學來說，是用來解除心理上的衝突和內在的不安而言。佛敎經典花了很多篇幅在討論動機方面的心理學。

六、情緒 (emotion)

情緒意卽激動(arousal)、感覺(feelings)或情感狀態(affective states)，亦卽由生理上的變化而產生的行爲反應。最熟悉的情緒是愛、恨、悲傷和快樂等情緒。就內省而言，情緒是主觀的意識狀態；客觀來說，情緒是一種行爲表現。就心理學來說，情緒是一種不平衡和激動的狀態，但不能把情緒完全當作無理性的。我們可以找到健全的倫理情緒，如愛、尊敬、正義感、關心眞理等是自我超越的情緒 (self-transcending emotions)，這些都是屬於好的一類。就佛敎方面來說，有些情緒能訴之於同情與慈悲的高貴情操，更精確的說，佛敎心理學的不貪、不恨、不迷被認爲是健全的、積極的和創造性的情緒之源。底下我們把一些特別的情緒分述如下：

(1)恐懼 (fear)

恐懼通常是指起於對某一特定的危險目的物所做的反應而言。

強烈的欲求和執着都能造成恐懼。因爲倘若我們戀戀不捨於一些寶貴的且有價值的目的物時，我們便會產生一種固執作用並擔心和懼怕喪失它們，例如我們若深深執着某個人，而那個人一旦遭受重病侵襲，則愛他的心理便會轉變成恐懼。同理，執着於自我、聲望、權力等都會產生恐懼。

罪惡感（sense of guilt）、自我譴責（self-reproach）、被懲罰的恐懼（fear of punishment）和下地獄的恐懼（fear of lower world）等宗教經驗都能產生恐懼。恐懼有時又與憎恨（甚至自恨）和不滿的情緒結合起來，這樣便產生了「病理上的犯罪感」（pathological guilt）或稱爲「良心不安」（uneasiness of conscience）。

佛陀認爲未覺醒的世人有自我中心主義、欲望、敵意和執着傾向。佛陀主張要根除這些特質，大可不必譴責過去的罪行，因爲如果譴責自己，則對心理的發展有所妨害。佛陀卻提倡要淨化情緒，以求得心理的平衡和健康。

(2)不安（anxiety）

不安是一種沒有目的物做爲恐懼的對象。佛陀認爲此種恐懼是根深蒂固地執着於自我所致。佛學專家孔茲（Edward Conge）稱之爲「隱藏的痛苦」（concealed suffering）。佛陀探究出這種「不安的人」（anxious man），是因爲他們沒有能力去把握住「無我」（egolessness）的基本眞理，所以才帶來不安；只要了解「無我」，就能把握住各式各樣形式的不安之匙。

(3)恐懼的控制與表現

訓練情緒可從三方面來說：①發展關於自己情緒狀態的自我觀察習慣；②情緒興起時，要設法控制情緒的出現；③發展一套新價值觀念，使原來的恐懼或憤怒的反應不會再來。如此經過自我了解，不停的自我分析和反求諸己的工夫，終能達到預期的效果。

(4)憎恨

憎恨也是情緒的一種表現，有各種表達方式如思想（如希望不喜歡的人死去）、粗話以及攻擊行爲等。事實上，佛陀一直強調反對憎恨，甚至連「正義之戰」（just war）或「正當的憤怒」（righteous indignation）亦包括在內。佛陀對個人（並且對社會）提出內在的轉變（求內在心靈上的發展）能夠把憎恨心馴服，進一步用了解、內省和思想去控制憎恨的情緒，這樣便能淨化自我，也能使社會和諧發展。

(5)痛苦與悲傷

基本上，痛苦與悲傷是對「別離」的情緒反應，其他如「喪失」也會帶來痛苦與悲傷。因爲至親的人，我們都把他（她）們當做自己的一部分，一旦失去，痛苦與悲傷的情緒便會產生，佛洛伊德稱之爲「悲傷與憂悒」（mourning and melancholy）。就佛敎來說，對某目的物產生強烈情緒的精神集中（cathexis）亦即執着時，一旦喪失該目的物，就會呈現出心理困擾的空無狀態，罪惡感、沮喪、自憐的情緒把各種情境的悲傷塗上一層灰色的陰影。

對這種悲傷與痛苦的悲劇，佛教哲學中的「四正諦」及「八正道」，可作爲治療的藥方。佛教的態度要求人類了解事象的眞實感，來代替過度的悲痛情緒。

(6)愛與慈悲

愛（love）這個英文字很曖昧，希臘語若接頭詞用 eros 則表示感官上的愛慾，若用 agape 則表示心靈方面的愛。

佛教所追求的是一種倫理的架構（ethical framework）和精神領域的希求，所以就人類關係的佛教倫理而言，不合乎道德的愛慾、不合節制的慾求及道德感的墮落，均被認爲是邪惡的，因爲這些足以導致社會的墮落；而孝順及對宗教虔誠才是形成健康社會的基石。出家人對愛慾均要拋棄，因爲愛慾能帶來不安和痛苦，妨害了精神的希求。佛教追求的是一種創造性的情緒及自然同情的情緒反應去關心眾生。

七、渴求的心理學（psychology of craving）

情緒心理學方面有三種渴求形式，卽渴求感官滿足、渴求自我保存（self-preservation）和渴求毀滅與攻擊。這三種渴求與佛洛伊德的本能衝動（libido）、自我本能（ego instinct），以及死亡本能相一致。茲分述如下：

(1)性慾（sexuality）

佛教通常只用感官（如眼、耳、鼻、舌、身），比西方心理學較爲廣泛（佛教提到五官，但西方心理學卻只偏重性慾一方面，尤其佛洛伊德的汎性論）。

追求感官的快樂原則(hedonism)，佛教提出兩種看法：①追求感官快樂會帶來不幸；②追求感官快樂的手段（合法與不合法），若合法還要考慮到不能過份與不破壞快樂原則為條件。

佛教更認為追求感官的快樂，只是在「需要、緊張和滿足」(want tension and satisfaction)的惡性循環下，過着痛苦的追求而已，所以佛教主張用八正道來控制追求感官快樂。

(2)自我保存

這是一種錯誤的、有成見的自我中心主義，完全基於錯誤的假定（信仰）卽永存的自我實在(ego-entity)。它的人格結構是基於：渴求、妄想和假想三種。例如：

渴求——這是我的。

妄想——這是我。

假想——這是我自己。

但佛教也清楚地表示基本維生的需要，如新鮮的空氣、水、食物、睡眠等並不算是一種渴求的表現。

(3)自我毀滅與攻擊

對自我毀滅與攻擊的看法，佛洛伊德認為它是一種衝動的本能，但佛陀卻認為它是一種反應性的行為。當一種憎恨的情緒（對人或物）在外在世界得不到發洩時，便指向自己，因此就產生自我受刑（苦刑）及自殺。佛陀一再指責以上三種渴求形式的發生，都是不懂人生痛苦的道理所致，同時對人生的痛苦問題缺乏內省功夫，隨隨便便就臣服於自我的迷惑，結果就帶來了悲劇的下場。

八、潛意識動機（unconscious motivation）

潛意識動機是指促使一個人做出某種動作，但卻察覺不出來眞正動機（real motive）所在。通常潛意識是被記憶和情緒所壓抑，但可由做夢、失言、幻覺和心理失常症狀中來說明潛意識動機的存在。

西方心理學的潛意識觀念係由佛洛伊德所創，其弟子雍（Carl Jung）更開創「集體潛意識」（collective unconsciousness）之說，雍認爲潛意識有個體潛意識（personal unconsciousness），即個體心理某些被壓抑或被遺忘的材料；另外一種即集體潛意識，是指人類的心理在出生時就具有一種複雜的心理狀態，雍稱爲原型（archetypes），它是從我們祖先文化代代相傳的觀念、經驗等都保留在我們個體的潛意識裏面。更明確地說，依照雍的解釋，人格係由三種成分所構成：自我、個體潛意識及集體潛意識。集體潛意識是深層的原型。按照雍的說法，集體潛意識具有遺傳的素質，使個體與前代的人在認知世界方面具有差不多一致的看法。例如早期人類害怕黑暗，因爲黑暗能帶來危險，今天這種危險雖然已成過去，但人類依然害怕黑暗。集體潛意識的普遍性概念或映像稱爲原型。原型是情緒的經驗，從進化的腦子傳承而來。例如母親原型自古以來是表示

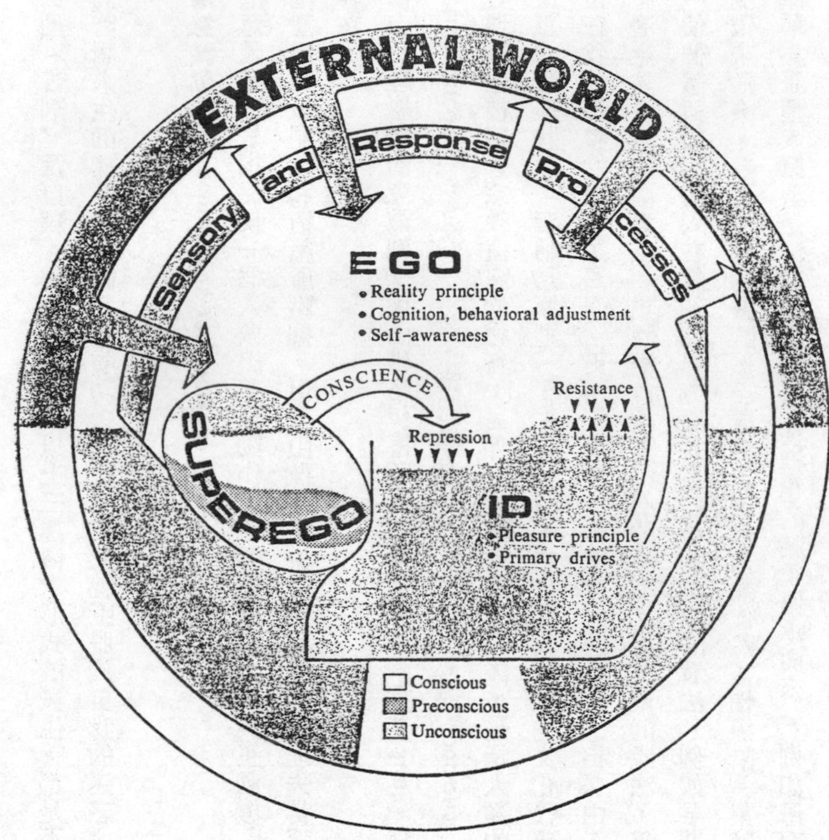

（圖二十二）佛洛伊德的本我（ID）、自我（Ego）和超我（Superego）三種人格區域圖。

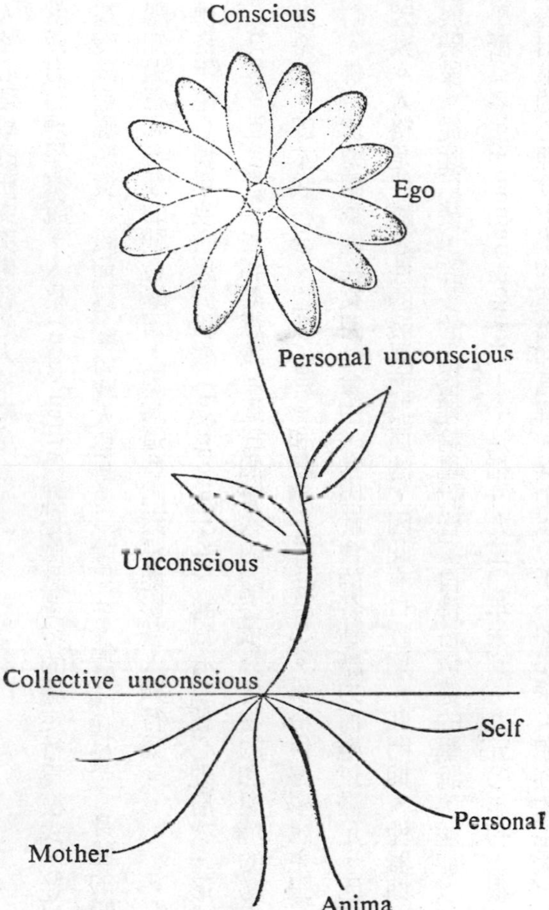

（圖二十三）雍的人格模型圖 (Jung's model of personality)

溫暖、保護、養育，也是母愛的象徵；父親原型則爲力量、權威和權力的象徵。其他原型如女性 (anima) 映像、男性 (animas) 映像、自我 (self)、英雄、神、生、死等等皆是。這種觀念頗類似佛教的阿賴耶識或種子識的觀念 (storehouse consciousness)。

佛教的意識流 (stream of consciousness) 亦卽與潛意識動機有關。佛教指示我們若能修習禪定技術，就可將潛意識黑暗的內層導致健全的人格發展。

第三節 人格心理學

一、人格心理學的研究與佛教的人格概念

就西方心理學來說，人格（personality）就是個體獨特的穩定行爲模式，並以思想、感覺、知覺爲基礎去適應環境。心理學家研究人格時，通常注意個體的特質、身體的體型、潛意識的勢力、認知過程和各種的社會學習，因爲這些因素都能影響人類行爲。

佛洛伊德心理學或心理分析學（psychoanalysis）認爲有三種心理層次，形成人格即意識、前意識（preconsciousness）和潛意識。這三個層次的內容依靠生物的和環境的勢力相結合而形成三種心理系統，即本我（id）、自我（ego）和超越（superego）。佛洛伊德學說主張「性」是人類動機的核心。佛洛伊德認爲性在文明社會中，常因社會的各種壓力而難以滿足，因而成爲影響人格的主要因素。人格是伴隨着性的發展而發展的，因此有口腔期、肛門期、性器期、潛伏期、生殖期的發展階段。從此以後，許多的人格理論學說皆源自佛洛伊德的學說，並加以修正，稱爲新佛洛伊德學派（Neo-Freudian School）——是指一九三〇年末到一九五〇年初，很多佛洛伊德的學生所發表出來的心理分析學的理論和見解。其中以分析心理學派（如雍的主張）強調人格是意識和

潛意識勢力的平衡。個人心理學派（如阿德勒，Alfred Adler 的主張）則認為角色（role）和社會關係形成人格。人性心理學說（Humanistic theory）即羅吉斯和馬士洛等人則強調人格是個體的獨特性和特殊生活經驗。社會學習理論（如史金納 B. F. Skinner）則重視環境的勢力對人格的影響，個體以模仿的方式，再加上認知的作用，使個體學習到行為。還有一些人格理論着重於主

（圖二十四）佛洛伊德 (Sigmund Freud) 及其女兒安娜(Anna Freud)。

（圖二十五）史金納
(B. F. Skinner)

觀經驗等。

佛敎對人格的解釋，包含有哲學性的、倫理性的及心理學的。佛敎否定人類有固定的純粹自我（ego），它只是因緣和合的。由於因緣和合的關係，每個人均有意識、記憶和身體的屬性，能分辨他、我。佛敎接受人有一個動態的、變動不居的假合的人格，人格只是一種使用方便的名字，以便區別他、我而已。倫理學上來說，這個人格可以是理性的與非理性的，但爲自己的行動負責。就心理學上的解釋是頗有意義，因爲人格有記憶、思想、感覺與他人溝通。就嚴格的心理學分析來說，人格也是一個方便的假名而已，因爲它是指着某種功能的統一 (unity of function)——如行走、站立、知覺、思想、決定等，像一部馬車的各部分整合起來才可說是馬車；人格也是一樣，由身體、感覺、意識和性向等組合而成，才能稱爲人格。所以說人格是一種功能的統一體，只擁有暫時性的假名而已。人格不能單指身體、知覺、感覺，只有在適當的組合下，才能稱之爲人格，這與佛教上的解釋完全吻合。

二、人格特質與類型

人格特質（personality traits）是指每個個體人格具有特色，這種特色是可以確認出來的。人格類型（personality types）是指所有類型的人格都可以歸類成若干基本型式。

在增支部阿含經（Anguttara Nikaya）裏頭，我們可以發現人格的四種特色，卽美德（virtue）、誠實（integrity）、剛毅（fortitude）及智慧（wisdom）等類型。

由於長期在一起，便可知道一個人在道德上是好的或有缺點的，也就是說可以辨認他有美德或沒有美德；和別人處理事物便可辨認他是否誠實；危險降臨或不幸臨頭，便可斷定一個人的剛毅程度；與人交談便可辨認智慧與否。

佛教在分類人格特質主要是基於倫理的和心理的尺度上來衡量的。

佛經（Visuddhimagga）上也區分人格爲六大類型，卽貪婪（貪）、憎恨（瞋）、妄想（痴）、忠實、聰明（慧）和散漫（慢）。

三、衝突與挫折（conflict and frustration）

衝突亦卽兩個或兩個以上的目標（goals）或需要（needs），不相容時所引起的不安情境。

衝突可分爲三種卽正正衝突（approach-approach conflict），卽兩個想要的目標要取其一時的衝突；負負衝突（avoidance-avoidance conflict），兩個都不想要的目標，要取其一時的衝突；正負衝突（approach-avoidance conflict），一個目標有正負兩種成份在內的衝突（如一個男人愛上一個漂亮而多病的女人時）。衝突的解決，其決定因素與目標的遠近、個人的動機、個人需要的強度、下決心、時間性、個人的期望等有關。

挫折起於做決定或想達到目標的途中所受到的阻礙。有起於環境的挫折，如家人的死亡；有起於生物性的挫折，如太矮，長得不好看；有社會因素的如離婚、失業等。

挫折的對付方式有攻擊（間接攻擊和直接攻擊）、幻想與退縮（遭受挫折的醜女人，幻想自己是伊莉莎白泰勒）、退化（回到孩童時代的行爲如哭鬧）、冷漠與消沉等。

佛陀說過衝突在基本上是由人所做的。佛教所稱謂的衝突與寧靜，可由兩個層次來檢驗：涅槃是絕對的寧靜、和諧；而痛苦（dukkha）則充滿着不安、緊張和衝突。和諧（在家人追求的理想目標）和絕對的寧靜（出家人追求的理想）也有所區別。正直的在家人若遵照合法的手段致富，沒有貪婪，則有功德，且能獲得和諧；若在家人興起貪婪心，過度渴求享受，則必與他人衝突。出家人因放棄一切，非但能夠解除痛苦，而且也能追尋他內心的最高寧靜。

佛教認爲強烈追求感官滿足的驅力（drive），追求新奇、興奮、所有物，都是衝突的發電機。

佛教對於挫折的解釋：當我們所追尋的快樂和刺激變成空虛時，則產生深刻的挫折。這種較深的挫折，並不馬上現出全面地知覺，像失掉特別目標那樣的挫折。

除了追求感官滿足所引起的挫折外，佛教還提出追求自我保存（感官、權力、地位、名聲）的心理衝突，一個人有強烈的權力驅力，則心理的衝突也是巨大的，而且阻礙的挫折感也相當大。當挫折感到達不可忍受的頂點上時，一個人便顯然地碰到一種稀有的現象——求生的慾望與渴求自我毀滅。

因此，佛教心理學所說的衝突，分析了追求感官滿足的欲求、自我保存、自我毀滅及貪婪、憎恨的動機根源，與現代心理學頗有相通之處。

四、防衛方式（defense mechanism）

防衛方式是佛洛伊德及其女兒安娜（Anna）的精心傑作，它是指人類利用潛意識的過程，而對眞實加以曲解、變更和改變，尤其是當眞實與罪惡感（feelings of guilt）、創傷經驗、不能被接受的衝動、失意和其他引起緊張的東西有關連時。雖然防衛方式沒有辦法維護個體的心理壓力，所以也可以說是一種自我欺騙和自我挫折（self-deceptive and self-defeating），沒有辦法能解決心理壓力，因爲防衛方式的過程發生在潛意識層次裏，人類把它用來當作焦慮不安時的屛障或靠山，並不覺得是一種歪曲事實的手段，理由是每一個人在生活當中都會遭遇罪惡、恐懼、不安、目標受阻等等不安情境，因此，幾乎每個人都會利用防衛方式來保護自己。

防衛方式的種類計有：壓抑（regression），是使痛苦的、威脅性的思想、感覺、記憶和幻想過程不致進入個體的意識或知覺裏面。合理化（rationalization），是企圖尋找合理的理由，來代替失望，換句話說，找不實的理由來代替眞正的理由。例如一個學生考試作弊，他常會辯稱，每個學生都在作弊；一個不被邀請參加晚會的女孩，會說她根本不願意接受邀請。投射（projection），是委過於人，一切都是別人的錯。逆施作用（reaction formation），是對衝動和思想的驚駭，不但努力去壓抑而且發展一種完全相反的態度和行爲模式，來掩飾其潛意識的動機和眞正行爲，如一個對性有強烈焦慮不安的人，可能進神學院準備做牧師或修女。認同（identification），爲保護自己的價値感，個體常與一些有名望或有權威的人物相提並論，如美國總統卡特是我的好朋友等。昇華（sublimation），乃是利用社會所認可的活動（目標），以滿足其社會所壓抑的動機，如當一個電影檢查員，以便可以看黃色電影而不覺得有罪惡感。否認現實（denial of reality），是把不愉快的或引起不安的思想不管（忽視），好像這事不曾存在一樣。

根據佛教心理學，用一心專注的方法，使人能伸達心靈的隱暗和深藏的部分；用禪定的功夫，能幫助我們細心地檢查我們的思想，因此不必用防衞方式。

防衞方式中的逆施作用，施用於禁慾主義者（苦行生活），用來淨化感官，但佛陀大加譴責此法，因爲禁慾主義走上了毫無意義的極端。昇華卻爲佛陀所推介，因自我中心的慾求，可由涅槃的慾求來代替。

五、人格與社會

饑、渴是生理的內在反應，性慾則有生理和社會的傾向，其他如權力驅力（drive for power），名聲與地位慾望則是社會互動的過程。

佛陀接受人與社會環境相互關係的重要意義。

佛陀讚許社會倫理可幫助人類建立一套健康的人際關係以及社會和諧的理想。佛陀的治療（人心）目標放在變化個人的心理氣質，佛陀更把社會衝突的根本追踪到貪婪、憎恨和自我妄想之上。

第四節　佛教心理學與西方治療心理學

一、前　言

古代對於行爲失常（behavior disorder）的人，常求助於巫術（witchcraft）、鬼神學（demonology）及各種不同的驅魔方式（diverse means of exorcising evils and demons）。有些宗教或多或少摻雜這些方式做爲宗教醫療儀式，有些則否定上述這些手段，他們認爲精神疾病是因爲腦部功能失常所致，但直到二十世紀以後，才有比較清晰的科學方法來分析行爲失常。

起先有兩派假說用來代替「着魔」（demonic possession）觀念：「身因性的假說」（somatogenic hypothesis），即精神疾病可追溯到神經器官的破壞、新陳代謝失常等，如Kraepline等人主張之；

「心因性的假說」(psychogenic hypothesis)，是指心理過程的失常，如 Mesmer, Charcot, Janet, Breuer 及 Freud主張之。本節着重於後者，以心理學的技術來處理人類的痛苦。

格士塔或完形派心理學(Gestalt Psychology)強調心理現象的整體性，亦卽心理現象最大的特點，在於它的不可分割的統一性，行爲亦然，卽某一行爲是統一的、整體的反應。

佛洛伊德是精神疾病理論，亦卽精神分析(psychoanalysis)的創始者，影響之大是空前的。

其他新佛洛伊德學派(Neo-Freudians)，如羅吉斯(Rogers)和馬士洛(Maslow)的人性心理學(humanistic psychology)，華生(John Watson)及史金納(B. F. Skinner)的行爲心理學(behaviourist psychology)，梅依(Rollo May)的存在心理學(existiential psychology)等都是本文討論的主題。

其實社會每個人多多少少都處於如弗洛姆(Erich Fromm)所說的「病態社會」(sick society)之中及「正常病態」(pathology of normoly)。弗洛姆又說當代社會的病態包括有：疏離(alienation)、焦慮不安(anxiety)、深層恐懼感(the fear of feeling deeply)、被動性(passivity)、缺乏歡樂(lack of joy)等症狀。因此說，心理學家的治療不但限於病人個體，同時也包括整個當今的病理社會。當然我們主要還是拿佛教心理學的治療體系來與這些西方治療心理學相互比較，以便得到更深刻的了解。

二、完形派心理學

完形派心理學發展於一九一二年的德國，並在一九三〇年代輸入美國。此派的主要人物是韋德海默（Max Wertheimer, 1880–1943）、科夫卡（Kurt Köffka, 1876–1941）及科勒（Wolfgang Köhler, 1887–196）等。此派反對結構主義和行爲主義（主張人類行爲被分成片斷來分析而加以了解）。此派認爲結構主義學家所用的方法是人爲的，不能代表意識經驗的眞正性質。我們應該考慮到複雜而完整的，部分絕不代表整體。行爲主義也同樣受到批評。對完形派心理學來說，行爲只不過是反射的一束（bundle of reflexes）而已。

格士塔（Gestalt）的德語意卽完整（whole）、形式（form）或形貌（configuration）。此派強調我們認識的世界是以整體的結構，而非片斷的方式，亦卽關切的是完整的、連續的和整體行爲的意義。舉例來說，我們聽音樂是聽音樂的旋律（melody），而不是光聽每個聲調的調音（pitch）和強度（intensity）。完形派心理學影響到以後發展出來的人性心理學（Humanistic Psychology），但比起後期的行爲學派與心理分析學派來說，完形派心理學的影響並不算很大。

完形派心理學在治療方法，根據六〇年代此派心理學大師波爾斯（Fritz Perls）認爲在治療方面應幫助個體就他們有關人格各方面及其經驗加以認識，進而助其自我實現和自我負責；除此而外，應鼓勵其「未完成的事業」（unfinished business）——解決過去的問題。因爲過去的問題能影響現在的行爲。這樣一來，便能更深刻地注意到個體及其週遭的世界，而減少焦慮不安與緊張，達成在競爭社會中的顯著成效。

總之，波爾斯的旨趣在於幫助人們以「自我知識」(self-knowledge)、滿足及有能力自我支持，最後引導人們走向獨立(情緒成熟)的境地。

三、佛洛伊德的心理分析

多年的臨床的資料，使佛洛伊德對於人心的透視非常深刻。他不但做病態的研究，並且也研究正態心理的病理部分如失言、遺忘、寫錯字、做夢等，同時更研究藝術、文學及神話等。他把實際經驗綜合起來，然後寫出他的理論學說，在「心理分析大綱」(An Outline of Psychoanalysis)一書中，他說明一個人爲三個基本的本能所逼迫，那就是：性本能 (sexual instinct)、自我本能(ego instinct) 及自我毀滅的驅力 (self-destructive urge)。佛洛伊德用力必多(libido) 卽慾力，包括各種身體的快感，這與佛敎心理學的貪慾相同。後來佛洛伊德又接受自戀(narcissisn) 的觀念(自我保存本能的自我部分)。慾力可由滿足、壓抑或以逆施作用、認同等防衛方式來處理，被壓抑的衝動則留在潛意識層次上，雖然有時被推進到意識狀態，但大部分活動於較深的層次裏面，產生緊張和不安。佛洛伊德認爲病理的徵兆是一種不被接受的衝動的假滿足 (disguised gratification)。

自我保存的驅力本身有很多表現方式：追求權力、名望、地位、爲人所景仰、自戀等。死亡的本能，基本上是反自我，然後及於不喜歡人物與目標物。佛洛伊德也曾說過整個的人體活動是傾向於追求快樂原則，來避免痛苦。但是感官的立刻滿足是不太可能的，而且是有害處的。因此個體必須學到延遲滿足，放棄某些快樂，尊敬社會的法律和道德，這樣一來，現實原則在追求快樂過程中是不能完全被破壞的。

在「快樂原則之外」(Beyond the Pleasure Principle) 的作品中，佛洛伊德說除了強烈的快樂滿足驅力，尚有製造不愉快的心理偏見 (psychi preoccupation) 如虐待狂 (sadism) 及被虐待狂 (masochism)。有很多心理學家承認人類有一個基本的攻擊性向，但並沒有一種自我毀滅的驅力，有些人則認為攻擊只不過是一種防衛性的反應而已。

佛洛伊德更分析人格係由三種要素組成的：本我 (Id)，即衝動的倉庫；自我 (Ego)，即控制現實的衝動；超我 (supper-ego)，即表示對道德、宗教和人類內在良心的強求。

在治療方面，佛洛伊德的心理分析主要在探求病人的潛意識動機，即早期心理性慾發展階段的衝突與壓抑的問題，如能從壓抑中得到解放，則病人便能痊癒。他的治療目標在於把被壓抑的記憶的潛意識帶到意識界來。所用的技術包括下列諸項：

(1)自由聯想分析 (analysis of free associations)——讓患者將心理所想、願望、身體的感覺、心理的映像等全盤說出，用以探測潛意識的冰山。

(2)抗拒的分析 (analysis of resistances)——在自由聯想當中，患者無能為力的和不願討論的觀念、慾望或經驗等被認為是一種心理上的障礙 (潛意識與意識之間)；心理分析的目標在於打破抗拒，使患者面對這些痛苦觀念、慾望和經驗。

(3)夢的分析(analysis of dreams)——心理分析派認爲夢的分析能夠洞察患者潛意識的動機，夢是潛意識衝動、衝突和慾望的象徵表現。

(4)轉移作用的分析（analysis of transference）——患者接受心理分析治療時，通常發展一種反應去對待心理分析者。心理分析者可能被認爲是患者過去情緒衝突的關鍵人物，此種情形稱爲轉移作用。轉移有三種：正轉移（positive transference），即治療者被患者想成愛人或思慕的人物；負轉移（negative transference），即治療者成爲患者的敵對對象；正負轉移，即包括正、負轉移兩種情緒。此法可以了解患者的早期經驗和態度。但此法必須注意反向轉移作用（counter transference），即治療者將其潛意識的情緒作用，以患者爲對象而表現出來，這樣一來便構成心理分析的障礙了。

四、人性心理學（The humanistic psychology）

人性心理學的治療方式是屬於新佛洛伊德學派（Neo-Freudian）。新佛洛伊德學派比佛洛伊德學派新穎，因爲①加強患者的社會環境分析；②不只重視患者的嬰孩階段，也重視後期的人格發展；③人際互動的角色關係（生物性的要求較少）；④自我的功能和自我觀念的意義（對本我與超我衝突較少強調）。總之，新佛洛伊德的治療較少強調潛意識過程及把性和攻擊做爲決定病理的因素，但他們仍然依靠晤談治療（talking therapy）來揭示人格動態。

從佛洛伊德和人性心理學之間可以看出佛洛伊德的治療着重於人性的不滿與不幸，而羅吉斯和馬士洛所標榜的人性心理學則強調人性積極的一面、有理性的能力、自由與自我導向。

人性心理學研究的對象以正常人、特殊成就的個人及適應環境不良的人在內。羅吉斯、馬士洛及其他此派人士均認為人類追求價值、意義和個體成長是對人類困境的努力（但存在心理學卻認為人的處境是疏離、厭煩和缺乏意義）。

人性心理學的治療體系是「顧客至上治療」(client-centered therapy)。他們認為患者無需用指導方式加以改變或改變他們的環境，患者可以解決他們自己的問題。所以人性心理學是一種非指導性的治療體系 (a non-directive system of therapy)。個體比一個特殊的問題更形重要，現在比過去重要，理想的治療情境是情緒的成長。人性心理學治療的概念，一言以蔽之，是人類為自己的命運負責，其目標則使患者改變自己的知覺，對有調適問題的正常人來說，很有效力，但對那些有複雜情緒問題而需要依賴的患者來說，則有點問題。

五、行為治療 (behavior therapy)

起源於華生 (John Watson) 和後來的史金納 (B. F. Skinner) 的行為派心理學。華生及這一派人士認為心理學嚴格講來是研究行為的科學，而反對內省法 (introspection) 的技術，亦即否定對內在心理狀態的研究及使用內在活動的觀念。行為主義強調觀察法（看得見的、聽得到的、可感覺的）客觀技術，並特別着重於學習心理學 (psychology of learning)、刺激反應關係 (stimulus-response relation) 及心理制約性的過程 (process of psychological conditioning) 等。

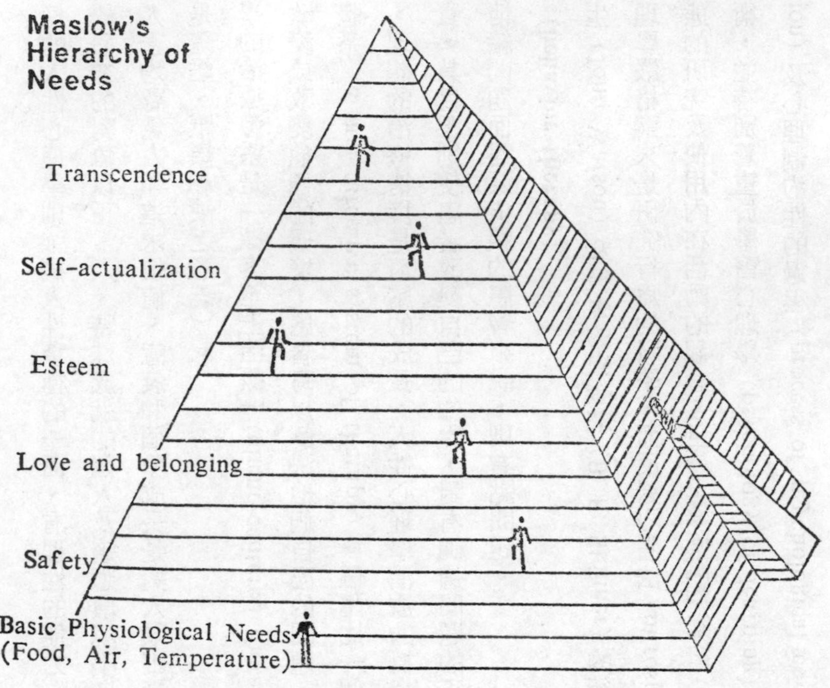

（圖二十六）馬士洛的人類需要金字塔：人類從滿足基本生理需要後，就尋求安全、愛與所屬、尊重、自我實現及超越

行爲治療者認爲病理在於患者對於環境刺激學到不適當的對付方式所致。因此行爲治療的工作在於幫助患者去掉不適當的學習行爲，而代之以適當的學習行爲。所用的技術包括下列項目：

(1)減少敏感（desentization）——教患者把害怕的目的物或事件的不安情緒鬆弛，代替一種新而愉快的制約反應。此種方法爲南非心理學家 Joseph Wolpe 所發明。

(2)籌碼制度（token economy）——患者每實現一項學習成就時（如吃飯準時），就給予籌碼，籌碼以後可以兌換實物或獎賞，以獲得適當的報酬（如週末放假），用來鼓勵。

(3)身體治療（somatic therapy）——使用藥物（drugs）、電擊（electric shocks）、動手術（surgery）等方式。

六、存在心理學（existential therapy）

存在心理學源自於哲學的存在主義（existentialism）——齊克果（Soren Kiekegaard）、海德格（Martin Heidegger）、雅斯培（Karl Jaspers）及沙特（Jean-Paul Sartre，一九八〇年四月十五日逝世）的思想。鑒於現代社會的疏離、傳統價值的瓦解，存在主義者相信人生的意義端賴自己，即使在一個充滿敵意的社會，我們只能自我選擇。沙特本人批評過佛洛伊德，並暗示過可以發展一套存在心理分析學（existential psychoanalysis）。亞斯培曾寫過心理病理學及現象學心理治療（phenomenological psychiatry），這應歸功於海德格的鼓舞所致。最著名的現象學心理治療家有 Minowski, Erwin Straus 及 Gebsattel 等人。存在心理學由 Ludwig Binswanger 帶頭，而受存在主義影響寫成心理學作品應推梅依（Rolls May）。

人性心理學的羅吉斯、馬士洛和存在心理學在很多地方有相似之點。存在心理學治療家，並沒有發展出一套高度的系統來做爲治療的技術。

存在心理學家企圖要去了解人類處境的危機。他們不接受驅力（drive）、能力體系（energy system）、潛意識機能（unconscious mechanisms）或刺激反應關係（stimulus response relations），他們只關心決心、責任、自律（autonomy）和認同（identity），以便尋求一個眞正的人（anthentic person）。

存在心理學治療的目標在於使個人應對自己負責，不管快樂與否，要面對世界，接受挑戰。治療者只是眞實地表白意見和感覺，使患者知道此時此刻自己在做選擇，並使患者知道自己在做自由的選擇。

爲了解起見，將心理分析學、行爲學派和人性——存在心理學（人性心理學及存在心理學合在一起）的心理治療，按照論點逐項比較，如下表：

各學派 論點	心理分析學派	行爲治療學派	人性——存在心理學治療學派
基本人性主張	生物性的本能，主要是性和攻擊，使人與社會帶來衝突。	像其他動物一樣，人類天生具有學習能力。	人類有自由意志、抉擇和目的；並有自我決定及自我實現的能力。
正常的人性發展	個體成長是經過每個連續階段的解決衝突，經由內化、認同成熟的自我控制，人格結構乃出現。	適應環境的行爲是經由強勢(reinforcement)和模仿的學習方式而得到的。	從出生後，人類便有特殊的自我體系(self-system)，個體發展自己的認知、感覺等人格特質。
心理病理學的性質	病理出自不適當的衝突解決及停滯於早期發展階段，留下強烈的衝突與微弱的控制力。症狀是防衛反應、不安。	病狀行爲來自不良適應行爲的學習。症狀是問題，沒有什麼疾病可言。	不調合存在於被低貶的自我和潛在的、欲望的自我。個體過份依賴他人以得到滿足和自尊，症狀是無目的感及無意義感。
治療的目的	得到心理性的成熟，加強自我功能，減低潛意識的控制及衝突的壓抑。	解除病症行爲在於除去不良適應的學習行爲。	培養自我決定，眞實和完整的人格在於發展人性潛能和擴大知覺。

所加強的心理領域	動機和感覺、幻想與認知。	行爲和可觀察到的感覺與行動。	認知、意義和價值。
時間取向	在於發現和解釋過去的衝突和壓抑的感覺，用現在去檢查它們。	不關心早期歷史或病原。現在的行爲才是被檢查和治療的對象。	集中於現在的現象經驗，着重於意識的經驗。
潛意識的角色	主要在於古典心理分析學；新佛洛伊德學派較少注重。	不關心潛意識過程和主觀經驗（甚至意識領域也不太關心）。	雖有一些人承認它，但加強的重點在於意識經驗。
內在觀察的角色 (role of insight)	是很重要的顯現在「糾正的情緒經驗」上。	不相關及（或）不需要。	比較加強「如何」及「怎麼」，而不強調「爲何」。
治療者的角色	偵探——探求基本衝突和抗拒的情形。	訓練者——幫助患者去除舊行爲，去學習新行爲。增強的控制是重要的，人際關係則是次要的。	眞正與患者見面，分享經驗，使患者成長潛能，轉移不滿意或減低不滿意的情緒。

七、佛教心理學治療的目的

佛教心理學的治療能夠吸取上述各派學說的精華而整合之，因爲佛教在基本上是「治療取向」(therapy oriented)。就哲學方面而言，佛教能夠提供人類在意識型態上迷失與知識上困惑的啟示。在心理學方面，佛教更能提供爲慾望束縛的焦慮痛苦及攻擊傾向人格的解決。因此，佛教在治療方面兼具哲學與心理學，並能把心理治療的視野擴大。

佛教清楚地指出人類痛苦的問題所在，對痛苦的診斷爲欲求(craving)與無明(ignorance)，解決之道爲「八正道」，治療的極終目的是「涅槃」解脫。

痛苦有欲求(情緒上的根源)和無明(知識上的根源)。欲求起於渴望、憎恨，而無明卻從妄想而來。所以治療之道：對有欲求氣質的人給予寧靜(tranquility)，而心智上困惑的人，則給予內省，這樣才是根本解決之道。

佛教心理學與西方治療學派之間最顯著的不同在於治療的目的。佛教不直接關心不良調適的有限個體，但卻關切整體人類困境的問題。佛陀陳述疾病可分成爲身體上的和心理上的疾病。我們人類時時刻刻遭受身體上的疾病，但心理上的疾病，除非達到聖境(sainthood)，否則是無法消除的。於是佛陀提供幸福的理想和不安概念：出家人可以捨棄一切而尋求內心的完全寧靜；在家人可以在世上活得很幸福、很和諧(適應環境)，但要避免過度，限制需要，時常自我分析與幫助別人。

佛教意識上的較高層次是禪定的實踐方面，這個觀念尚未爲大多數的西方心理學家所吸收，但這個關於較高層次的意識發展，卻是佛陀一生的精心傑作，可惜西方心理學家對此概念卻感到陌生。

八、佛教與西方心理學治療體系

一般說來，佛教治療聚合了心理分析學、人性心理學和存在心理學諸家學說，但行爲主義學派卻與佛教治療觀念稍異。佛教主張內省法，而行爲治療則着重外顯的行爲。然而佛教哲學也採取實證的姿態，強調觀察和證實。佛教也批評過形而上的理論（解釋心靈），佛教否定有純粹自我的理論。刺激反應的關係，按照佛陀的說法是激起人類憎恨和妄想的手段之一。佛陀以爲刺激反應在人類根深蒂固的心靈中是世世代代輪迴的。

完形派心理學是重視此時此刻的心理學(here-and now psychology)，佛教也重視時刻修行。完形派心理學與佛教都善加利用觀想（visualization），以便了解和探測我們內在的需要和反應。換言之，控制觀想，就能發展實在。西元十二世紀西藏佛教大師甘博巴（Gampopa）則利用反面觀想以摒除感情的問題，亦卽當我們發現到最強烈的感情時，我們必須設法矯正，如執着於感官的快樂時，就觀想到它的反面卽醜陋的一面。完形派心理學及佛教都能洞悉現象世界的變動不居、無從捉摸。波爾斯說過：「變遷、無實體是唯一的實在。」波爾斯更鼓勵人們要經驗人生，而佛教也勉勵人們經驗「開悟」(enlightenment)。因爲它可使用身心的、感情的、合理的及形而上的技術來達到這個目標。這樣我們便能在佛教裏發現到一個更加遼闊的心理學和哲學及其伴隨的藝術、音樂和瑜伽——所有人類文化各方面都導向一個崇高的理想。完形派心理學的治療最終目標是引向一較大的滿足、自足和個人的享受，而佛教則認知所有的外在世界都是因緣和合的關係，認識了佛法之後，我們就可避免自私和慾念所加諸束縛的痛苦；佛教的理想是菩薩——盡力去除眾生之苦，使眾生都能究竟涅槃，這是佛教的最高境界。

佛洛伊德心理分析中的慾力（libido）、自我本能和死亡本能與佛教主張的三種欲求表現，即感官滿足的欲求、自私的欲望追求與毀滅的欲求相似。

佛教有無意識動機的概念，即欲求感官的興奮是由較深層的意向所指使，快樂感覺誘向目的物的執着，鼓舞潛在的感官貪求；痛苦感覺引發潛在的激怒，無常對生命的威脅，則刺激了潛伏性的傾向執着存在。這些潛伏性的意向，提供了永不間斷的貪求、激怒、驕傲、嫉忌和各種不安的基石。因此說，心靈是一個動態的連續體，貯藏孩童時代（甚至過去無數前生）的記憶。佛陀認爲自我是由潛在意識所助長，並做爲緊張與不安的基礎。

佛洛伊德心理分析目的在於提供有限的和可達到的幸福理想，而佛教則提供基於心靈上的和倫理學上的一條正途，供世人遵行。

羅吉斯等人主張人類要對自己的命運負責，選擇自己的前途，並要有抉擇與責任感，這與佛教心理學和倫理學上的見解一致。佛教是否定自然命定論和神定論的。但佛教與「顧客至上」治療有別。佛教提供一條心靈不安的解脫之道和生活方式是比較積極的指針，「顧客至上」的治療技術，在內容上比較不清楚。佛教心理學和人性心理學所強調的決定和責任感也有一些區別：佛敎的看法比較富有動力性，它的根深的特質在於有過去和未來的傾向。

佛敎和存在心理學在治療方面也有其相似之點：存在心理學的「生命悲劇感」與佛敎的「人生是痛苦的」不謀而合。除悲劇感外，尚有「基本的焦慮」。佛敎提出以無我的觀念可以治療焦慮、痛苦和厭煩。佛敎更以爲焦慮不安的人，都是因爲執着於自我的緣故。存在心理學家喚醒了沉睡的人類去關心自己的處境，而佛敎則提出無我來解決問題。

第五節　佛敎心理學原理與當前社會病理

一、心理治療的改觀

梅依（Rollo May）討論到心理病理學方面的「問題區域」(problem areas）的重大改變時，他覺察到二十世紀初期，問題着重於人的困難問題在於本能方面，尤其是性方面的問題佔據了佛洛伊德的整個心思。蘭克（Otto Rank）和阿德勒（Alfred Adler）則改變興趣於專門探討自卑感問題、罪感和精神上不適當問題。新佛洛伊德派女將荷妮（Karen Horney）主題卻放在個體與團體的衝突上。今天主要的焦點則擺在不安、孤寂（loneliness）與空虛（emptiness）的問題上了。

梅依說過：「現在的問題不在性活動的社會禁忌或性本身的罪感，事實上，對很多人來說，性是空虛的、機械式的和無目的經驗」。他更指出這種「內在空無」不應只限於心理治療醫師的診斷室，而應該搜集更多的社會學資料，以便廣泛地證實這種現象的存在。

今天的社會病理如新佛洛伊德學派健將艾力遜(Erik Eriksor)所提出的認同危機(identity crisis)即在人格發展的八個階段(從幼到老)裏，個體必須達成正面的認同感(如自我確認、成就期望、性認同等)，否則擾亂了個體角色而產生疏離(alienation)。所謂疏離就是無法解決認同危機時，便產生不信任別人、無能感等，更認為周遭的世界是冷冰冰的現象，這是疏離的特色。艾力遜的學說，不僅是心理學的，還加上了社會學與人類學的觀點和色彩。

(圖二十七) 艾力遜
(Erik H. Erikson)

二、變遷世界中無表情的個體

在現代社會和經濟體制下，違反人性是明顯的：機械化和勞力分工，使工人成為機械的奴隸，工作變得單調、厭煩和毫無意義。巨型工廠的興起，官僚體制下的運作，機械式的工作習慣，使工人深深地對自己的工作不稱心。加上都市化以後，都市生活的緊張，缺乏娛樂，頻繁的遷徙流動，使人形成無根、無能的感覺。

缺乏內在目標以指導個體生命，使得不眞實的生命格調腐蝕心靈。經常拒絕認識自己，使自我認識(self-knowledge)的成長受阻。缺乏眞正的自我認識和自我導向(self-direction)是我們現代人的特色。這種情勢，不但創造一種零碎的和殘傷的人格，而且使得我們與別人建立溫暖的關係化成泡影，因此使人變成一種外導型（other-oriented）的病態人。由於內在的空虛，爲了逃避內在的眞空，使人走向別人，企圖找到援手，但結果是兩頭空，這就是病態都市（sick cities）的人類處境。

人類所創造的個體的、社會的及心理的空間是一種病態的社會，所以心理病理學（原來是要處理特殊行爲失常的人）現在必須擴大基地以及改變治療的目標。

三、佛敎心理學分析下的認同危機

佛敎提出兩方面的看法：

(1)加強重建「眞正的人」（authentic person），因此現代社會的人缺乏自我認識和自我導向，所以佛敎的發人深省的主張頗能迎合現代人的需求，而且佛敎的這種主張能與人性心理學及存在心理學相互配合。

(2)佛敎心理學的應用，即以無我的觀點去對付認同危機，以無我去破除自我憐愛(self-love)、自我憎恨（self-hatred）、自我懲罰（self-punishment）、自我執着（ego-attachment）等。

四、自戀（narcissism）

根據克拉博（Orrine Klapp）檢驗有關認同問題的共同症狀後指出：過份自我關心與自戀是認同問題的起因。自戀源於希臘神話故事人物 Narcissus 顧影自憐，墮入水中。佛洛伊德利用這個故事去解釋心理病患對自身的病理執着。自戀的人不但對自己的身體感到驕傲，而且發展出企圖固執於社會地位、財富、風尚、概念和意識型態。佛陀曾對阿難（Ananda）說過：「由於身體，就引起假像我以及其他的感覺、知覺、活動和意識，這是由於有我的假想而推演出來的。」

另外自恨（self-hatred）是對自戀的消沉與憂悒所作的反應，是自戀的否定面。自恨亦可說是「認同絕望」（identity despair），通常發生於生命末期。認同絕望可能導致自殺，很多人也都過着一種平靜的自暴自棄（quiet desperation）。

五、孤寂（loneliness）

雷玆曼（David Riesman）在「孤寂的羣眾」（Lonely Crowd）一書中提到人類被強迫性的社交（compulsive gregariousness）如參加俱樂部與狂熱地塡補休閒活動的情形。我們可以發現到人類逃避自我的奇怪現象以及企圖加入團體行列的行爲。梅依認爲這種病理是外導型（other-oriented）的行爲，是人類對孤寂的恐懼所作出來的行爲。

根據佛敎的分析，「孤寂」（being lonely）和「孤自」或「獨處」（being alone）是有區別的。沒有能力去經驗獨處以及不喜歡獨自休息乃是由於害怕孤寂。孤寂本身有好幾方面：文化制約下的孤立、失去別人尊重的孤寂、疾病迫使下的孤寂狀態等。自我逃避下的情形是比較通常的孤寂形式。

佛敎認爲獨處的經驗是尋求宗敎深刻內省的方式，這種經驗有別於親近山水自然的獨處需求。出家遁隱，在家實踐禪定和自我分析，享受一種獨處的妙樂，是爲佛敎所讚許的，因爲禪定生活能夠豐富人與人的社會關係，也使人更有深見和發現生命的意義，更能發揮精神作用，無聊和厭煩也能遠離。

佛敎更提出另一種見解：在社會上，建立相互尊敬和關心別人的成熟人際關係。但這種人際關係和相互共生與依賴外導型的病態活動是有所區別的。

六、感性與厭煩 (sensuality and boredom)

追求感官的快樂及性生活的墮落與敗壞人性，都能使認同危機上升；而發展一種佛敎生活格調 (Buddhist life-style) 才是當今的任務。

追逐快速變遷，不停地尋求變化，然後厭煩、幻滅可在齊克果的作品「或彼或此」(Either Or) 一書找到。唐璜 (Don Juan) ——西班牙傳奇故事裏的色情浪漫英雄，則是另一種類型的代表人物，他被歸類爲色慾型 (lustful type) 人物。

現代的年青人，在追逐聲色之後，發展到人類關係之中缺乏眞正的關心、愛情和親切。但從佛敎人性心理學和倫理學的創見性認同中，我們可以得到眞正的愛、善、尊敬以及深刻的慈悲心。

唐璜式的追逐結果，會產生厭煩、憂悒、痛苦和絕望，因此說唐璜式的理想，不可能變成長期一致的人生哲學 (consistent philosophy of life)。厭煩是今天認同問題中最深症狀之一。厭煩有兩類卽由特殊目標所引起的（如戲劇、書本等）及毫無目標，乃是自己所引發起來的厭煩。我們若能以內省去把握住這個「無名的空虛」（nameless emptiness），而進入智慧之門，才能徹底克服一切。

七、消極與積極地對付空虛

內在的空虛、厭煩、孤寂和嘔吐變成了當今藝術與文學乃至哲學的部分領域。

佛教對空無的經驗也採取兩種方法卽否定地對付空無與厭煩，另一種是積極地用內省法去了解實在的性質、沒有內在本質、沒有永恆的自我及心靈對空的體驗。

由於內在的貧乏，現代人沒有能力去改變消極性成爲積極性，進而洞察實在的性質。

自我與空無是佛教教義的中心主題，佛學專家孔玆（Edward Conze）曾說空的梵文 sunya 也有脹大（svi or swell）的意思，卽東西從外表看起來是脹大的，但內部卻是空的。就佛學術語來說，五蘊屬於外表脹大的部分，裏面無我卻是空的。

只有深入實在，了解人生是苦的與無我的觀念，我們才能超越消極的厭煩與空無的時代病。

第六章　佛學與其他學科的關係

佛學（Buddhism）近年來在歐美已發展成爲一種專門學科，進行着嚴謹的科學研究。

佛學是根據佛教經典文獻，加以整理、比較、分析而成立的一門學科；但它不是孤立的學科，與其他學科如考古學、人類學、社會學、語言學、倫理學、史學乃至藝術均有所關連。其中最値得探討的學科計有宗教學、心理學、神話學及哲學等，這些學科與佛學關係非常密切。

茲將佛學與宗教學、心理學、神話學及哲學的關係扼要分述如下：

第一節　佛學與宗教學

佛教是宗教，這方面比較容易理解。現在將佛教所包含的主要宗教層次，分述如下：

一、經驗的、神祕性的層次

宗教不僅包括教義，它還包括屬於絕對眞實與價値之宗教經驗。換言之，佛教很重視佛陀悟道的經驗，佛敎信仰者也希望實現那個經驗——經由禪定而達到一種寧靜、超感的神祕性。

二、敎義的層次

佛敎的敎義就是佛法（Dharma），也就是說佛陀的敎示；它使佛敎的信仰者深信不疑。

三、倫理的層次

所有的宗敎都有倫理規範(a code of ethics)，佛敎對出家的僧侶有「律」(vinaya)的規定，對在家人也有倫理道德可供遵行，因爲道德訓練，可以淨化身、口、意，更能導致聖化的目標。

四、宗敎儀式的層次

宗敎儀式是對象徵性的實體所做出的外顯（外表）行爲，它包括禮拜(worship)、祈禱(prayer)、奉獻(offering)等等，如佛敎信仰者禮拜佛像、（佛塔）等外顯行爲卽是。象徵(symbol)是指不用語言說出的、富有意義的一種符號；而宗敎儀式便是對這種象徵所做的禮拜行爲，先有意義的象徵，然後才產生行爲與動作。

五、神話的層次

神話對宗敎來說是不可缺少的。宗敎的深層部份，是理性不能觸及的，所以宗敎儀式和神話可以幫助人們領悟宗敎信仰的最深處；卽使佛敎聲稱爲最富理性和科學的宗敎，但神話部份仍然扮演着一項意味深長的角色。（見本章的佛學與神語學部份）。

第二節　佛學與心理學

心理學是要了解人類的一些經驗，包括動機、思想、感覺、感情或情緒等現象。一位西藏籍美國人名叫創巴尊者（Chogyam Trungpa），他是一個重要的、爭論性的新興佛門人物。他說過：「佛學來到美國就變成心理學」。美國人對於佛教之富有精細的心理學內容，大感驚訝。一九五〇年代，美國人爲禪學（Zen），尤其被鈴木大拙（D. T. Suzuki）和瓦兹（Allan Watts）的作品所吸引。六十年代更有大量的年輕人探尋東方宗教與坐禪技術，以此來省察內心，並求得心靈平靜。七十年代，美國人對東方宗教的研究興趣可說是到達最高潮。現在美國人逐漸地把佛教當作心理學來看待。有一羣逐漸擴大的美國心理學家和精神分析學家，是把佛學當作一種醫療心理學。例如一九八〇年四月「西部心理學會」（Western Psychological Association）年會就有「佛學就是心理學」的座談會；同年五月「美國精神病學學會」（American Psychiatric Association）也舉辦討論會討論「把東方的方式應用到西方精神治療」。同年六月南加州「克來蒙特宗教學研究院」（Claremont Graduate School）舉行「佛教心理學治療」會議。一些心理學教科書如弗拉格與發特曼（Robert Frager and James Fadiman）合著的「人格與個體成長」（Personality and Personal Growth）一書對「東方心理學」都列有專章敍述。弗拉格與發特曼均爲「加州超個體心理學研究所」(California Institute for Tranpersonal Psychology)的教授，這是一個提供「東方心理學研究」(博士課程)的學術機構。

在科羅拉多州博多市(Boulder, Colorado)，創巴創立的「那洛巴佛學院」(Naropa Institute)亦設有「佛教心理學」課程。每年也舉辦座談會。如一九八〇年「神智健全」(brilliant sanity)；一九八一年「精神病經驗：性質與治療」(The Psychotic Experience: Nature and Therapy)。

佛教的「無我」概念對於西方心理學的「自我」(ego)已直接面臨挑戰。西方心理學家自從弗洛伊德(Sigmund Freud)以來都一向把「自我」當作心理健康的堡壘；一些心理治療學家也都鼓勵病患建立「自我力量」(ego strenth)、「自我完整」(ego integrity)及「自我認同」。而佛教心理學家則認爲「自我」是病態的。東西方心理學的看法可謂完全採取相反的觀點。

根據佛教心理學的理論，禪定的結果能導致自我的消失，這在「阿毘達磨」(Abhidharma)裏可以找到學理上的根據。「阿毘達磨」一方面是「感覺」(perception)和「認知」(cognition)的理論；另一方面是「精神病理學」(Psychopathology)的理論基礎。它具體的說明了心理活動的情形。「阿毘達磨」在第五世紀時發展到達最高峯，「阿毘達磨」羅列了健康與非健康的心理性質，這與西方心理學不相矛盾。但「阿毘達磨」更道出了可經由禪定的技術讓坐禪者獲致心理的健康，所以有些臨床治療心理學的醫生也開始介紹禪定的技術給顧客去實踐此目標，從新的眞實感覺中解脫。

加州大學（Irvine校區）精神病學家瓦爾斯（Roger Walsh）說佛教心理學家對西方心理學家是一種威脅，因爲佛教心理學對自我的解釋是抱持否定方式的說法。西方心理學家都以「正統的」心理治療的思想來否定佛教心理學，像一九三〇年代心理分析學家亞歷山大（Franz Alexander）將佛教的禪定稱之爲「人爲的緊張症」（artificial catatonia）。

西方心理學多少有點傾向於病理學；而佛教心理學則提供路標和工具，使人去培養寧靜的較高層次。佛教心理學若要在西方心理學界佔一席之地，還有待時間和實用上的普遍證實，才能奠基、成長。

第三節　佛學與神話學

一、神話學概說

人類總是想辦法去了解某種事件發生的道理所在。舉例來說，太陽何以升起？因何下落？地球是怎樣被創造出來的？人類如何起源？從何處起源？今天由於科學發達，上述大多數的問題，都能獲得圓滿的解答。但古代人類缺乏科學知識來解答這種問題，所以他們解釋事件時，都用大人物如上帝……等來加以解釋。這種故事稱爲神話（myth）；對神話做有系統的研究稱爲「神話學」（mythology）。

早期人類的每個社會都發展出一套神話體系，在他們的宗敎生活上扮演極其重要的部分。神話大都屬於宗敎性的，其他的「民談」(folk tale)和傳奇故事(legend)則是屬於娛樂性質的，不信也可以，但人們卻認爲神話是神聖的、眞實的，而加以信仰之。

神話大都與神性(divinity)有關，人們認爲神具有超自然的力量，但也具有人類的個性(人格)，神也有喜、怒、哀、樂，經歷生死等過程。有很多神話人物的神像人類一般，這就說明了社會文化的價值觀點，創造了神話人物性質。

研究神話，可以提供我們每個社會文化對人在世界的地位問題有所了解，也可以讓我們知道每個社會文化如何發展出他們的習俗與生活方式。檢驗神話系統，使我們更了解個體與個體之間是在感情與價值的結合下形成一個團體。神話學更提供我們對偉大藝術、建築、文學、繪畫及雕刻作品的鑑賞。

神話可以分成「創造神話」(creation myth)及「解釋神話」(explanatory myth)兩類。「創造神話」是解釋世界的起源、人類如何被創造及神的出生等。早期的人類社會文化發展出這套「創造神話」。「解釋神話」用來解釋事件演變的過程。

有些神話是透過特別「神」或「英雄」的行爲來強調的。例如古代希臘特別強調「中庸」之道，於是希臘人便找到阿波羅(Appolo)——純淨、音樂和詩神，做爲理想的表現。大人物(英雄)的神話也同樣用來當作道德價值。這就是釋迦牟尼佛有很多神話的原因。

二、神話學的內容

(1)神話人物

神話人物 (mythical beings) 也有三類：第一類是「神人同形」(anthropomorphic)——anthropo 是「人」的結合辭，morphic 是「形態」的意思。第二類「神獸同形」 (theriomorphic)——therio 是「動物」的結合辭，morphic 是「形態」的意思。第三類是「人獸共形」如埃及的「人首獅身」 (Sphinx) 便是。

(2)神話地點

神話地點 (mythical symbol)，主要是「天」、「山頂」、「地下」等。人們相信神居於最高處可以看清楚凡間。佛敎的神話有很多都涉及「天」、「山頂」、「地獄」。日本的神話也牽涉「富士山頂」。

(3)神話象徵

神話象徵 (mythical symbol)，例如希臘把太陽象徵爲神，埃及將太陽象徵爲船。其他動物、人類、植物也可以用來表示概念和事件。有些人崇拜蛇爲健康的象徵，因爲蛇會脫皮，而變成更年輕、更健康。有些藥草也用來象徵長壽，但「蘋果」卻變成「禁果」，因爲亞當 (Adam) 和夏娃 (Eve) 偸吃它。

(4)比較神話學

將各社會文化的神話拿來研究比較，我們可以獲得下列的結果：

①屬類關係（generic relationship）——神話基於共同的說法，如紐西蘭（New Zealand）的土著毛利人（Maoris）和古希臘人都說到地是從天分開出去的說法。

②起源關係（genetic relationship）——古希臘的「天神」（Zeus）和印度的「天神」（Indra）內容相似，使我們了解古希臘與古印度的文化，來自一個共同的文化——印歐文化（Indo-European Community）體系。

③歷史關係（historical relationship）——相似的神話也在不同文化社會出現，顯示出他們有歷史先後的關係。

三、神話起源的臆測

對於神話起源的問題，長久以來，學者都極力要去揭開它的謎底。有些人認爲神話起源於歷史事件，並歷經代代的曲解、擴大而成；有些人則認爲神話是人類企圖解釋人類無法理解的自然事件。綜合底下一些學者的解釋，我們至少可以看出神話起源的端倪：

(1)謬勒學說（Max Muller's Theory）

他是十九世紀末葉德籍英國語言學家，他認爲神話中的英雄或神都代表自然，尤其是太陽，如英雄的出生代表黎明、英雄的勝利代表正午（如日中天），英雄的死表示日落。唯此學說似已過時。

(2)泰勒學說 (Edward Tylor's Theory)

他是十九世紀英國人類學家，認爲神話起源於汎靈信仰 (animism)——萬物有靈。

(3)馬林諾斯基 (Bronislaw Malinowski's Theory)

他是二十世紀初期的英國人類學家（在波蘭出生），但不同意泰勒的主張。馬林諾斯基以心理學去解釋神話。他認爲原始人類不能合理地解釋自然界所發生的事件，所以產生神話。如原始人類解釋「打雷」時便說「神用槌打東西」。但創造這種神話，卻可以解除心理緊張的功能（作用）。

(4)弗來則 (James George Frazer's Theory)

他是介於十九世紀末期及二十世紀初期的蘇格蘭人類學家，認爲神話起源於人類的生、老、病、死的自然循環。

四、神話對社會與個人的影響

(1)神話對社會的影響

十九世紀末二十世紀初的法國社會學家涂爾幹 (Emile Durkheim) 認爲每個社會在宗教上都表現出每個社會的制度與價值體系。社會的神、英雄人物及神話都是社會制度和價值體系的集體表現 (collective representation)，這種「集體表現」決定了個人在社會上的思想和行爲。

當代法國學者杜美奇 (George Dumezil) 受了涂爾幹的影響而去研究印歐文化的神話。根據杜美奇的研究結果，他說印歐文化的神是階級制度(caste)的集體表現，如 Mitra, Varuna 代表婆羅門階級神；Indra 代表刹帝利階級神；Ashvin 代表農、牧階級的神。有一個古代印度神話這樣說：「Indra 殺了一個威脅和平與安全的惡魔，但這個惡魔是婆羅門階級的牧師，因此 Indra 心理覺得犯了嚴重的大罪，因爲他像是殺了一位婆羅門。」這個神話用來表示古代印度社會低層階級不能侵犯上層階級。

⑵神話對個人的影響

二十世紀初期，瑞士心理學家雍(Carl Jung)發展出一套神話影響個人的態度和行爲的說法。雍認爲每個人具有「個體與集體潛意識」(personal and collective unconsciousness)。「集體潛意識」爲一個民族社會的成員歷代遺傳下來的。每個人都能分享到。雍進一步說明「集體潛意識」構成了人格的「基本模式」(basic pattern) 和「符號」(symbol) 系統，他稱之爲「原型」(archetype)。而神話是「原型」之一，其他還包括「神仙鬼怪的故事」(fair tale)、「名門小說」(folk saga)，如中國薛家將、「藝術作品」等。「原型」在有人類時期就產生了。雍以爲所有的神話都有共同點：人物、主題、地點、情節等。研究神話及「原型」，能使我們追溯到某一個民族，甚至整個人類長遠以來的心理發展過程。

五、佛教神話學的內容

佛教起源於西元前第六世紀，在漫長的時間長流裏，匯流了當地的神話體系，並流傳於亞洲

（始於第二世紀以後）更與當地神話結合。自十九世紀西方的理性和自由思想，對於釋迦牟尼教義的歷史，起了很大的革新。佛教的神話學包括像釋迦牟尼一生的故事內容，有很多都是神話故事，如戰勝惡神 Mara、本生談等。還有佛塔（stupa）、佛像建立都以神話爲主題去塑造的。其他的六道輪迴說、諸佛與菩薩、地區性的神祇（如 Mara）和惡魔（如 maharaja）、女神或保護神（如中國的觀音、西藏的度母（Tara）、活佛（如達賴喇嘛）等都以神話學爲其內容。

第四節　佛學與哲學

哲學是「愛智之學」（philo + sophia = philosophy = love of wisdom）。哲學有兩個目的：使個人對他所處的宇宙有個統一的看法；並且使個人的思想富有敏銳的觀察能力去做比較清晰和準確地分析事理，而成爲「批評性的思想者」（critical thinker）。

因此哲學所採用的方法是推理（reason）、觀察（observation）、信仰（faith）、直觀（intuition）。

佛學在所有的宗教之中是比較富有哲學傾向的一門學科。它的哲學傾向計有形上學（metaphysics）——認識感觀之外的實在（reality）；認識論（epstemology）——研究知識（knowledge）的起源、性質和極限；人類存在的問題、來世論及解脫論（Eschatology and Soteriology）、倫理學（ethics）及邏輯或理則學（logic）。玆將上述各項稍加分述如下：

一、佛教形上學與認識論

(1)基本態度

否定權威的說法，樹立獨立的理性思維。

(2)形而上學

佛教主張「緣起性空」，一切有爲法皆因緣而生，各種現象都是由因緣條件互相依持與作用而存在。因此，諸法無我及無自性。

(3)宇宙論

宇宙僅有剎那間的生滅，沒有絕對獨立的存在。大如宇宙的形成，小如原子的構造，都因相互關係而存在的。

(4)認識論

「我」是認識的主體，但「我」既是由因緣和合所造成的假相，因此，凡經由認識所得到的經驗知識，也不算可靠。

二、人類存在的問題

佛教以「緣起說」，因爲人的存在是痛苦的，痛苦起於無明，只有追求佛陀所指示的「正道」才能得到解脫，所以佛教並非是絕望的，而是充滿喜悅的人生觀。

(1)無我

佛陀認爲沒有一個超越感官的實在（體），生命時刻都在改變，自我因此不存在而且是虛幻的，若人要認同他自己，則運氣、社會地位、家庭、身心等等都是不實在的我。佛教提出人類存在的「五蘊」(five skandhas or five aggregates) 或五種要素的理論：色、受、想、行、識。人類的存在，全由「五蘊」所構成，其中並無「我」和「靈魂」在內。

(2)眞我

佛教認爲涅槃的實現，可以解釋爲歸依到眞我去的意思。但這個眞我與印度吠檀多哲學(Vedanta Philosophy) 的看法是不一樣的：吠檀多哲學的眞我是形上學的範疇；佛教的眞我是實踐的。大乘佛教更發展眞我成爲「佛性」(Buddhanature)，謂人類均有佛性，因此人人可以成佛。

(3)緣起觀

緣起(dependent origination) 觀爲佛教各派所採用，尤其「說一切有部」(Sarvastivada or All Exists School)、「中觀學派」(Mydhyamika School or Middle Way)、「唯識論」(Vijnanavada or Consciousness Only)及「華嚴宗」(Hua-yen or Kegon School) 等均對緣起之說有所發揮。

(4)空

空(Sungata) ——中觀派把他們的最高眞理或實在稱之爲空，意謂「不可描述的」，即不可用言語描述或用概念去認識的實在。中觀派認爲世上的一切事物以及我們的認識，甚至包括佛陀、涅槃等等都是一種相對的、依存的關係（因緣），更是一種假借的概念或名相（假名），它們本身並沒有獨立的實體性或自性（無自性）。只有排除了這種因緣關係，亦卽破除了執着名相的邊見（偏見），才能達到最高的眞理，達到空或中道。中觀派的空是主觀與客觀的泯滅，沒有任何性質或規定的內容，也是理智或科學思維所不能及的存在。總之，萬物的存在，因沒有實體，故稱空。

(5)業力——自由與決定

業力起源於印度敎卽佛敎前期的印度（pre-Buddhist India），佛敎借它來使用，但頗受印度非佛敎哲學家們及現代學者們的抨擊，理由是佛敎的「無我」理論與「再生」是衝突的。因爲任何沒有實在的形體，怎麼會「再生」？佛敎則用「火」的比喻來加以說明，主張火的本身（外表）沒有變，但實際上每一刹那都是在變化。唯識論（Vijinanavada or Yogacara）的阿賴耶識（alaya-vijinana）——基本識（fundamental consciousness）概念的興起，就是爲了要解決這個衝突。

三、佛敎的來世論與解脫論

(1)理想狀態

涅槃乃是解脫死的痛苦。禪宗認爲一個獲致涅槃的人，還可以住在世間爲眾生服務。南傳佛教認爲和尚（修行者）只能到達阿羅漢(arahant state)——成聖(sainthood)地位（在家人不能成聖），但不能成佛。大乘佛教認爲每個人經過很多世的再生與修行，便可成佛；但淨土宗（Pure Land School)認爲即使一個普通的在家人也能藉着阿彌陀佛的助力而成佛。

(2)佛、阿羅漢、菩薩

南傳佛教只歸依佛教教主釋迦牟尼佛（Gautama Sakyamuni)；但大乘佛教除了禮敬歷史人物釋迦牟尼佛（諸佛之一）之外，尚且禮敬永恆及原始佛(eternal and primordial Buddha)化身的各種佛，如彌勒佛(Maitreya Buddha)——未來佛、阿彌陀佛(Amitabha Buddha)——淨土宗的信仰者特別禮敬之、大日如來佛(Vairocana Buddha)——原始佛，密宗信仰者崇敬之。

大乘佛教又有「三身」(Trikaya or threefold body of Buddha)之說：法身(Dharmakaya)、受用身(Sambhogakaya)、變化身(Nirmakaya)之說。

阿羅漢是和尚悟入涅槃的意思——修行者的最高境界。阿羅漢只能靠自力的修養來成就自己，並鼓勵其他修行者也步此道路；但阿羅漢被大乘佛教認爲是自私的行爲，因爲阿羅漢光是自己悟道而已。

菩薩(Bodhisattva)是悟道成佛的候選人，他發願做出利他主義、普渡眾生，然後才成佛。南傳佛教認爲菩薩是業力成熟的產物；大眾部(Mahasanghika or Great Assembly)及大乘佛教則堅持菩薩可自由地出生於今世並照他的意願去拯救眾生，來到世界而不受業力的束縛。

(3)成道的階段

南傳佛敎認爲成道（阿羅漢）必經由四個階級：預流果即進入聖化(entering into the stream of sanctification)、一來果即不再生於欲染的境地(not being reborn on earth more than once)、不返果即不回到塵世來（not returning to earth）、阿羅漢果（being in the state of arahant）。

禪宗認爲人人可以直觀自性而立即成佛；天台宗、眞言宗的論調也相同；淨土宗認爲要經「他力」即藉着阿彌陀佛的力量才可以成功到達西方極樂世界。

四、佛敎倫理學

(1)中道（The Middle Path）

社會生活的普遍規範是時刻在變的，但佛敎的倫理規範還保留下來。淨土宗認爲人類時常製造惡業，所以必須仰賴阿彌陀佛的力量才能得救，淨土宗的這種觀念脫離了倫理規範的範疇。

(2)慈悲與愛

佛敎認爲眞正的智慧不在於形上學的詭辯，而將慈悲的態度表現於實際社會生活之上。愛（一種心理態度）是一種高貴的情操，乃是分享別人的憂苦與快樂，並認爲整個世界與我是相連的、解不開的親密關係體系。

(3)惡的問題

邪惡的氣質必須控制，如「十惡業」的殺生、偸盜、邪淫、妄言、綺語、兩舌、惡口、貪、嗔、痴等不可爲之。遵守道德才能培養出平靜的心靈。佛敎講因果報應，生死輪迴，宣稱一個人今生的善惡行爲，將決定他來生的命運的好壞。

(4)倫理訓練

禪定是到達悟道的途徑。所以南傳佛敎的寺院制度還是佛敎生活的重心所在。西藏佛敎也採取嚴格的寺院制度。

日本佛敎及尼泊爾佛敎認爲道德訓練可以在世俗中實踐；日本及尼泊爾的佛敎更強調人際關係的活動，如不贊成托鉢制度、法師可以結婚等。

(5)社會服務

日本及尼泊爾的佛敎強調「現在世界」的傾向；南傳國家因農業生產足夠，所以強調「布施」。大乘佛敎如中國佛敎強調「社會制度」如醫院、孤兒院、學校之設立及服務。

(6)在家人的倫理

在家人以遵守五戒：不殺、不盜、不淫、不說謊、不飲酒（日本、尼泊爾、西藏不太遵守）爲基本倫理準則。

(7)經濟倫理

南傳及大乘佛敎均認爲法師爲在家人的精神導師，在家人有支持宗敎制度的責任。

小乘佛教的僧侶不准從事經濟活動，他們只能接受供養。大乘佛教的僧侶則可以從事與慈悲事業有關的職業。

(8)禪定

佛教的終極目標是在於悟道，所以禪定被認爲是必要的。在佛教基本理論指導下，使精神專注一處，思慮佛教人生哲理（禪觀），以堅定信仰，使精神達到擺脫生死苦惱的所謂涅槃境界。

(9)人類平等及宗教的容忍亦爲佛教所提供的倫理信條

五、佛教理則學或佛教邏輯（因明學）

佛教理則學是佛教與其他宗教學說（外道）辯論中發展出來的。在第四世紀我們可以發現到彌勒（Maitreya）、無著（Asanga）及世親（Vasubandu）等論師的經典作品。

爲用來反對尼也耶舊派（Nyaya School）理則學而發明新式理則學爲陳那（Dianaga, 約400-485）。陳那建立了「三段論式」（three-proposition syllogism）來代替舊式的「五段論式」。

五段論式是：(1)命題（proposition or pratijna）如聲音不是永恆的；(2)理由（reason or hetu），因爲它是一種產物；(3)譬喻（example or drstanta），它像一個盆子；(4)應用（application or upanaya），盆子是一種製品，且像聲音一樣不是永恆的；(5)結論（conclusion or nigamana），因此聲音不是永恆的。

三段論式是將(4)及(5)略去，比較簡化。

陳那的佛教理則學和認識論在第七世紀時，由大思想家法稱（Dharmakirti）再加以發揮。法稱認為有效的知識只有兩類：直接感覺到的及推理而來的知識。法稱否定經典的權威性，但他卻承認佛陀是所有知識的來源。法稱以為每一個存在是變化的，而每一個人只不過是剎那間的連續，並被想像的和辨別的思想所左右。推理才是普遍而有效的知識，感覺則是特殊的，比較靠不住的知識。

但禪宗反對佛教理則學；禪宗以喚醒直觀並超越邏輯的辨別為其特色。

第七章　從存在主義觀點看佛教

目前佛學的研究，出現兩種危機：第一種危機是來自傳統佛教學派的研究者；第二種危機是以西方學術傳統來研究佛學。

一般說來，前者闡述佛教歷史現象；每個學派的研究者（信仰者）都聲稱該傳統學派最具「眞」或「純」或「最高」的佛教教義，並把該學派所遵奉的聖典（經典）追溯到佛教創始人身上。除此而外，他們堅持佛教具有拯救的方法。佛教的眞正意義，可藉教義之整合而達致，並藉着倫理（戒）、禪定（定）、智慧（慧）在日常生活中實現。但此派傳統卻一直強調佛教的不變性，以及強調主觀參與的必要性，他們認爲這樣才是了解佛教的不二法門。

西方學術傳統研究佛學是把佛教放在觀察者（研究者）的外邊，而以科學的客觀性來處理，然後再分析其歷史、文化背景，最後再檢視並批判其經典內容（內容分析）。

這兩派的研究趣向，當然也有其正面的建樹及洞見，但是這兩派的佛教研究者很難對我們現代人類存在的特殊情境提供一套完整的說服力、令人滿意或創見性的解釋。因此，本文試圖將佛敎對於現代人類所追求的切身存在和意義等方面來加以闡述。換言之，即以西方的「存在主義」觀點來看佛敎，用以彌補上述兩個學派的不足之處。

第一節 存在主義概說

哲學是時代的產物，與其所處時代的社會文化背景聯繫在一起。發生在本世紀前半葉的兩次世界大戰，使歐洲傳統哲學的理性論發生動搖；更由於經濟危機，使歐美哲學家感到人類的尊嚴遭受破壞。德國一些哲學家如海德格（M. Heidegger, 1889–1976）、雅斯培（K. Jaspers, 1883–1969）等人適時地提出較有系統的存在主義哲學（Existentialism），以便研究人類的「存在」（existence）的可能性，以及研究人類處境的焦慮、不安、死亡等經驗。法國也在第二次世界大戰期間流行起存在主義來，代表人物包括馬塞爾（G. Marcel, 1889–1972）、梅洛龐蒂（Merleau-Ponty, 1906–1961）及沙特（J. P. Sartre, 1905–1980）等人。存在主義在一九六〇年代盛行於美國，代表人物如狄里奇（Paul Tillich）、馬奎理（John Macquarrie）等。

第二節 存在主義的基本特色

存在主義的派別很多，但有其共同特色。茲將其重要的五點分述如下：

(1)存在主義把人做爲研究的對象——卽關於人的價值。因爲人是衡量一切事物的尺度。換言之，把人的存在、人的倫理、人的內在心靈做爲研究的對象。人的一生是不斷地進行種種選擇的過程與不斷地超越自己的過程，每個人都是自己生活的設計師。

(2)存在主義者認爲「自我」旣是存在的重心，又是世界一切之所以存在的出發點，因此，沒有「自我」，就沒有世界，更沒有一切。

(3)存在主義的立論原則在於強調個人的體驗，反對理性與科學。存在主義重視主觀意識或經驗，強調從人的心理現象中，分析出有條理的經驗素材。

(4)存在主義宣揚不可知論，亦卽人生是一個未知數。

(5)存在主義否認社會歷史發展的客觀規律，認爲人們在社會歷史發展面前是無所作爲的。

第三節 存有與存在（Having and Being）

一、存有的幅度（Dimension of having）

「存有」與「存在」顯示出我們對生命的兩個不同態度取向。

在現代社會裏頭，世俗與物質的價值觀支配着社會與文化生活到非常深遠的程度。「存有」

以「取得」爲其特徵。換言之，現代社會強迫人們活在世上以「取得」物質愈多愈好，以爲「取得」無生命的東西（物質）之後，人便會愈受保護，愈感到安全並且能提高社會地位，進而名利雙收。

在人際關係方面，丈夫、妻子、兒女、朋友、熟人等都被各種關係的網絡交錯結合在一塊兒。其他抽象的思考也是一樣，佔滿了我們的思想領域，如科學的、政治的、經濟的、社會的、歷史的、宗教的知識等等，這些知識的大門都是敞開着，期待我們去「取得」，眞可說是「知識爆炸」的時代。

我們甚至也將我們的身體與心靈當做「東西」一樣地擁有它們。這樣一來，身體、心靈和生命都被視爲無生命的東西，我們設法保住它們，否則就會喪失。一旦有了這兩分法（主客）之後，主人拚命地在尋求意義和目標的同時，主人必然地是孤立的角色。「我有我就存在」（弗洛姆語），這種着重於「取得東西」，才會發覺安全所帶來的結果必然是焦慮、異化（疏離）、孤寂、厭煩和無意義。

相反地，不要「取得」豐富，而要「存在」得豐富，人生才具有意義。

二、佛陀的捨棄世俗

斷然捨棄世俗的「存有」（取得），而毅然地從世俗的掙扎中轉變爲宗教模式的存在，可由釋迦牟尼（Sakgamuni）的一生來加以說明。

釋迦牟尼生在有錢有勢的家庭、受過完美的教育、結婚生子等各種物質享受的環境裏，但後來乃堅決地出家修行，尋求生命更深層的存在意義。佛陀當時所處的社會文化是：一方面他可以進行「取得」豐富的世俗享受；另一方面，當時的政治與社會組織方面也已經發展到人們可以自由從事於哲學上、宗教上的追尋。

我們今天的現代人，仍然與佛陀當時的情形一樣。生老病死的存在情境仍然輪迴不已。「存有」與「存在」的抉擇，依然擺在我們的面前叫我們去面對、去做自由的選擇。

三、佛陀一生的典範

如果我們愈加分析佛陀一生的行誼，愈使我們發掘人類存在的普遍意義。經由佛陀具有意義的轉捩點（捨棄世俗）的啟示，更加使我們認識到人類存在潛能實現的可能性。

眞正捨棄世俗的一切，並非只是部分的或有條件的把某種態度或信仰做了轉變而已，而是整個人格劇烈變化的投入。接受這項使命，必須遭受焦慮、疑慮、絕望、空無而不退卻始能達成。佛陀終於實現成佛（Buddhahood）的願望，的確下了一番不尋常的功夫才達成其崇高的目標。

今天，佛陀的典範，依然提供我們一條活生生的、直接的戰鬥路線：我們存在的深刻問題在於經由覺醒的過程，才能實現內在心靈存在的潛能。

第四節　淨化的工作

一、存在問題的推敲

人類存在的問題，亦即在人生必有死的情境下，生命的意義和目的爲何？

今天的科學，雖然能夠提供一套清晰的、合理的宇宙觀，但卻不能說明人生的意義和目的來。我們仍然感到焦慮、孤寂、空虛，對於我們的存在，我們並沒有找出任何眞正的內在意義和目的。

二、佛教對人類存在問題的囘答

佛教（Buddhism）是由一個具體的歷史人物（釋迦牟尼），他爲了尋求人生的意義與目的而創造出來的宗教。他解釋人類存在的情境是苦海無邊（Samsara），生死又是輪迴不已的，但經由悟道或證悟（enlightenment）便能尋找到解脫生死之匙。因此，存在的目的是以自己的努力，超脫生死，達致涅槃（nirvana）境界——超越生死苦海，免受生死的束縛。

南傳佛教以阿羅漢（Arhat）爲人生追求的目標；但北傳佛教（大乘佛教）幾經歷史文化的發展過程，認爲從阿羅漢向利益眾生的菩薩（Bodhisattva）過渡而終於成佛，這才是人生理想的目標。

三、古代人與現代人的存在情境

佛教經過了二千五百年的發展過程，爲要適應不同的時空生態環境，所以在經典與解釋、信仰與理性、傳統與現代等方面都有其明顯的衝突之處。

我們學佛的目標是在評估佛教對現代社會文化的洞見，並尋找佛教對人類存在的意義上所持的基本主張和看法，這樣我們才能從佛教教義中取得最佳的教訓。

基本上，我們現代人的存在情境與悉達多（Siddhartha）太子當時的情境是類似的：生命仍由冷酷的物質主義以及由世俗價值所左右；對人類的關懷完全被吸入並喪失於非人格的羣體裏面；佛陀睹見生老病死，而萌捨棄世俗之心，今天我們更目睹基本價值、進步觀念，以及對科技態度的疑惑。我們可從齊克果（Kierkegaard, 1813–1855）對焦慮的研究、馬克斯對異化的關心、海德格對虛無與死亡的分析；更由文學作品如卡夫卡（Kafka）的嚇人想像、艾略特（Eliot）的絕望、沙特的嘔吐等，窺見一斑。

佛陀的「覺醒」，應視爲他對人類存在意義的實現。佛教的教訓可視爲實踐眞正生命的過程。

第五節　單獨存在（Being-alone）

人類個體的「單獨存在」以及個體社會化過程中的「與人共存」(Being-with)是個兩極化(polarity)，同時又是互爲關聯的觀念。

一、單獨與焦慮 (Alone and Anxiety)

人類出生時是單獨地被拋入到這個世界來，死去時也是單獨地去走出這個世界，未來則是充滿着不確定的情境。在不可避免地死亡陰影隨時來臨的威脅下，人類很容易落入一種不眞實的單獨存在，也就是說陷於佛教所謂的苦海無邊的生死輪迴裏頭。這種情境，當然使我們經驗着焦慮不安。

佛陀出生後，經歷過各種官能上的享受，但是他感到這些是不眞實的實體，最後迫使他捨棄世俗，而斷然地去迎接健全的整體存在和內在意義的尋求。

二、歸依 (Taking Refuge)

爲了回答存在的焦慮不安，就要找依靠。無疑的，從佛陀的捨棄世俗、悟道、積極從事對世人的拯救工作，便可找到答案來。

歸依的主要原動力，在消極方面是存在的焦慮；積極方面是希望的期待。換言之，焦慮是歸依的原因，希望是歸依的本質。

歸依是歸向「佛」(Buddha)、「法」(Dharma)、「僧」(Sanghs)(三寶)。「佛」是指佛陀的人格與行爲是我們的模範；「法」是佛陀的教訓，是珍貴的言行記錄；「僧」是志同道合共同在追求佛教的團體。

第六節 與人共存（Being-with）

人類一旦存在於世上，不可避免地必須與他人共存——尤其從思想交流與語言溝通這兩個要素上更能說明與人共存的深層結構。

一、不眞實的與人共存（Inauthentic Being-with-others）

不眞實與人共存的根源是「自我心」（Self-concern）的作祟。「自我心」的擴充會減低別人的存在，並產生三種表現：「執着」（desirous attachment）、「反感」（aversion）及「冷漠」（indifference）的現象。

執着就是把對方視爲自己想要的或想去影響的對象。反感與執着剛好相反，反感就是欲把對方除去而後快的心理傾向。冷漠乃是將對方以不關緊要的態度來加以對付。

執着的最強烈形式是性欲，將對方視爲體質上的合適對象，並能滿足其性的驅力；其他的執着如誘導對方臣服於其（自己的）意志，以便利用對方，這些乃是執着表達方式的實例。

反感可從深度的憤恨到溫和地勸止對方不要防礙本人慾望的達成的反應。

冷漠雖然是採取中性的態度（既不執着也不反感），但它不接受對方以平等相待的方式，因此也是屬於不眞實與人共存的範疇。

從執着、反感及冷漠產生更多的不眞實的人際關係，如驕傲、貪婪、嫉忌、僞裝等，因限於篇幅，不再一一贅述。

二、眞實的與人共存（Authentic Being-with-others）

平等心（equanimity）是眞實與人共存的態度。發展平等心的目的是要把不平衡的人際關係結構加以變化，而代之以平等心。平等心可以經由與他人關係做有系統的分析而逐漸達成之。平等心時常受到自我心的威脅，但我們必須透過一種有意識的努力，來培養平等心，以減低自我心。我們更必須時常懷抱「菩提心」（Bodhicitta），將所有的人類視爲平等，常常想到我們需要追求安適、幸福，別人何嘗不是同一願望而自勉。

人類眞正的幸福在於個人與他人實現存在的最大潛力。個體單獨時，要歸依佛、法、僧三寶，做爲引導和指南針，而目標則在成佛。與人共存時，則存着大乘佛敎的利益衆生的慈悲精神。這樣經由成佛的過程，我們經歷了單獨內在的眞實，同時也增進我們與他人共存的能力，促使他人也實現幸福。這就是完美、理想的存在。

第七節　智慧與方法（Wisdom and Method）

智慧(wisdom or prajna)與方法(method or upaya)兩者是互補的。像跛子(不能走路但具有銳眼)——即智慧;盲者(能走路但不具有銳眼)——即方法。兩者必須互賴:跛子不能行,但有眼睛;盲者能行,但無眼睛。兩者必須完全配合,才能行走無礙。

一、「單獨個人」跟「與人共存」之統合(Unity of Being-alone and Being-with)

生命不是機械作用的,生命可以把「單獨個人」跟「與人共存」的矛盾統一起來。

從佛教觀點來說,歸依「佛」、「法」、「僧」三寶是眞實的「單獨個人」的指針;而培養「覺醒的心靈」(awakening mind),亦即「菩提心」——對衆生慈悲,則是眞實「與人共存」的根本旨趣。這樣一來,從個體的歸依三寶,進而實現菩薩的入世精神(服務的人生觀),就能去除「二元論」的矛盾與衝突了。換言之,個體與個人、個體與他人,不但不產生矛盾與衝突,相反地,兩者之間的關係,在佛教人生觀的解析下,是統合的、和諧的。

二、智慧(Wisdom)

智慧與方法可用「六度」(six transcending functions or six paramita)來加以分類:智慧包括禪定與智慧;方法包括布施、持戒、忍辱和精進。兩種智慧加上四種方法,便能夠使我們成佛。它的原理好像船筏一樣,把我們從生死的彼岸,渡過涅槃的彼岸,因此稱之爲「六度」。

修習禪定之後,能把我們的思維納於正軌,進而克服欲念(妄想),而獲致心理自在。研究佛法能使我們了解到我們經驗裏的衝突、挫折和焦慮不安的由來,也才能把無明(ignorance or avidya）的面紗揭穿出來，這便是智慧。智慧的功用在於把無明去除，無明一旦去除，則永恆不變、自性等概念亦能揭破。如此一來，便能掌握到大乘佛教的「空性」（voidness or sunyata），亦即一切方法（萬事萬物）無自性（lack of the falsely imagined self-idenlity）。

為了要獲致如此洞見，專注集中的禪定工夫是必要的，因此智慧與禪定是互為表裏的。

三、方法

為實踐成佛之道，下面四種倫理上的實踐（方法）是必要的。因只求智慧而忽視方法，則會導致過份的內省而不能與他人做有效的溝通；方法如果缺少智慧便會流於表面的善意利他行為，這樣只能減輕存在的痛苦症狀，而不能把握到問題的根本核心。

茲將四種方法簡述如下：

⑴布施（giving）——基本上，布施是態度的轉變，其目的在於建立內在的利他主義。

⑵持戒（moral discipline）——在特定的界限內，行為受到限制，藉此道德訓練來控制身、口、意的行為。如此便能創造內心的寧靜，並且有效地培養智慧與禪定的成長和進展。

⑶忍辱（patience）——忍辱是憤怒與憎怨的解毒劑。意志能夠堅定忍耐，才能克服一切困難，並能對誘惑加以抗拒。

⑷精進（enthusiasm）——要有大無畏的精神，才能勇猛精進。它包括三種要素：抱負、自信和喜悅。

第八節　適當的存在模式

一、三身（Threefold Buddha Body or Trikaya）

最適當的「單獨存在」，可用「自己實現生命最有意義的存在」或「法身」（dharma-body or dharmakaya）來加以表示；而最適當的「與人共存」模式，可用「爲他人實現生命最有意義的存在」或「色身」（form-body or rupakaya）來加以說明。

如此，成佛包含了兩個主要的存在模式：「法身」及「色身」。

法身是內在個體的內在心靈對自己、他人、萬事萬物（諸法）的洞見，而經驗着最合適的存在模式。因爲無明一旦被智慧所淨化，最深處的焦慮不安情緒便會被解決，喜悅情緒自然湧出來，有希望的存在意義便被實現。

色身是與人共存的最適當的模式。一般說來，這種人具有三種高貴的品質：直觀的洞察能力、智慧、對眾生慈悲。因此，色身不僅是描述佛陀的身體方面的品質，並且也述及與人共存的合適模式（實現最有意義的與人共存的模式）。

再者，色身亦可被描寫成爲兩個主要部分：受用身（enjoyment-body or sambhogakaya）及化身（emanation-body or nirmanakaya）。

三身（法身、受用身、化身）不是三個分開的實體，而是從無形到有形，從單獨到參與的三個階段。法身是個人經驗內在寧靜的最低層；受用身是進步到與人思想及語言的表達；化身則是行動的具體表現。換言之，法身經驗着內在心靈的自由與涅槃寂靜；色身則主動地、活潑地參與拯救苦海無邊的眾生。

二、佛陀還在世嗎？

現代傳統的佛教學派尤其是北傳的大乘佛教，似乎都把一個曾經是一個活生生的在肥沃的北印度土地上與一羣徒弟乞食、靈修，最後死於痢疾的人物給忘了。代之而起的是佛陀被安排在半神的地位，擁有很多特殊的身體特徵，其一生亦被描寫成爲充滿奇異而神祕的想像人物。本質上具有人類共同特徵的佛陀，卻走進理念和抽象裏去了。

費爾巴哈（Feuerbach）在批評「基督教的本質」（The Essence of Christianity）說過：「豐富了神，人類一定變得貧乏；神是一切萬能時，人類必須變成沒有用的人」，應用於佛教亦然。

大乘佛教傳統，總有理想化的傾向，並以其純理論的形而上學，將佛陀及菩薩想像爲金光閃閃的神像，讓信徒頂禮膜拜，這種目標和意義，把佛陀與人類的距離拉長到遠而不可及的時空裏。

然而，印度及西藏的密宗；中國、韓國與日本的禪宗，多少把佛教重建在具體的人類經驗之上。密宗將佛陀視爲人類心靈的導師，而成佛是具體的，不是遠不可及的理想，很多大成就者(siddha)，被描寫成爲活生生、現實的低下層人物，如沙拉哈(Saraha)曾爲弓矢製造者(工匠)，悌洛巴(Tilopa)曾爲乞丐，馬爾巴(Marpa)爲一農夫。禪師也被描述爲頗具有性格的人物，能立地成佛者亦有之。但隨着時空的推進，密宗與禪宗又被發展成爲難以達致的客觀性的佛敎傳統的舊窠穴去了。

爲避免佛陀的理想化並與人類存在情境互相乖違，佛敎的概念、敎條和象徵必須要與人生有關，才具有時代意義。佛敎在實踐方面，要牽涉到實現人類存在的潛能才更有時代意義。只有以人性爲內容，我們才能從佛敎敎義中獲得敎訓。因此，我們可以這樣說，佛敎的眞髓在於佛敎變成爲有人性的宗敎。

這是一個批判的時代，傳統形式的佛敎若與現代的科學相違背時，勢必受到批評；幾世紀以來的佛敎世界觀也受到了挑戰。

無論如何，佛敎對於令人窒息的物質主義的澎湃浪潮，以及敎條式的政治意識型態的侵蝕下，於世代人心多少產生了平衡的效用。

佛敎的存續與否，在於人類內在心靈的火花的再點燃，並把這個經驗娓娓道出，導引現代人類走向充滿着希望的道路。

佛敎更應該提供一套最合適的人類生活模式，但必須停止焦點於遙遠而不可及的理想的最終成就。除此而外，佛教教義必須回答現代人有關存在情境的問題。只有經常把問題保持活潑，同樣地答案也維持活潑生動，這樣佛教才能配合現代人的需求，而繼續走向長遠的未來。

附錄 參考書目 (Bibliography)

Original Texts (Sūtras)

1. (Bhaisajyaguru) *The Healing Buddha,* translated by Raoul Birnbaum. Boulder: Shambhala, 1979. (Chinese)
2. (Bhaisajyaguru) *The Sūtra of the Lord of Healing,* translated by Walter Liebenthal. Reprinted in *Sūtras and Scriptures,* v. 1. Taipei: 1962.
3. *Daśabodhisattupattikathā.* The Birth Stories of the Ten Bodhisattvas, by H. Saddhatissa. London: Pāli Text Society, 1975. (Pāli)
4. (Daśabhūmikā) *Annotated Translation of the Daśabhūmikā Sūtra,* by M. Honda and Johannes Rahder. New Delhi: 1968. A part of the Avataṁsaka sūtra describing the 10 stages of the bodhisattva.
5. *Dhammapāda,* translated by Narada Thera. London: Jon Murray, 1954. (Pāli) Verses on the Dharma, practical and inspirational.
6. *Gandavyūha:* Search for Enlightenment, ch. 1, 4, 6, 18, 19, translated by Mark Ehman. Thesis (Ph. D.), available from University Microfilms, Ann Arbor. This sūtra is also part of the

Avataṁsaka, a sūtra of the third turning, and is highly important in Mahāyāna Buddhism.

7. (Gaṇḍavyūha) *Selected Verses from the Gaṇḍavyūha,* translated by Luis O. Gomez. Thesis (Ph. D.), available from University Microfilms, Ann Arbor.
8. *The Jātakamālā or Garland of Birth Stories,* translated by Jacob S. Speyer. London: Oxford University Press, 1967. The lives of the Buddha, demonstrating the activity of the Bodhisattva.
9. (Katthavatthu) *Points of Controversy,* translated by S. Z. Aung. London: Pāli Text Society, 1915. (Pāli) An important text of the Pāli canon.
10. (Lalitavistara) *TheTwelve Deeds of Buddha:* A Mongolian version of the Lalitavistara, translated by Nicholas Poppe. Wiesbaden: Otto Harrassowitz, 1967. An excellent and sensitive translation of several chapters of this sūtra, a primary source for the life of the Buddha from the Mahāyāna viewpoint.
11. *Lankāvatāra Sūtra,* translated from the Sanskrit by Daisetz Taitaro Suzuki. London: Routledge, Kegan Paul, 1973. A very important work, and a root text of the Vijñānavāda and Yogācāra traditions.
12. *The Life of the Buddha,* by A. Foucher. Westport: Greenwood Press, 1975.
13. *The Life of the Buddha and the Early History of the Order,* translated by W. Woodville Rockhill. San Francisco: Chinese Materials Center, 1976. (From Tibetan sources; contains information on the history of Buddhism in Tibet, also from indigenous sources.)
14. (Mahāparinibbana sutta) *The Book of the Great Decease,* translated by T. W. Rhys-Davids in Buddhist Suttas. New York: Dover, 1969. (Pāli) An important text of the last days of the

Buddha and his departure from earthly existence. Contains his final instructions and advice to his disciples.

15. (Prajñāpāramitā) *The Perfection of Wisdom in 8000 Lines,* translated from the Sanskrit by Edward Conze. London: Four Seasons Foundation, 1973. The oldest of the Prajñāpāramitā sūtras, which explains the nature of śūnyatā and the path of the Bodhisattva, and a basic text for all of Mahāyāna Buddhism.

16. (Prajñāpāramitā) *The Short Prajñāpāramitā Texts,* translated from Sanskrit by Edward Conze. London: Luzac, 1973. (O.P.) Collection of the shorter texts, beginning with the rendition in 2000 lines.

17. (Prajñāpāramitā) *Buddhist Wisdom Books:* The Diamond Sutra and the Heart Sutra, translated by Edward Conze. London: Allen and Unwin, 1966. (Sanskrit) These are also contained in the work listed above. Two of the most often memorized shorter sūtras, summaries of the larger Prajñāpāramitā texts.

18. (Saddharmapuṇḍarīka) *Threefold Lotus Sutra,* translated by Bunno Kato, Yashiro Tamura, and Kojiro Miyasaka. New York: Weatherhill, 1975. (Chinese) Important sūtra to all of Mahāyāna Buddhism, especially in China and Japan.

19. *The Saddharmapuṇḍarīka,* translated from the Sanskrit by Henrik Kern. New York: Dover, 1963. An earlier translation.

20. (Samādhirāja) *Three Chapters from the Samādhirājasūtra,* translated by Konstanty Regamy. Warsaw: 1838. One of the most important sūtras in Mahāyāna Buddhism, and highly recom-

mended.

21. (Samantabhadrapranidhānarāja) "Hymn on the Life and Vows of Samantabhadra," edited and translated by Hokei Izumi in *Eastern Buddhist*, v. 5, p. 226–247.

22. (Satipaṭṭhāna Sūtra) *The Way of Mindfulness: The Satipaṭṭhāna Sūtra and Commentary*, translated by Soma Thera. This is a basic meditation text, telling directly how to practice calming the mind and develop awareness.

23. (Satipaṭṭhāna) *The Heart of Buddhist Meditation*, the Satipaṭṭhāna sūtra, translated from the Pāli by Soma Thera. Kandy: Ceylon: Buddhist Publication Society, 1970. Another translation. Both are very clearly written and helpful.

24. (Śrimālādevī) *The Lion's Roar of Queen Śrīmālā*, translated by Alex Wayman. New York: Columbia University Press, 1973. (Tibetan) A sūtra from the Ratnakūṭa collection, a source text for Vijñānavāda and Yogācāra Buddhism.

25. "Sukhāvatīvyūha", translated by F. Max Mueller in *Buddhist Mahāyāna Texts*, Part II. New York: Dover, 1969. (Chinese) A major sūtra of the "Pure Land" schools of China and Japan.

26. *Śūraṅgama Sūtra*, edited and translated by Charles Luk. London: Rider, 1966. (Chinese) A major Mahāyāna sūtra.

27. *The Vimalakīrti-Nirdeśa*, translated by Robert Thurman. University Park: Pennsylvania State University Press, 1976. (Tibetan) A major Mahāyāna sūtra in which Vimalakīrti, a layman, instructs the Saṅgha in the Dharma.

28. (Visuddhimagga) *The Path of Purification*, 2 volumes, translated by Nyanamoli Thera. Berkeley:

Shambhala, 1976. (Pāli) A later Pāli text, an Abhidharma work, by Buddhaghoṣa. (Noncanonical, a basic manual dealing with the practice of the path)

29. *Udānavarga*, translated by W. Woodville Rockhill. San Francisco: Chinese Materials Center, 1972.

Anthologies

30. *Buddhism, a Religion of Infinite Compassion*. Selections from Buddhist Literature, edited with notes by Clarence H. Hamilton. Indianapolis: Bobbs-Merrill Co., 1952.
31. *A Buddhist Bible*, edited by Dwight Goddard. New York: Beacon, 1970.
32. *Buddhism in Translation*, edited by H. Warren. New York: Atheneum, 1963.
33. *Buddhist Mahāyāna Texts*, edited by E. B. Cowell. New York: Dover, 1969.
34. *Buddhist Scriptures*, edited by Edward Conze. Baltimore: Penguin, 1968. (O.P.)
35. *Buddhist Texts Through the Ages*, edited by Edward Conze. New York: Harper and Row, 1964.

General Surveys

36. *The Buddha's Way, by* H. Saddhatissa. New York: Braziller, 1971. A very clear, comprehensive introduction.
37. *Buddhism: A Modern Perspective*, edited by Charles Prebish. University Park: Pennsylvania State University Press, 1975. A series of lecture "outlines" with individual bibliographies of suggested readings after each chapter, and a more extensive bibliography at the end of the book. A little

uneven in readability, but an excellent source for the major points of most aspects of Buddhism.

38. *The Buddhist Religion,* by Richard Robinson. Belmont, CA: Dickenson Press, 1977 (second, enlarged edition). An excellent introductory survey, including Buddhism as it existed in China and Japan.

39. *Crystal Mirror,* edited by Tarthang Tulku, v. 1–5 (particularly v. 5). Berkeley: Dharma Publishing, 1971–1977. An excellent source for articles on specific aspects of Buddhism. v. 5 relates the historical development of Buddhism in India and Tibet, and includes biographies of the outstanding teachers.

40. *Gesture of Balance,* by Tarthang Tulku. Berkeley: Dharma Publishing, 1977.

41. *Openness Mind,* by Tarthang Tulku. Berkeley: Dharma Publishing, 1978. Both of the above books are non-technical, designed to be introductory and experiential in nature.

42. *Study of Indian and Tibetan Thought, Some Problems and Perspectives,* by David S. Ruegg. Inaugural lecture, Leiden, 1967. Available at the University of California library (Pamphlet).

43. *A Survey of Buddhism,* by Bhikku Saṅgharakṣita. Bangalore: The Indian Institute of World Culture, 1959.

44. *The Three Jewels,* by Bhikku Saṅgharakṣita. Reprint: London: Windhorse Publications, 1977. An outstanding and very clear introduction to Buddhism.

45. *What the Buddha Taught,* by Walpola Rahula. New York: Grove Press, 1962. An excellent book explaining clearly the four noble truths, the eightfold path, and pratītyasamutpāda.

History and Culture

46. *The Buddha and Five After-centuries* by Sukumar Dutt. London: Luzac, 1957.

47. *Buddhism: Its Essence and Development*, by Edward Conze. New York: Harper, 1959. (O.P.) A good introduction to Buddhist thought.

48. *Buddhist Thought in India*, by Edward Conze. Ann Arbor: University of Michigan Press, 1967. (O.P.) Clear presentation.

49. *The Buddhist Tradition in India, China, and Japan*. New York: The Modern Library, 1969. A general, popular summary.

50. *Histoire du Bouddhisme Indien*, by Étienne Lamotte. Louvain: Publications Universitaires, 1958. A classical work on Buddhist history, and still considered the best available.

51. *History of Buddhism in Ceylon*, by Walpola Rahula. Colombo: Gunasena, 1966.

52. *History of Buddhism in India*, by Lama Taranatha. Simla: Indian Institute of Advanced Study, 1970. Excellent source for Indian Buddhist history by a Tibetan scholar of the 14th century.

53. *History of Indian Buddhism*, by Bu-Ston, translated by E. E. Obermiller. Tokyo: Suzuki Research Foundation, Reprint series no. 5. A classical source for Indian Buddhist history by an outstanding Tibetan scholar.

54. *The History of Buddhist Thought*, by Edward J. Thomas. London: Routledge, Kegan Paul, 1971.

55. *Indian Buddhism*, by A. K. Warder. Delhi: Motilal Banarsidass, 1970. A classical survey of the history of Indian Buddhism, outlines of the major schools and their development, and information

on the outstanding teachers and scholars of Buddhism.

56. *The Life of the Buddha as Legend and History*, by Edward J. Thomas. London: Routledge, Kegan Paul, 1975.

57. *Record of Buddhistic Kingdoms*, by Fa-Hsien, translated by James Legge. New York: Dover, 1965. Source material on India by a Chinese pilgrim. Recommended.

58. *A Record of the Buddhist Religion*, by I-Tsing, translated by J. Takakusu. Delhi: Munshiram Manoharlal, 1966.

59. *Si-Yu-Ki: Buddhist Records of the Western World*, by Samuel Beal. London: 1906.

60. *Sources of the Indian Tradition*, edited by Wm. Theodore De Bary. New York: Columbia University Press, 1958. Good general background.

61. *2500 Years of Buddhism*, by P. V. Bapat. New Delhi: Government of India, 1956. Informative, but sketchy in places.

62. *The Travels of Fa-hien*, translated by H. A. Giles. Cambridge: 1923. Another work describing Indian Buddhism through Chinese eyes.

63. *The Wonder That Was India*, by A. K. Basham. New York: Grove Press, 1959. Excellent for an overview of Indian history and culture, a summary of Indian classical philosophies, and background on Buddhism. Also a good introduction to the arts of India.

General Buddhist Philosophy

64. *Buddhist Philosophy: An Historical Analysis*, by David Kalupahana. Honolulu: University of

Hawaii Press, 1976.

65. *Buddhist Philosophy in Theory and Practice*, by Herbert V. Guenther. Boulder: Shambhala, 1976.

66. *The Buddhist Philosophy of Universal Flux*, by Satkari Mookerji. 1935. An exposition of the philosophy of critical realism as expounded by the school of Dignāga.

67. *Causality: The Central Philosophy of Buddhism*, by David J. Kalupahana. Honolulu: University Press of Hawaii, 1975.

68. *Introduction to Buddhist Philosophy*, an annotated translation of the Tarkabhāsa of Mokṣakaragupta, by Yuichi Kajiyama. Kyoto: 1966.

69. *A Manual of Buddhist Philosophy*, by William McGovern. San Francisco: Chinese Materials Center, 1977.

70. *Presuppositions of Indian Philosophy*, by Karl Potter. Englewood Cliffs, Prentice-Hall, 1963.

71. *Sourcebook in Indian Philosophy*, edited by S. Radhakrishnan and Charles Moore, Princeton: University Press, 1957.

Early Buddhism

72. *The Book of Discipline*, translated by I. B. Horner. 5 vols. London: Pāli Text Society, 1969–1975. (Sacred Books of the Buddhists) The Pāli Vinaya texts.

73. "The Buddha-Kārita of Aśvaghoṣa", translated by Edward B. Cowell, in *Buddhist Mahāyāna Texts*, Part I. Oxford: Clarendon, 1894.

74. *Buddhist Ethics: Essence of Buddhism*, by H. Saddhatissa. New York: Braziller, 1970.

75. *Buddhist Monastic Discipline,* by Charles Prebish. A translation of the Pratimokṣa from the Mūlasarvastivādin and Mahāsaṁghika vinaya University Park: Pennsylvania State University Press, 1975.

76. *Buddhist Suttas,* translated by T. W. Rhys-Davids. Oxford: Clarendon, 1958. (Sacred Books of the East, v. 11) Pāli suttas.

77. *The Collection of Middle-Length Sayings,* translated by I. B. Horner. 2 vols. (Majjhima Nikāya) London: Pāli Text Society, 1967. Pāli Suttas.

78. *Le-Concile de Rajagṛha,* by Jean Przyluski. Paris: Guethner, 1926-1928.

79. *Dhammasañgani,* translated by C. A. Rhys-Davids. London: Pāli Text Society, 1900. Pāli.

80. *Dialogues of the Buddha,* translated by T. W. Rhys-Davids. 3 vols. London: Pāli Text Society, 1969-1975. The Digha-Nikāya, the collection of longer sayings of the Buddha.

81. *The Earliest Vinaya and the Beginnings of Buddhist Literature,* by Erich Frauwallner. Rome: Is-MEO, 1956.

82. *Early Monastic Buddhism,* by Nalinaksa Dutt. Calcutta: Mukhopadhyay, 1971.

83. *Faith and Knowledge in Early Buddhism, an Analysis of the Contextual Structures of an Arahant-Formula in the Majjhima-Nikāya,* by Jan E. Ergardt. Leiden: E. J. Brill, 1977.

84. *The Gandhari Dharmapada,* translated by J. Brough. London: Oxford University Press, 1962. A translation from Sanskrit.

85. *The Life of the Buddha,* by A. Foucher. Westport: Greenwood Press, 1975. Includes translations and excerpts from various early sources.

86. *Mahāvastu,* translated by J. J. Jones. London: Pāli Text Society, 1973. v. 16 and 19.
87. *Points of Controversy,* translated by C. A. Rhys-Davids. London: Pāli Text Society, 1915 (Khattavatthu) Pāli.
88. *Psychological Attitude of Early Buddhism,* by Lama Govinda. New York: Samuel Weiser, 1974.
89. *The Questions of King Milinda,* translated by T. W. Rhys-Davids. New York: Dover, 1963. Pāli.
90. *Les Sectes Bouddhiques de Petit Vehicule,* by André Bareau. Saigon: École Francaise d'Extrème-Oriente, 1955.

Abhidharma

91. *Abhidharma Studies,* by Nyanaponika Thera. Kandy: Buddhist Publications Society, 1965.
92. *Abhidharma Collection,* selected articles available in the Institute Library.
93. *Abhidharmadīpa,* translated by P. Jaini. (Introduction) 1959.
94. *Abhidharmakoṣa,* by Vasubandhu, translated by Louis de la Vallée Poussin. Paris: Guethner, 1926. Some parts are translated into English by Leo Pruden, available in library.
95. *The Book of Analysis,* translated by Thittila London: Pāli Text Society, 1969.
96. *A Buddhist Manual of Psychological Ethics* (Dhammasaṅgani) translated by C. A. F. Rhys-Davids. London: Pāli Text Society, 1969.
97. *Buddhist Psychological Ethics,* by C. A. F. Rhys-Davids. London: Pāli Text Society, 1974.
98. *The Central Conception of Buddhism and the Meaning of the Word Dharma,* by Th. Stcherbatsky. New Delhi: Motilal Banarsidass, 1974.

99. *Compendium of Philosophy*, by S. Z. Aung. London: Pāli Text Society, 1972.
100. *A Manual of Abhidharma*, by Narada Thera. Kandy: Buddhist Publications Society, 1968.
101. *Mind in Buddhist Psychology*, by Yeshe Gyaltsan. Berkeley: Dharma Publishing, 1975.
102. *Philosophy and Psychology in the Abhidharma*, by Herbert V. Guenther. Boulder: Shambhala, 1976.
103. *Points of Controversy, the Katthavatthu*, translated by S. Z. Aung. London: Pāli Text Society, 1960.
104. (Visuddhimagga) *The Path of Purification*, 2 volumes, translated by Nyanamoli Thera. Berkeley: Shambhala, 1976.

Mādhyamika

105. "Bhāvaviveka and the Prasaṅgika School", by Yuichi Kajiyama. *Nava Nalanda Mahavira Research Publications*, v. 1, p. 289–331. (In Mādhyamika collection available in Manjusri Vihara)
106. *Buddhist Philosophy in Theory and Practice*, by Herbert V. Guenther. Boulder: Shambhala, 1976.
107. *The Central Philosophy of Buddhism*, by T. R. V. Murti London: Allen & Unwin, 1970.
108. *The Conception of Buddhist Nirvāna*, by Th. Stcherbatsky. Delhi: Motilal Banarsidass, 1978. (Chapters 1 and 25 of Nāgārjuna's Mūlamadhyamikakārikā translated with Candrakīrti's Prasannapadā)
109. "The Dialectic Which Refutes Errors and Establishes Logical Reasons" translated by Robert Clark and Lozang Jamspal, in *Tibet Journal*, v. 4, no. 2 (1979) p. 29–50. A translation of

Aryadeva's Skhalita-pramārdana-yukti-hetusiddhi.

110. *The Dialectical Method of Nāgārjuna* (Vigrahavyāvartanī), translated by K. Bhattacharya. Delhi: Motilal Banarsidass, 1978.

111. *Early Mādhyamika in India and China*, by Richard H. Robinson. Madison: University of Wisconsin Press, 1967.

112. *Emptiness: A Study in Religious Meaning* by Frederick Streng. New York and Nashville: Abingdon Press, 1967.

113. *Entering the Path of Enlightenment;* the Bodhicāryāvatāra of Śāntideva, translated by Marion Matics. New York: Macmillan, 1970. (O.P.)

114. *Golden Zephyr* (Nāgārjuna's Suhrlekha) translated by Leslie Kawamura. Berkeley: Dharma Publishing, 1975.

115. *Madhyamika Collection* Selected articles available in the Nyingma Institute.

116. *La Marche a la Lumière*, the Bodhicāryāvatāra, traduit par Luis Finot. Paris: Editions Boccard, 1929. An excellent work, considered by many to be a fine example of the art of translation.

117. *Minor Buddhist Texts*, by Giuseppe Tucci. Rome: IsMEO, 1956-58. (Serie Orientale Roma) 2 volumes.

118. *Nāgārjuna*, a translation of his Mūlamadhyamakakārikās (the introductory essay especially) by Kenneth Inada. Delhi: Motilal Banarsidass, 1978.

119. "Nāgārjuna's List of Kuśaladharmas"; by E. H. Johnston, in *Indian Historical Quarterly*, 14 (1938) p. 314-323.

120. *Nāgārjuna's Philosophy as Presented in the Mahā-prajñāpāramitā-śāstra,* by Venkata Ramanan. Delhi: Motilal Banarsidass, 1978.

121. *Opera Minora,* by Giuseppe Tucci. Rome: IsMEO, 1956-58. (Serie Orientale Roma) 2 volumes.

122. *The Problem of the Two Truths in Buddhism and Vedanta,* by Mervyn Sprung. Holland: Reidel, 1973.

123. *Śiksa-samuccaya, a Compendium of Buddhist Doctrine, compiled by Śāntideva,* edited by Cecil Bendall and W. D. Rouse. Delhi: Motilal Banarsidass, 1971.

124. *Théorie des Douze Causes, the Pratītyasamutpādahrdaya,* edited and translated into French by Louis de la Vallée Poussin. Receil de travaux publiés par la faculté de philosophie et lettres de l'Université de Gand, 40, 1913.

125. *Le Traité de la Grand Vertue de la Sagesse.* Nāgārjuna's Mahāprajñāpāramitā-śāstra translated from the Chinese by Étienne Lamotte. (Translation of part of Ta Chih Tu Lun). 4 volumes, 1944, 1949, 1970, 1976.

126. "Vigrahavyāvartanī and Vrtti", by Nāgārjuna, translated by G. Tucci in *Pre-Dignāga Buddhist Texts on Logic.* San Francisco: Chinese Materials Center, 1976.

Yogācāra

Root Sutras

127. *The Lankāvatāra-sūtra,* translated by D. T. Suzuki. London: Routledge Kegan-Paul, 1973.

128. *The Lion's Roar of Queen Śrīmālā,* translated by Alex Wayman. New York: Columbia University

Press, 1973.

129. *The Saṁdhinirmocana sūtra,* translated into *French* by Étienne Lamotte. Louvain: Université de Louvain, 1935. Recueil de Travaux, 2e series, 34e fasc.

Major Sastras and Studies:

130. *Chapter on Reality* (*tattva*) *from the Madhyāntavibhaṅga,* translated from the Chinese by Paul O'Brien. Available at the University of California library. Thesis (Ph. D.) University of California. BL. 1411. M2503 (UC Library)

131. *Ch'eng Wei-Shih-Lun: The Doctrine of Mere Consciousness,* by Hsüan-Tsang, translated from the Chinese by Wei Tat. Hong Kong: Ch'eng Wei Shih-Lun Publications, 1973.

132. *Madhyāntavibhaṅga* (Chapter 1) translated by Th. Stcherbatsky. Moscow / Leningrad: Academy of Sciences of the USSR, 1938. Reprint, Calcutta, 1971.

133. *Le Siddhi de Hsüan-tsang,* translated from Chinese by Louis de la Vallée Poussin 3 volumes. Paris: Librarie Orientaliste Paul Geuthner, 1928–1948.

134. *Le Somme du Grand Vehicule,* translated by Étienne Lamotte in 2 volumes. (Mahāyānasaṁgraha). Louvain: 1938–39. (Portions in the Institute Library).

135. *Studies in the Laṅkāvatāra,* by D. T. Suzuki. London: Routledge, 1959.

136. *A Study on the Ratnagotravibhaṅga,* a treatise on tathāgatagarbha, translated from the Sanskrit by Jikido Takasaki. Rome: IsMEO, 1966.

137. *Théorie du Tathāgatagarbha et du Gotra,* by David S. Ruegg. Paris: École Francaise d'Éxtrème-Oriente, 1969. (Its Publications, v. 70).

138. *Traité du Tathāgatagarbha de Bu-Ston Rinchen Grub,* translated by David S. Ruegg. Paris: Êcole Francaise d'Extrème-Oriente, 1973. (Its Publications, v. 88)

139. *Vasubandhu's Viṁśikā and Triṁśikā.* Various translations are available in the Nyingma Institute.

140. *Uttaratantra of Asaṅga,* translated by E. Obermiller. Acta Orientalia 11, nos. 2-4.

141. Yogācāra, collection of articles available in the Nyingma Institute.

Buddhist Epistemology and Logic

142. *Buddhist ormal Logic,* by Richard Chi. London: Royal Asiatic Society, 1969.

143. *Buddhist Logic,* by Th. Stcherbatsky. New York: Dover, 1971. Includes translation of the Nyāyabindu, by Dharmakīrti.

144. "Buddhist Logic Before Dignaga" by Giuseppe Tucci. *Journal of the Royal Asiatic Society of Great Britain and Ireland,* 1929, p. 451-488.

145. "The Concept of Pakṣa in Indian Logic" by J. F. Staal, in *Journal of Indian Philosophy* v. 2 (1973) p. 156-166.

146. *Dignāga, On Perception,* translated by Masaaki Hattori. Cambridge, Mass.: Harvard University Press, 1968. Highly recommended; the introduction is also important.

147. *Early Buddhist Theory of Knowledge,* by K. N. Jayatilleke. London: Allen and Unwin, 1963.

148. *An Eleventh Century Buddhist Logic of 'Exists',* by Charlene McDermott. Dordrecht, Netherlands: Reidel, 1970.

149. *Epistemology, Logic, and Grammar in Indian Philosophical Analysis,* by K. B. Matilal. The Hague:

1971.

150. "The Framework of the Pramāṇavārttika (I)," by M. Nagatomi. *Journal of the American Oriental Society*, v. 79, no. 5.

151. *Nyāyamukha of Dignāga,* translated by Giuseppe Tucci. San Francisco: Chinese Materials Center, 1976.

152. *The Philosophy of Logical Construction,* by H. K. Ganguli Calcutta: 1963.

153. *The Pramāṇavārttikam of Dharmakīrti* (First Chapter with Commentary) translated by Raniero Gnoli. Rome: IsMEO, 1960. (Serie Orientale Roma) The introduction is also very useful.

154. *The Pramāṇavārttikam of Dharmakīrti* (First Chapter With Autocommentary), translated by S. Mookerjee. Patna: Nava Nalanda Mahavihara, 1964.

155. *Pre-Dignāga Buddhist Texts on Logic,* translated by Giuseppe Tucci. San Francisco: Chinese Materials Center, 1976.

156. *Là Refutation Bouddhique de la Permanence des Choses,* translations of the Sthirasiddhiduṣana and the Kṣanabhaṅgasiddhi by Katsumi Mimaki. Paris: Boccard, 1976.

157. "A Sixth-Century Manual of Indian Logic", translated by M. Tachikawa in the *Journal of Indian Philosophy,* 1 (1971) p. 111-129, and 140-144. A translation of the Nyāyapraveśa by Dignāga, from the Chinese.

158. *Tattvasaṁgraha,* translated into English by Ganganatha Jha. Baroda: Oriental Institute, 1937-39. (Gaekwad's Oriental Series, v. 80 and 81) Includes Kamalaśīla's commentary. Xerox copy in the Nyingma Institute.

Tibetan Buddhism

159. *Atiśa and Tibet,* by A. Chattopadhyaya. Calcutta: Indian Studies Past and Present, 1967.

160. *Buddha's Lions,* translated by James Robinson. Berkeley: Dharma Publishing, 1979. The lives of the 84 Mahāsiddhas, with introduction. This work does not directly concern Tibetan Buddhism, but does illustrate some aspects of Vajrayāna, so is included here.

161. *Calming the Mind and Discerning the Real,* from the Lam Rim Chen Mo of Tsong Kha-Pa, translated by Alex Wayman. New York: Columbia University Press, 1978. An excellent source of Tibetan approaches to mental development.

162. *Le Concile de Lhasa,* edited by P. Demieville. Paris: 1952. An excellent source of information concerning Tibetan Buddhism and the development of thought in Tibet during the early centuries of transmission.

163. *The Door of Liberation,* compiled by Geshe Wangyal. New York: Girodias Associates, 〔1973〕 Translations of Tibetan Buddhist teachings.

164. *Foundations of Tibetan Mysticism,* by Lama Govinda. New York: Samuel Weiser, 1977.

165. *The Jewel Ornament of Liberation,* by sGampo-Pa, translated by Herbert V. Guenther. Berkeley: Shambhala, 1971. A classic work on the stages of the Vajrayāna path.

166. *Kindly Bent to Ease Us,* by Longchenpa, translated by Herbert V. Guenther. Berkeley: Dharma Publishing, 1976-1977, 3 volumes. The path and meditations, an extremely valuable work by one of the most revered Nyingma masters. Highly recommended.

167. *The Legend of the Great Stupa,* by Padmasambhava. Berkeley: Dharma Publishing, 1973. An important Nyingma text, very useful for understanding the foundations and spirit of Tibetan Buddhism.

168. *Life and Liberation of Padmasambhava,* by Yeshe Tsogyal. Berkeley: Dharma Publishing, 1978. A unique work, epic in nature, which imparts a feeling for the spirit of Tibetan Buddhism, and chronicles the transmission of Buddhism to Tibet.

169. *The Life of Bu-Ston Rinpoche,* by David S. Ruegg. Rome: IsMEO, 1967. An important biography of an outstanding Tibetan scholar of the 14th century, who is noted for his history of India and for his work in compiling the Tibetan canon.

170. *The Opening of the Wisdom Eye, and the History of the Advancement of Buddhadharma in Tibet,* by the 14th Dalai Lama. Wheaton, Ill.: Theosophical Publishing, 1966. An important, highly recommended work.

171. *The Precious Garland and the Song of the Four Mindfulnesses,* translated by Jeffrey Hopkins and Lati Rinpoche. New York: Harper and Row, 1975.

172. *Tibetan Buddhism in Western Perspective,* by Herbert V. Guenther. Berkeley: Dharma Publishing, 1977. Collected essays on a variety of subjects in Tibetan Buddhism.

173. *Treasures on the Tibetan Middle Way,* by Herbert V. Guenther. Leiden: Brill, 1971.

Tibetan History and Culture

174. *A Cultural History of Tibet,* by David Snellgrove and H. E. Richardson. New York: Praeger,

1968. An overall survey of Tibetan history and culture, including the history of Buddhism in Tibet.

175. *Cutting Through Spiritual Materialism,* by Chogyam Trungpa. Berkeley: Shambhala, 1973. A very good basic work on the nature of the student–teacher relationship and the foundations of the spiritual path, written for Westerners.

176. *The Geography of Tibet,* translated by Turrell Wylie. Rome: IsMEO, 1962. An excellent overview of a specialized field, helpful in understanding the Tibetan culture. Translated from Tibetan sources.

177. *The Life of Milarepa,* translated by Lhalungpa. New York: E. P. Dutton, 1977. An excellent translation of the life of one of Tibet's most revered teachers, illustrating the nature of the Vajrayāna practice and teachings.

178. *My Land and My People,* by the 14th Dalai Lama. New York: Potala Corp., 1979. A moving autobiography of a modern–day spiritual leader.

179. *The Religion of Tibet,* by Charles Bell. Oxford: Clarendon Press, 1931. An excellent general introduction to Tibetan culture.

180. *Religious Observances in Tibet: Patterns and Function,* by Robert Ekvall. Chicago: University of Chicago Press, 1964. An anthropological approach to Tibetan Buddhism.

181. *The Tantric Mysticism of Tibet,* by John Blofeld. New York: E. P. Dutton, 1970. A general introduction.

182. *Tibet,* by Thubten Jigme Norbu and Colin Turnbull. New York: Simon and Schuster, 1968. A

personal account by the brother of the current Dalai Lama, a unique view of life and culture in Tibet.

183. *Tibet: A Handbook,* by Helmut Hoffman. London: George Allen & Unwin, 1961. An excellent reference source. Each chapter treats a different aspect of Tibetan culture, and contains detailed bibliographies.

184. *The Tibetan Book of the Dead* (Bardo Thodol), by Padmasambhava. Translated by Francesca Fremantle and Chogyam Trungpa. Berkeley: Shambhala, 1975.

185. *Tibetan Civilization,* by R. A. Stein. Stanford: Stanford University Press, 1972. An excellent survey of Tibetan culture.

186. *Tibetan Tales,* translated by A. F. Gordon. London: Luzac, 1953.

187. *The Way of the White Clouds,* by Lama Govinda. Berkeley: Shambhala, 1970. A personal account of the author's experiences in Tibet.

Buddhism in China and Japan

188. *Buddhism in China:* A Historical Survey, by Kenneth K. S. Chen. Princeton: Princeton University Press, 1964.

189. *Buddhism in Chinese History,* by A. Wright. Stanford: Stanford University Press, 1974.

190. *The Buddhist Teaching of Totality; the Philosophy of Hwa-Yen Buddhism,* by Garma C. C. Chang. University Park: Pennsylvania State University Press, 1971. An introduction to the vision expressed in the Avataṁsaka sutra.

191. *The Development of Chinese Zen after the Sixth Patriarch in the Light of Mumonkan*, by H. Dumoulin. New York: 1953.
192. *Ennin's Travels in T'ang China*, by Edwin Reischauer. New York: Ronald Press, 1955.
193. *A History of Zen Buddhism*, by H. Dumoulin. Boston: Beacon, 1963.
194. *How to Raise an* Ox, translations of the writings of the Zen teacher Dogen, by Francis H. Cook. Los Angeles: UCLA, 1979. Founder of the Soto school of Zen Buddhism, Dogen expresses the spirit of Zen in profound, evocative essays. Highly recommended.
195. *Hua-Yen Buddhism: The Jewel Net of Indra*, by Francis H. Cook. University Park: Pennsylvania State University Press, 1977. Hua-Yen, based on the Avataṁsaka sutra, is an important school of Chinese Buddhism and is the philosophical background of Zen.
196. *Japanese Buddhism: A Critical Appraisal*, by S. Watanabe. Tokyo: Kokusai Bunka Shinkokai, 1964.
197. *The Platform Sutra of the Sixth Patriarch*, translated by P. B. Yampolsky. New York: Columbia University Press, 1967.
198. *The Three Pillars of Zen*, by Philip Kapleau. New York: Beacon, 1967.
199. *Zen is Eternal Life*, by Jiyu Kennett Roshi. Berkeley: Dharma Publishing, 1976. A manual of Zen Buddhism, with translations from Dogen's writings.
200. *Zen Mind, Beginner's Mind*, by Suzuki Roshi. New York: Weatherhill, 1970. A valuable introduction to practice, applicable to all Buddhist approaches.
201. *Zen Philosophy, Zen Practice*, by Thich Tien-An. Berkeley: Dharma Publishing, 1976.

Meditation

202. *Buddhist Meditation,* by Edward Conze. London: Allen & Unwin, 1956.

203. *Calm and Clear,* by Lama Mipham. Berkeley: Dharma Publishing, 1973.

204. *Creative Meditation and Multi-Dimensional Consciousness*, by Lama Govinda. Wheaton, Ill.: Theosophical Publishing House, 1976.

205. *Crystal Mirror,* volumes 1–4, assorted articles. Berkeley: Dharma Publishing, 1971–1975.

206. *The Heart of Buddhist Meditation,* by Nyanamolika Thera. New York: Samuel Weiser, 1975.

207. *Kindly Bent to Ease Us,* volume 2, by Longchenpa, translated by Herbert V. Guenther. Berkeley: Dharma Publishing, 1977.

208. *Kum Nye Relaxation,* by Tarthang Tulku. Berkeley: Dharma Publishing, 1978. 2 volumes.

Buddhist Art

209. *The Art of Buddhism,* by Dietrich Seckel. New York: Crown Publishing, 1964. (O.P.)

210. *The Art of Burma, Korea, and Tibet,* by Griswold, Kim, and Pott. New York: Crown Publishing, 1964. (O.P.)

211. *The Art of Tibet,* by Prataditya Pal. New York: The Asia Society, 1969. (O.P.)

212. *Borobudur,* by N. J. Krom. 2 volumes. The Hague. 1927.

213. *Dieux et Demons de l'Himalaya: Art du Bouddhisme Lamaique.* Paris: Éditions des Musées Nationaux, 1977.

214. *The Gods of Northern Buddhism,* by Alice Getty. Rutland, Vt.: Tuttle, 1977.
215. *History of Indian and Indonesian Art,* by A. K. Coomaraswamy. London: 1927.
216. *The Iconography of Tibetan Lamaism,* by A. K. Gordon. New York: Paragon, 1972.
217. *Indian Buddhist Iconography,* by Benyotosh Bhattacharyya. Calcutta: Mukhopadhyaya, 1958.
218. *The Mystic Art of Ancient Tibet,* by Blanche Olschak. New York: McGraw-Hill, 1973. (O.P.)
219. *Psychocosmic Symbolism of the Buddhist Stupa,* by Lama Govinda. Berkeley: Dharma Publishing, 1976.
220. *Sacred Art of Tibet,* edited by Tarthang Tulku. Berkeley: Dharma Publishing, 1975. An introduction to the aesthetic and philosophical background of Tibetan tantric art.
221. *Theory and Practice of the Mandala,* by Giuseppe Tucci, translated from the Italian by A. H. Broderick. New York: Samuel Weiser, 1978.
222. *Tibetan Painted Scrolls,* by Giuseppe Tucci. Rome: 1949. (Especially volume 1, p. 209–249). A valuable book both for art history and general understanding of Tibetan Buddhism. (O.P.)
223. *Tibetan Sacred Art,* by Detlef Ingo Lauf. Berkeley: Shambhala, 1976.

Related Readings

224. *Dandin*'s *Poetik* (Kāvyadarśa) translated into German by O. Bohtlingk. Leipzig: H. Haessel, 1890. A substantial work on Indian poetics, a classic.
225. *Elegant Sayings,* by Nāgārjuna and Sakya Pandit. Berkeley: Dharma Publishing, 1977.
226. *Education and the Significance of Life,* by J. Krishnamurti. New York: Harper and Row, 1953.

227. *A History of Indian Literature,* by Moriz Winternitz, volume 2. Calcutta: University of Calcutta, 1927–33.

228. *Indian Poetics,* by Edwin Gerow. Wiesbaden: Harr, 1977. A survey of this field, valuable in the light of epistemology and aesthetics.

229. *Reflections of Mind,* by Tarthang Tulku. Berkeley: Dharma Publishing, 1975. A collection of essays by Tarthang Tulku and others, on the psychological aspects of Tibetan Buddhist practice.

230. *Skillful Means,* by Tarthang Tulku. Berkeley: Dharma Publishing, 1978. Buddhist attitudes and insights applied to everyday working situations. Very helpful on all levels.

231. *Time, Space, and Knowledge,* by Tarthang Tulku, Berkeley: Dharma Publishing, 1977. A new vision of reality in Western terminology. Highly recommended.

Bibliographies and Dictionaries

232. *Bibliographie Bouddhique,* Paris: Geuthner, 1928–(Ceased publication in the early 1940's)

233. *Bibliography of Indian Philosophy,* by Karl Potter. Delhi: Motilal Banarsidass, 1974.

234. *Bibliography on Buddhism,* by S. Hanayama. Tokyo: Hokuseido, 1961.

235. *A Bibliography on Japanese Buddhism,* by S. Bando and others. 1958.

236. *A Buddhist Dictionary,* by Nyanatiloka. Colombo: Frewin & Co., 1972.

237. *A Dictionary of Chinese Buddhist Terms,* by W. Soothill and L. Hodous. Delhi: Motilal Banarsidass, 1977.

238. *Dictionary of Pāli Proper Names,* by Malasekhera. 1937.

239. *Encyclopedia of Buddhism,* edited by Malasekhera. Sri Lanka: Government of Sri Lanka, 1961. (Incomplete but very good and detailed)

240. *Handbook of Chinese Buddhism,* by Ernest J. Eitel. San Francisco: Chinese Materials Center, 1976.

241. *Mahāvyutpatti,* edited and translated by Csoma de Koros. Calcutta: Asiatic Society, 1910. Sanskrit, Tibetan, and English.

242. *Mahāvyutpatti,* edited by Ryozaburo Sakaki. 2 volumes with index. Sanskrit, Tibetan, Chinese, Japanese.

243. *Materials for a Dictionary of the Prajñāpāramitā Literature,* by Edward Conze. Tokyo: Suzuki Research Foundation, 1973.

244. *An Outline and an Annotated Bibliography of Chinese* Philosophy, by Wing-Tsit Chan. 〔Revised〕 New Haven: Far Eastern Publications, 1969.

245. *The Prajñāpāramitā Literature,* by Edward Conze. Netherlands: Mouton, 1960. A bibliography of the Prajñāpāramitā sūtras and their commentaries.

246. *Preliminary Bibliography on South Asia,* by Stephen Hay. 1967.

247. *A Tibetan-English Dictionary,* by Sarat Chandra Das. Delhi: Motilal Banarsidass, 1976, latest reprint.

248. *A Tibetan-English Dictionary,* by H. A. Jaeschke. London: Routledge and Kegan Paul, 1977, latest reprint.

滄海叢刊書目

國學類

中國學術思想史論叢(一)～(八)	錢　　穆　著
現代中國學術論衡	錢　　穆　著
兩漢經學今古文平議	錢　　穆　著
宋代理學三書隨劄	錢　　穆　著
先秦諸子繫年	錢　　穆　著
朱子學提綱	錢　　穆　著
莊子纂箋	錢　　穆　著
論語新解	錢　　穆　著

哲學類

文化哲學講錄(一)～(五)	鄔昆如　著
哲學十大問題	鄔昆如　著
哲學的智慧與歷史的聰明	何秀煌　著
文化、哲學與方法	何秀煌　著
哲學與思想	王曉波　著
內心悅樂之源泉	吳經熊　著
知識、理性與生命	孫寶琛　著
語言哲學	劉福增　著
哲學演講錄	吳　怡　著
後設倫理學之基本問題	黃慧英　著
日本近代哲學思想史	江日新　譯
比較哲學與文化(一)(二)	吳　森　著
從西方哲學到禪佛教——哲學與宗教一集	傅偉勳　著
批判的繼承與創造的發展——哲學與宗教二集	傅偉勳　著
「文化中國」與中國文化——哲學與宗教三集	傅偉勳　著
從創造的詮釋學到大乘佛學——哲學與宗教四集	傅偉勳　著
中國哲學與懷德海	東海大學哲學研究所主編
人生十論	錢　　穆　著
湖上閒思錄	錢　　穆　著
晚學盲言(上)(下)	錢　　穆　著
愛的哲學	蘇昌美　著
是與非	張身華　譯
邁向未來的哲學思考	項退結　著

現代藝術哲學	孫 旗 譯
現代美學及其他	趙天儀 著
中國現代化的哲學省思	成中英 著
不以規矩不能成方圓	劉君燦 著
恕道與大同	張起鈞 著
現代存在思想家	項退結 著
中國思想通俗講話	錢 穆 著
中國哲學史話	吳怡、張起鈞 著
中國百位哲學家	黎建球 著
中國人的路	項退結 著
中國哲學之路	項退結 著
中國人性論	臺大哲學系主編
中國管理哲學	曾仕強 著
孔子學說探微	林義正 著
心學的現代詮釋	姜允明 著
中庸誠的哲學	吳 怡 著
中庸形上思想	高柏園 著
儒學的常與變	蔡仁厚 著
智慧的老子	張起鈞 著
老子的哲學	王邦雄 著
逍遙的莊子	吳 怡 著
莊子新注（內篇）	陳冠學 著
莊子的生命哲學	葉海煙 著
墨家的哲學方法	鐘友聯 著
韓非子析論	謝雲飛 著
韓非子的哲學	王邦雄 著
法家哲學	姚蒸民 著
中國法家哲學	王讚源 著
二程學管見	張永儁 著
王陽明——中國十六世紀的唯心主義哲學家	張君勱原著、江日新中譯
王船山人性史哲學之研究	林安梧 著
西洋百位哲學家	鄔昆如 著
西洋哲學十二講	鄔昆如 著
希臘哲學趣談	鄔昆如 著
近代哲學趣談	鄔昆如 著
現代哲學述評㈠	傅佩榮編譯

當代西方哲學與方法論　臺大哲學系主編
人性尊嚴的存在背景　項退結編著
理解的命運　殷鼎著
馬克斯・謝勒三論　阿弗德・休慈原著、江日新譯
懷海德哲學　楊士毅著
洛克悟性哲學　蔡信安著
伽利略・波柏・科學說明　林正弘著

宗教類

天人之際　李杏邨著
佛學研究　周中一著
佛學思想新論　楊惠南著
現代佛學原理　鄭金德著
絕對與圓融——佛教思想論集　霍韜晦著
佛學研究指南　關世謙譯
當代學人談佛教　楊惠南編著
從傳統到現代——佛教倫理與現代社會　傅偉勳主編
簡明佛學概論　于凌波著
圓滿生命的實現（布施波羅密）　陳柏達著
薝蔔林・外集　陳慧劍著
維摩詰經今譯　陳慧劍譯註
龍樹與中觀哲學　楊惠南著
公案禪語　吳怡著
禪學講話　芝峯法師譯
禪骨詩心集　巴壺天著
中國禪宗史　關世謙著
魏晉南北朝時期的道教　湯一介著

社會科學類

憲法論叢　鄭彥棻著
憲法論衡　荆知仁著
國家論　薩孟武譯
中國歷代政治得失　錢穆著
先秦政治思想史　梁啟超原著、賈馥茗標點
當代中國與民主　周陽山著
釣魚政治學　鄭赤琰著
政治與文化　吳俊才著
中國現代軍事史　劉馥著、梅寅生譯
世界局勢與中國文化　錢穆著

中華文化十二講　錢　穆　著
民族與文化　錢　穆　著
楚文化研究　文崇一　著
中國古文化　文崇一　著
社會、文化和知識分子　葉啟政　著
儒學傳統與文化創新　黃俊傑　著
歷史轉捩點上的反思　韋政通　著
中國人的價值觀　文崇一　著
紅樓夢與中國舊家庭　薩孟武　著
社會學與中國研究　蔡文輝　著
比較社會學　蔡文輝　著
我國社會的變遷與發展　朱岑樓主編
三十年來我國人文社會科學之回顧與展望　賴澤涵　編
社會學的滋味　蕭新煌　著
臺灣的社區權力結構　文崇一　著
臺灣居民的休閒生活　文崇一　著
臺灣的工業化與社會變遷　文崇一　著
臺灣社會的變遷與秩序(政治篇)(社會文化篇)　文崇一　著
臺灣的社會發展　席汝楫　著
透視大陸　政治大學新聞研究所主編
海峽兩岸社會之比較　蔡文輝　著
印度文化十八篇　糜文開　著
美國的公民教育　陳光輝　譯
美國社會與美國華僑　蔡文輝　著
文化與教育　錢　穆　著
開放社會的教育　葉學志　著
經營力的時代　青野豐作著、白龍芽　譯
大眾傳播的挑戰　石永貴　著
傳播研究補白　彭家發　著
「時代」的經驗　汪琪、彭家發　著
書法心理學　高尚仁　著

史地類

古史地理論叢　錢　穆　著
歷史與文化論叢　錢　穆　著
中國史學發微　錢　穆　著
中國歷史研究法　錢　穆　著
中國歷史精神　錢　穆　著

國史新論	錢　　穆　著
秦漢史	錢　　穆　著
秦漢史論稿	邢義田　著
與西方史家論中國史學	杜維運　著
中西古代史學比較	杜維運　著
中國人的故事	夏雨人　著
明朝酒文化	王春瑜　著
共產國際與中國革命	郭恒鈺　著
抗日戰史論集	劉鳳翰　著
盧溝橋事變	李雲漢　著
老臺灣	陳冠學　著
臺灣史與臺灣人	王曉波　著
變調的馬賽曲	蔡百銓　譯
黃帝	錢　　穆　著
孔子傳	錢　　穆　著
唐玄奘三藏傳史彙編	釋光中　編
一顆永不殞落的巨星	釋光中　著
當代佛門人物	陳慧劍編著
弘一大師傳	陳慧劍　著
杜魚庵學佛荒史	陳慧劍　著
蘇曼殊大師新傳	劉心皇　著
近代中國人物漫譚・續集	王覺源　著
魯迅這個人	劉心皇　著
三十年代作家論・續集	姜　　穆　著
沈從文傳	凌　　宇　著
當代臺灣作家論	何　　欣　著
師友風義	鄭彥棻　著
見賢集	鄭彥棻　著
懷聖集	鄭彥棻　著
我是依然苦鬥人	毛振翔　著
八十憶雙親、師友雜憶（合刊）	錢　　穆　著
新亞遺鐸	錢　　穆　著
困勉強狷八十年	陶百川　著
我的創造・倡建與服務	陳立夫　著
我生之旅	方　　治　著
語文類	
中國文字學	潘重規　著

中國聲韻學	潘重規、陳紹棠　著
訓詁通論	吳孟復　著
翻譯新語	黃文範　著
詩經研讀指導	裴普賢　著
陶淵明評論	李辰冬　著
鍾嶸詩歌美學	羅立乾　著
杜甫作品繫年	李辰冬　著
杜詩品評	楊慧傑　著
詩中的李白	楊慧傑　著
司空圖新論	王潤華　著
詩情與幽境——唐代文人的園林生活	侯迺慧　著
唐宋詩詞選——詩選之部	巴壺天　編
唐宋詩詞選——詞選之部	巴壺天　編
四說論叢	羅盤　著
紅樓夢與中華文化	周汝昌　著
中國文學論叢	錢穆　著
品詩吟詩	邱燮友　著
談詩錄	方祖燊　著
情趣詩話	楊光治　著
歌鼓湘靈——楚詩詞藝術欣賞	李元洛　著
中國文學鑑賞舉隅	黃慶萱、許家鶯　著
中國文學縱橫論	黃維樑　著
蘇忍尼辛選集	劉安雲　譯
1984	GEORGE ORWELL原著、劉紹銘　譯
文學原理	趙滋蕃　著
文學欣賞的靈魂	劉述先　著
小說創作論	羅盤　著
借鏡與類比	何冠驥　著
鏡花水月	陳國球　著
文學因緣	鄭樹森　著
中西文學關係研究	王潤華　著
從比較神話到文學	古添洪、陳慧樺主編
神話卽文學	陳炳良等譯
現代散文新風貌	楊昌年　著
現代散文欣賞	鄭明娳　著
世界短篇文學名著欣賞	蕭傳文　著
細讀現代小說	張素貞　著

現代詩學　蕭蕭 著
詩美學　李元洛 著
詩學析論　張春榮 著
橫看成嶺側成峯　文曉村 著
大陸文藝論衡　周玉山 著
大陸當代文學掃瞄　葉穉英 著
走出傷痕——大陸新時期小說探論　張子樟 著
兒童文學　葉詠琍 著
兒童成長與文學　葉詠琍 著
增訂江皋集　吳俊升 著
野草詞總集　韋瀚章 著
李韶歌詞集　李韶 著
石頭的研究　戴天 著
留不住的航渡　葉維廉 著
三十年詩　葉維廉 著
讀書與生活　琦君 著
城市筆記　也斯 著
歐羅巴的蘆笛　葉維廉 著
一個中國的海　葉維廉 著
尋索：藝術與人生　葉維廉 著
山外有山　李英豪 著
葫蘆・再見　鄭明娳 著
一縷新綠　柴扉 著
吳煦斌小說集　吳煦斌 著
日本歷史之旅　李希聖 著
鼓瑟集　幼柏 著
耕心散文集　耕心 著
女兵自傳　謝冰瑩 著
抗戰日記　謝冰瑩 著
給青年朋友的信(上)(下)　謝冰瑩 著
冰瑩書柬　謝冰瑩 著
我在日本　謝冰瑩 著
人生小語㈠～㈣　何秀煌 著
記憶裏有一個小窗　何秀煌 著
文學之旅　蕭傳文 著
文學邊緣　周玉山 著
種子落地　葉海煙 著

向未來交卷	葉海煙 著
不拿耳朵當眼睛	王讚源 著
古厝懷思	張文貫 著
關心茶——中國哲學的心	吳怡 著
放眼天下	陳新雄 著
生活健康	卜鍾元 著
美術類	
樂圃長春	黃友棣 著
樂苑春回	黃友棣 著
樂風泱泱	黃友棣 著
談音論樂	林聲翕 著
戲劇編寫法	方寸 著
戲劇藝術之發展及其原理	趙如琳譯著
與當代藝術家的對話	葉維廉 著
藝術的興味	吳道文 著
根源之美	莊申 著
中國扇史	莊申 著
立體造型基本設計	張長傑 著
工藝材料	李鈞棫 著
裝飾工藝	張長傑 著
人體工學與安全	劉其偉 著
現代工藝概論	張長傑 著
色彩基礎	何耀宗 著
都市計畫概論	王紀鯤 著
建築基本畫	陳榮美、楊麗黛 著
建築鋼屋架結構設計	王萬雄 著
室內環境設計	李琬琬 著
雕塑技法	何恆雄 著
生命的倒影	侯淑姿 著
文物之美——與專業攝影技術	林傑人 著